国家社会科学基金项目"逆全球化背景下保障粮食贸易安全的供应链协同治理机制研究"(编号：22BJY086)的结项成果

国家社科基金丛书
GUOJIA SHEKE JIJIN CONGSHU

保障粮食贸易安全的
供应链协同治理机制研究

Research on Collaborative Governance Mechanism of
Supply Chain for Ensuring Food Trade Security

宋海英　著

人民出版社

责任编辑：张　燕
封面设计：石笑梦
版式设计：胡欣欣

图书在版编目（CIP）数据

保障粮食贸易安全的供应链协同治理机制研究 / 宋海英著. -- 北京 ：人民出版社，2025. 8. -- ISBN 978 - 7 - 01 - 027524 - 6

Ⅰ. F752. 652. 1

中国国家版本馆 CIP 数据核字第 20250PK114 号

保障粮食贸易安全的供应链协同治理机制研究
BAOZHANG LIANGSHI MAOYI ANQUAN DE GONGYINGLIAN
XIETONG ZHILI JIZHI YANJIU

宋海英　著

人民出版社 出版发行
（100706　北京市东城区隆福寺街 99 号）

中煤（北京）印务有限公司印刷　新华书店经销

2025 年 8 月第 1 版　2025 年 8 月北京第 1 次印刷
开本：710 毫米×1000 毫米 1/16　印张：16. 25
字数：240 千字

ISBN 978 - 7 - 01 - 027524 - 6　定价：69.00 元

邮购地址 100706　北京市东城区隆福寺街 99 号
人民东方图书销售中心　电话 （010）65250042　65289539

序

民以食为天,粮食安全是国家安全的重要基石。党的十八大以来,以习近平同志为核心的党中央高度重视国家粮食安全,始终把解决好14亿多人口的吃饭问题作为治国理政的头等大事,明确要"实施以我为主、立足国内、确保产能、适度进口、科技支撑的国家粮食安全战略"①。党的二十大报告强调,要"全方位夯实粮食安全根基""加强重点领域安全能力建设,确保粮食、能源资源、重要产业链供应链安全"。②

全方位夯实粮食安全根基,要求把中国人的饭碗"牢牢端在自己手中","确保谷物基本自给、口粮绝对安全";不仅不排斥甚至要求有效利用"两种资源、两个市场"增进国家粮食安全。党的二十届三中全会通过的《中共中央关于进一步全面深化改革、推进中国式现代化的决定》要求,"聚焦构建高水平社会主义市场经济体制""完善高水平对外开放体制机制"。在此背景下,完善粮食贸易与生产协调机制更加具有重要意义。这不仅可以有效调剂和补充国内粮食供给,增强粮食安全和供给保障能力;对于稳定粮食等重要农产品价格、保护主产区和种粮农民积极性也有重要意义。因此,2024年12月召开的中央农村工作会议强调,"完善农产品贸易与生产协调机制,推动粮食等重要

---

① 《习近平关于国家粮食安全论述摘编》,中央文献出版社2023年版,第4页。
② 《习近平著作选读》第一卷,人民出版社2023年版,第25、44页。

农产品价格保持在合理水平"。

当今世界,百年变局加速演进,发展环境的复杂性和不稳定不确定性明显增加,给维护国家粮食贸易安全进而维护国家粮食安全带来了新的冲击和挑战。以中美关系为典型代表的大国关系的复杂化、乌克兰危机、红海危机等地缘政治冲突事件的爆发,极端天气灾害和重大病虫害的发生,更是导致维护国家粮食贸易安全的难度显著增大。在此背景下,维护国家粮食安全特别是粮食贸易安全,更加需要创新理念、完善机制。着力提升粮食产业链供应链韧性和安全水平是其重要取向之一。由此导致加强粮食产业链供应链协同治理机制研究的重要性紧迫性迅速凸显。那么,如何构建跨国粮食供应链协同治理机制,促进国际粮食生产、交易、运输协同整合?如何借此增强粮食产业链供应链韧性和安全水平,助推增强粮食等重要农产品供给保障能力?由宋海英教授撰写的《保障粮食贸易安全的供应链协同治理机制研究》一书,力图对此进行回答。

该书既有对中国粮食贸易安全水平的测度,又有运用社会网络分析工具对中国大豆、玉米、小麦、稻谷(大米)四大主粮贸易安全水平的综合评价;既有对跨国粮食供应链协同治理机制的综合研究,又有粮食供应链协同治理问题、应对和治理路径的深入讨论。该书的许多方面展示了作者对粮食安全、粮食贸易安全及相关供应链协同治理机制的深入思考,也体现了作者对现代经济数量分析方法的探索性应用,值得相关研究者认真研读。作者关于国内外大豆、玉米价格传导机制和粮食贸易供应链安全等研究,对于统筹做好粮食和重要农产品调控也富有启发意义。

对于研究粮食贸易安全的供应链协同治理机制,本书虽然进行了较好的尝试,但白璧微瑕仍是难免的。一本书到底有什么优点和缺点,你只有认真研读后才能作出客观的评价。况且,哪些属于本书的亮点和瑕疵,也有许多见仁见智之处。确保国家粮食安全乃至积极参与全球性、区域性粮食安全治理,正在对深化相关研究不断提出新的要求和挑战。但是,目前学术界开展的相关研究在总体上仍然少见,借此机会,我期待学术界能有更多的高质量相关研究脱颖而出,也期待更多的研究者加入相关研究之列。通过本书,如能激发更多更精彩的相关深入研究,则作者的目的也就达到了。

　　本书作者宋海英教授曾经是我指导的博士生。从博士生入学开始,她一直认真研究,勤于耕耘,作出了一些有价值的研究。我也一直关注她的成长和进步。欣悉她将在人民出版社出版此书,并邀我作序。特作此序,也希望她将本书出版作为新的起点,不断推出新的更高质量的成果。

中国农村发展学会副会长

中国宏观经济研究院二级研究员、产业所原副所长

国家"万人计划"哲学社会科学领军人才

百千万人才工程国家级人选

2025 年 1 月 23 日

目　　录

前　言

　　洪范八政,食为政首。以习近平同志为核心的党中央始终把粮食安全作为治国理政的头等大事;党的十九大报告旗帜鲜明地指出"确保国家粮食安全,把中国人的饭碗牢牢端在自己手中"。历年中央一号文件都将粮食安全放在突出重要的位置。党的二十届三中全会进一步强调,必须坚持对外开放基本国策,推动产业链供应链国际合作,为保障国家粮食安全释放出更加明确的信号。然而,当今世界正处于百年未有之大变局,全球范围内单边主义、贸易保护主义盛行,国际政治经济变局给国内粮食贸易的可获得性和稳定性蒙上阴影。粮食贸易安全是涉及全球粮食生产端、交易端、运输端的全供应链安全,是粮食安全中最易受国际环境影响的子集。在国内粮食生产面临的资源环境约束依然严峻的情况下,通过贸易来保障粮食安全将是今后较长时期的理性选择。但在高水平开放条件下,世界安全形势局部动荡、极端天气等不确定性事件频发,给国家粮食贸易安全带来前所未有的冲击与挑战。那么,在当前逆全球化思潮持续发酵、经贸摩擦日益加剧的背景下,如何构建跨国粮食供应链协同治理机制,将国际的粮食生产、交易、运输充分整合,增强粮食供应链的稳定性、安全性、抗逆性与协同性,实现国内粮食的保供稳价,就成为当前及今后一段时期亟待研究的重要课题。

　　本书综合运用贸易安全、供应链管理、协同治理等理论,深入探讨保障粮食贸易安全的跨国粮食供应链协同治理机制和实现路径。首先,测度中国粮食贸易安全水平:运用社会网络分析工具对中国大豆、玉米、小麦、稻谷(大米)四大主粮的贸易安全水平进行综合评价。然后,研究中国粮食贸易的生产安全:基于粮食贸易与生态环境的环境库兹涅茨曲线(Environmental Kuznets Curve,EKC)原理,考察粮食贸易影响生态环境的作用机理,进而采用可行广义最小二乘法(Feasible General Least Squares,FGLS)模型,从国家和产品两个层面,对中国粮食进口与贸易伙伴人均碳排放之间的关联性进行实证检验。接着,研究中国粮食贸易的交易安全:一方面,基于期货路径,通过构建误差修正(VEC)模型及基于误差修正模型的方差分解和脉冲响应函数方法,考察国内外大豆期现货价格与国内现货价格的传导关系,以及新冠疫情事件对国内外大豆期现货价格传导关系的溢出效应;另一方面,立足于汇率变动路径,构建向量自回归(Vector Autoregression,VAR)模型框架,并利用格兰杰因果关系检验、脉冲响应分析以及方差分解等技术手段,对国内外玉米现货价格之间的非对称性传导机制进行系统的实证检验。之后,研究中国粮食贸易的供应链安全:借助社会网络结构分析法,运用可视化 Gephi 工具探究中国四大主粮进口的海运网络拓扑结构,并以乌克兰危机为例,刻画逆全球化背景下中国粮食贸易供应链的脆弱性。进而,探究跨国粮食供应链协同治理的机制:在考虑信息不对称和有限理性的假设条件下,构建跨国粮食供应链协同治理的多方演化博弈模型,考察中国政府、跨国粮商、东道国粮食供应商在逆全球化背景下的策略选择,并借助 Matlab 工具对竞争成本的数据仿真考察策略选择的稳定性。最后,提出保障粮食贸易安全的供应链协同治理路径:针对中国政府、跨国粮商、中介组织,以及生产端、交易端、运输端,提出逆全球化背景下保障国家粮食贸易安全的跨国供应链协同治理路径。

基于上述研究思路,本书的主要结论如下:

第一,粮食贸易安全水平上,中国与主要粮食进口国之间的联系紧密度相对较低。尽管中国粮食进口的来源国数量众多,但这与中国的粮食进口规模并不成比例,显示出中国对特定粮食进口国(如美国、巴西、阿根廷等)的高度依赖性。此外,中国与粮食进口来源国之间的地理分布较分散,运输距离较远,进而增加了粮食贸易安全的潜在风险。

第二,粮食贸易的生产安全上,中国自贸易伙伴的粮食进口与生态环境的关系,支持环境库兹涅茨曲线的假设,曲线形态呈倒"U"型,即贸易伙伴的人均碳排放量先增后减。随着贸易伙伴粮食贸易开放度的扩大,短期内中国从贸易伙伴粮食进口的增加会扩大其环境压力,但长期内有利于其生态环境的改善,因为中国的粮食进口可以为贸易伙伴带去大量的外汇收益。中国粮食进口影响贸易伙伴生态环境的效应存在产品上的异质性。中国大豆进口影响贸易伙伴生态环境的 EKC 为倒"U"型,巴西已越过拐点;中国玉米进口影响贸易伙伴生态环境的 EKC 呈"U"型,中国增加自巴西、俄罗斯、美国以及缅甸这四个主要贸易伙伴进口玉米,对于促进其生态环境的优化具有积极影响。

第三,粮食贸易的交易安全上,中美大豆期现货价格之间存在均衡关系,且中国大豆期货市场经过多年的发展后,与美国大豆期货市场的联系愈发紧密;中国大豆期货价格向大豆现货价格单向传导,大连商品交易所(DCE)大豆期货价格主要受自身和芝加哥期货交易所(CBOT)大豆期货价格的影响;国际大豆期货价格向国际大豆现货价格单向传导;新冠疫情下国内大豆期货价格对芝加哥期货交易所大豆期货价格变化的反应更加灵敏;新冠疫情下国内大豆现货价格对大连商品交易所期货价格变化的反应更加灵敏。汇率的变化对玉米进口价格、国内玉米现货价格均产生正向影响,并呈现"先升后降"的趋势,汇率对国内玉米现货价格、国际玉米现货价格—进口价格的传导均呈现非对称性。

第四,粮食贸易的供应链安全上,中国粮食贸易网络存在大豆进口对外依赖性过强、四大主粮进口集中度过高、供应链关键海峡点风险大、供应链对海运依赖度过高、缺少强大跨国粮食企业等问题;乌克兰危机扩大了中国粮食进口的供给风险、物流风险、需求风险、外部风险。过高的竞争成本导致中国跨国粮商缺乏参与粮食供应链协同治理的动力,而过低的竞争成本则会使国内粮食产业遭受低价进口粮的冲击,想要实现粮食供应链的协同治理,各参与主体都应在合作与竞争中不断寻求合适的策略。

与现有研究相比,本书在学术观点、研究内容、研究方法等方面均具有显著的特色和创新。其一,在学术观点上,本书在逆全球化背景下,运用供应链协同治理的思想探索保障粮食贸易安全的机制及路径,将有效抵御国际粮食贸易风险,增强跨国粮食供应链韧性,提升国家粮食安全的保障能力,进而将实践的感性认识提升至理性思考。其二,在研究内容上,本书从生产端、交易端、运输端出发,结合跨国粮食供应链协同治理机制,探索保障粮食贸易安全的路径,符合构筑国家粮食动态安全的系统思维逻辑。同时,基于供应链管理、协同治理理论,构建跨国粮食供应链协同治理的演化博弈模型,探究中国政府、跨国粮商、东道国粮食供应商在协同治理中的策略选择,为中国的跨国粮食供应链协同治理提供有价值的参考。其三,在研究方法上,本书将新制度经济学、国际经济学与管理学的研究方法交叉运用,借助可行广义最小二乘法定量测度中国粮食进口影响贸易伙伴的生态效应,运用误差修正模型及向量自回归模型、方差分解、脉冲响应函数等方法实证模拟大豆、玉米等粮食贸易的价格传导机理,运用社会网络分析方法、Gephi 工具定量勾勒四大主粮贸易的运输网络结构,通过演化博弈模型探究跨国粮食供应链协同治理的策略选择,重点运用 Matlab 仿真分析策略选择的稳定性,这些方法上的集成创新极大增强了研究的科学性和有效性。

导　　论

一、问题的提出

在全球化浪潮的持续推动下，世界经济出现深刻变革，国际贸易与合作蓬勃发展，粮食贸易作为关键领域之一，为全球粮食安全提供重要支撑。然而，近年来逆全球化思潮涌动、贸易保护主义抬头、单边主义盛行，诸多国家纷纷筑起贸易壁垒，加征关税、设置非关税壁垒、实施粮食出口禁令等，使粮食贸易的稳定性和安全性受到冲击。与此同时，粮食供应链的全球化布局也暴露出诸多脆弱点，从生产环节的资源依赖、种植技术差异，到加工环节的集中度风险，再到运输环节的物流阻塞，以及销售环节的市场垄断等，都加剧了粮食贸易的不确定性和不稳定性。在全球粮食需求持续增长、地缘政治冲突频发、气候变化加剧等多重因素叠加的背景下，如何在逆全球化浪潮中保障粮食贸易安全，通过构建跨国粮食供应链协同治理机制提升粮食供应链的韧性与稳定性，已成为亟待解决的重大问题。

二、研究的价值

（一）学术价值

一方面，本书搭建跨国粮食供应链协同治理的演化博弈分析框架，拓宽粮食供应链管理的理论分析边界,扩展供应链管理理论的研究视角,为丰富和拓展供应链管理、协同治理等相关理论作出边际贡献。

另一方面,本书基于生产、交易、供应链等粮食贸易安全不同环节影响因素的理论机制阐释及实践数据检验,有助于在逆全球化思潮持续发酵的背景下,为制定维护国家粮食贸易安全的政策提供基础理论支撑。

(二) 应用价值

首先,本书有助于为增强粮食供应链的韧性提供政策支持,为识别粮食贸易风险、确定影响因素,进而从跨国供应链协同治理的角度提出科学的应对策略,为保障国家粮食安全提供新思路(陈秧分、王介勇,2021)[①]。

其次,本书有助于为降低粮食及相关产业的风险提供政策支持,基于生产端、交易端、运输端等跨国粮食供应链各相关环节的协同治理,为确保国内粮食的稳定供给,降低国家对饲料、肉类等下游产业的连带风险提供新视角(樊胜根等,2019)[②]。

最后,本书有助于为增强应对贸易摩擦的自信心提供政策支持,在"谷物基本自给、口粮绝对安全"的前提下,基于跨国粮食供应链协同治理的饲料粮供给将更加有保障,进而为把握粮食安全主动权提供新路径。

三、文献的综述

现有研究呈现出从粮食贸易监测到粮食贸易风险识别,再到粮食贸易安全评估,进而研究粮食供应链治理,研究对象逐渐细化、研究内容不断深入的学术发展脉络。

[①] 陈秧分、王介勇:《对外开放背景下中国粮食安全形势研判与战略选择》,《自然资源学报》2021年第6期。

[②] 樊胜根、张玉梅、陈志钢:《逆全球化和全球粮食安全思考》,《农业经济问题》2019年第3期。

（一）关于粮食贸易安全的研究

1. 对粮食贸易状况的监测

（1）粮食贸易的总体状况

黄季焜等（2022）①借助"中国农业政策分析和预测模型"的研究发现，中国的粮食自给率将从 95%降低至 2035 年的 90%左右，到 2050 年会进一步下降；大豆、玉米等水土资源密集型粮食产品的进口将增加。叶兴庆等（2024）②利用中国农业科学院与国际食物政策研究所（IFPRI）共同开发的中国农业产业模型，对未来中国主要粮食产品的贸易趋势进行了预测，研究结果显示，到 2035 年，中国在饲料粮领域的供需缺口预计将进一步扩大，对外依赖度将增加，这将对供应保障带来显著的压力和挑战。

苏布拉马尼亚姆等（Subramaniam 等，2024）③指出，联合国粮食及农业组织（FAO）认为粮食进口对粮食安全至关重要。孙林等（Sun 等，2023）④发现，中国粮食进口快速增长。程国强（2023）⑤认为，中国是世界上最大的农产品进口国，但一直受国际市场的控制，我们未能掌握定价权，粮食等产品的供应链亟须健全。

（2）粮食产品的贸易状况

针对大豆贸易，马翠萍和杨水清（2024）⑥指出，长期以来，中国大量进口来

---

①　黄季焜、解伟等：《全球农业发展趋势及 2050 年中国农业发展展望》，《中国工程科学》2022 年第 1 期。

②　叶兴庆、程郁等：《我国重要农产品供需变化趋势与供给保障能力提升策略》，《改革》2024 年第 4 期。

③　Subramaniam, Y. Masron, T. A., et al., "Imports and Food Security", *Global Journal of Emerging Market Economies*, Vol.16, No.1, 2024, pp.7-24.

④　Sun, L., Fang, Q., et al., "Not the Priciest, but the Best Quality: A New Interpretation of High Import Food Price in China", *Agribusiness*, 2023, p.1.

⑤　程国强：《建设安全可控、持续稳定的国际农业食品供应链》，《农村工作通讯》2023 年第 13 期。

⑥　马翠萍、杨水清：《加入 WTO 以来中美经贸关系演变下的大豆贸易研究》，《世界农业》2024 年第 5 期。

自巴西、阿根廷和美国的大豆,这种贸易属于互补式贸易。朱红根等(2024)[1]认为,中国大豆对外进口的依赖性明显。

阿里等(Ali 等,2022)[2]指出,中国大豆需求高度依赖进口,巴西大豆的出口量多,使中巴两国成为国际大豆贸易的主要利益相关者,自巴西的大豆进口为中国带来了越来越多的虚拟土地,借助气候—作物—经济建模方法的模型分析表明,巴西未来的大豆产量和出口量都将下降,而中国从巴西的大豆进口亦将减少。蒙塔尼亚等(Montanía 等,2021)[3]考察了主要出口国在全球大豆贸易中的作用,发现巴西是市场上的领导者,对其他出口国产生积极影响;而乌克兰、巴拉圭、加拿大等次要出口国与主要出口商之间存在竞争关系。

针对玉米贸易,范月圆等(2024)[4]对"双循环"格局下中国饲料粮进口的稳定性展开分析发现,中国饲料粮供需格局日益趋紧并呈常态化发展态势,供需缺口日益扩大,适度进口饲料粮已成为大势所需。李光泗等(2023)[5]指出,受资源环境承载力的刚性约束和粮食生产、贸易的技术性软约束等影响,中国饲料粮安全问题既是粮食贸易的安全性和稳定性问题,也是饲料粮供给与食物需求结构不匹配的问题,利用国际市场和外部农业资源保障国家的饲料粮供给势在必行。韩冬和钟钰(2023)[6]发现,地缘因素对中国玉米进口韧性构

---

① 潘俊宇、朱红根、段继红:《国内外大豆价格传递效应与机制研究:基于不同进口依赖时期的视角》,《农业技术经济》2024 年第 3 期。

② Ali,T.,Zhou,B.,et al.,"The Impact of Climate Change on China, and Brazil's Soybean Trade",*Land*,Vol.11,2022.

③ Montanía,C.,Fernández-Núñez,T.,et al.,"The Role of the Leading Exporters in the Global Soybean Trade",*Agricultural Economics*,Vol.67,No.7,2021,pp.277-285.

④ 崔宁波、王斯曼、范月圆:《"双循环"格局下中国饲料粮进口稳定性研究》,《浙江农业学报》2024 年第 3 期。

⑤ 杨崑、李光泗、祁华清:《"立足自给"还是"倚重贸易"——农业强国进程中的饲用粮食安全困境》,《农业经济问题》2023 年第 12 期。

⑥ 韩冬、钟钰:《地缘因素对我国粮食进口韧性的冲击与政策响应》,《国际贸易》2023 年第 9 期。

成冲击,中国玉米进口的抗压能力、恢复能力和转型升级能力都存在一定程度的不足。仇焕广等(2021)①对"十四五"期间中国玉米贸易的发展趋势研究发现,到2025年中国玉米供需缺口将达2000万吨,但通过鼓励生产,玉米供需缺口可下降至800万吨。

佩诺内等(Penone等,2022)②对美国和欧洲的玉米贸易价格展开研究发现,芝加哥和欧洲期货交易所的玉米期货价格与欧盟成员国的玉米现货价格之间存在一定的传导效应。库洛等(Couleau等,2020)③考察了玉米期货价格的跳跃风险。

针对小麦贸易,王溶花(2024)④运用复杂网络分析法对小麦国际贸易格局展开分析发现,小麦贸易网络紧密性偏低;大多数小麦进口国和出口国的贸易伙伴数量有限。刘慧(2023)⑤认为,从国外进口小麦是优化国内市场结构的必然选择,合理利用国际资源可以更好地保障中国小麦的供给安全。

德瓦多斯和里德利(Devadoss和Ridley,2024)⑥考察了乌克兰危机对全球农业市场的影响,指出由于乌克兰是世界第九大小麦生产国和第五大小麦出口国,战争的破坏性影响对粮食价格和全球粮食安全产生严重影响,基于全球空间均衡模型(SEM)的研究表明,这场冲突导致每个国家的小麦价格上涨(约2%),尽管其他小麦出口国增加了出口,以弥补乌克兰在主要进口国失去

①　仇焕广、李新海、余嘉玲:《中国玉米产业:发展趋势与政策建议》,《农业经济问题》2021年第7期。

②　Penone,C.,Giampietri,E.,Trestini,S.,"Futures-spot Price Transmission in EU Corn Markets",*Agribusiness*,Vol.38,No.3,2022,pp.679-709.

③　Couleau,A.,Serra,T.,Garcia,P.,"Are Corn Futures Prices Getting'Jumpy'?",*American Journal of Agricultural Economics*,Vol.102,No.2,2020,pp.569-588.

④　王溶花:《基于复杂网络分析法的小麦国际贸易格局及演变》,《农业经济》2024年第6期。

⑤　刘慧:《牢牢掌握小麦进口主导权》,《经济日报》2023年10月26日。

⑥　Devadoss,S.,Ridley,W.,"Impacts of the Russian Invasion of Ukraine on the Global wheat Market",*World Development*,Vol.173,2024.

的市场份额,但其中许多进口国的小麦消费量减少。尤盖等(Yugay 等,2024)①也研究乌克兰危机对小麦贸易的影响发现,乌克兰危机导致俄罗斯小麦难以进入国际市场,加大了供应链中断风险和地缘政治风险,进而增加出口供应的波动性。

针对稻谷(大米)贸易,黄玉玺和彭超(2023)②研究发现,中国大米进口格局由过去的泰国逐渐转变为泰越两国,2021 年转型为印巴为主、泰越缅为辅,2023 年进一步转变为越缅为主、泰印柬巴为辅。杨万江和刘琦(2019)③指出,未来中国大米总产量不断下降,国内消费量也有所减少,自给率逐年降低;若采取减少生产成本的措施,能够激发农民的生产积极性,进而有效提高大米的自给率。

措(Tso,2019)④就中国与越南之间的大米贸易展开分析指出,国家领导人的访问对越南大米出口中国产生重要影响。卡迪雷桑等(Kathiresan 等,2020)⑤认为,非洲地区严重依赖亚洲大米的进口,以满足域内对大米的消费需求,在新冠疫情流行期间,亚洲主要大米出口国采取限制出口的措施,不利于非洲的大米进口。戴维森(Davidson,2018)⑥从政治经济学的视角分析了大米贸易发现,随着总统选举的临近,更亲民、经济民族主义型政府会减少大米进口,以显得更加民粹主义。

---

① Yugay,S.,Götz,L.,Svanidze,M.,"Impact of the Ruble Exchange Rate Regime and Russia's War in Ukraine on wheat Prices in Russia",*Agricultural Economics*,Vol.55,No.2,2024,pp.384-411.

② 黄玉玺、彭超:《国际米价飙升对中国大米进口的影响与应对措施》,《中国农民合作社》2023 年第 10 期。

③ 杨万江、刘琦:《"粮安天下":中国大米供求变化预测》,《农业现代化研究》2019 年第 1 期。

④ Tso,C.,"Business Groups,Institutions,and the China-Vietnam Rice Trade",*Asian Survey*,Vol.59,No.2,2019,pp.360-381.

⑤ Kathiresan,A.,Nagai,T.,Haneishi,Y.,"Policy Options for Galvanizing Africa's rice sector Against Impacts of COVID-19",*World Development*,Vol.136,2020.

⑥ Davidson,J.S.,"Rice Imports and Electoral Proximity:The Philippines and Indonesia Compared",*Pacific Affairs*,Vol.91,No.3,2018,pp.445-470.

2.对粮食贸易风险的识别

(1)进口依赖风险

朱晶等(2023)①认为,中国农产品贸易进口种类高度集中、重点品种进口来源地依赖度偏高,导致中国在全球粮食市场动荡加剧背景下对外部粮源的利用风险明显上升。董银果等(2023)②指出,中国粮食类产品贸易存在高脆弱性。刘长全等(2023)③认为,中国饲料粮的对外依赖面临较高的风险,体现为进口对国际市场供给能力和对少数来源地的依赖度偏高。穆月英等(2023)④针对中国大豆进口风险进行了分析发现,中国对美国和巴西大豆的依赖性风险较高;中国对《区域全面经济伙伴关系协定》(Regional Comprehensive Economic Partnership,RCEP)成员国及南美国家的大豆供应具有较高的替代弹性。具体而言,中国能够通过从南美的阿根廷和乌拉圭进口大豆来减少替代性风险。

卡斯特利亚诺斯-库里埃尔和巴列霍-希门尼斯(Castellanos-Curiel 和 Vallejo-Jiménez,2023)⑤通过在商品和来源层面设置四分位数限制异常值,并采用单位根检验和正态性检验发现,中国对粮食类产品进口的依赖性增强。里策尔等(Ritzel 等,2024)⑥指出,由于政治风险和气候危机的加剧,世界粮食供应变得越来越脆弱,为了在早期识别粮食供应的脆弱性,有必要构建一个多

① 朱晶、王容博、徐亮、刘星宇:《大食物观下的农产品贸易与中国粮食安全》,《农业经济问题》2023 年第 5 期。

② 张琳琛、王悦、董银果:《国际农产品贸易网络的脆弱性研究》,《农业经济问题》2023 年第 12 期。

③ 刘长全、韩磊、李婷婷、王术坤、罗千峰:《大食物观下中国饲料粮供给安全问题研究》,《中国农村经济》2023 年第 1 期。

④ 杨鑫、穆月英:《粮食安全视角下的农业水资源风险及其治理重点》,《华南农业大学学报(社会科学版)》2023 年第 3 期。

⑤ Castellanos-Curiel, R., Vallejo-Jiménez, B., "Trade Patterns in Food Imports to China: Commodities, Trends, and Shifts (1992-2020)", *Mexico y la Cuenca del Pacifico*, Vol.12, No.35, 2023, pp. 55-78.

⑥ Ritzel, C., Möhring, A., Ow, A., "Vulnerability Assessment of Food Imports—Conceptual Framework and Empirical Application to the Case of Switzerland", *Heliyon*, Vol.10, No.5, 2024.

因素和标准化的进口脆弱性指数,考察粮食进口依赖性风险,作为粮食供应安全的宝贵监测工具。

(2)非传统风险

王锐等(2020)①指出,中国粮食进口面临的风险较多,涵盖国际粮食禁运、国际粮食价格波动、国际市场供给紧平衡、进口来源分布集中、粮食运输风险、外汇支付能力风险等。

其一,地缘风险。

罗晨月和李春顶(2024)②、蒋家敏和魏梦升(2024)③的研究均指出,地缘政治冲突日益成为影响全球粮食安全的主要风险之一。乌克兰危机、巴以冲突等地缘政治冲突事件的持续发酵引发更多的外溢风险,增加中国粮食贸易政策制定的难度和风险。宋海英和王靖(2023)④通过测算中国食物对外依赖率、地缘关系强度、食物对外依赖风险指数,从地缘关系视角考察中国食物进口的对外依赖风险,发现中国大豆进口依赖美洲、大麦进口依赖欧洲和大洋洲,在进口依赖度上升和地缘政治关系紧张的双重影响下,中国对巴西、乌克兰等国家的粮食进口依赖所带来的风险正逐步增加。韩冬和钟钰(2023)⑤认为,地缘因素导致处于不利地位的粮食进口国粮食进口抗压能力、恢复能力和转型升级能力明显下降,进口韧性受损;地缘因素对中国粮食进口韧性造成冲击。

---

① 王锐、卢根平、陈倬、王新华:《经贸环境不确定背景下中国粮食进口风险分析》,《世界农业》2020年第5期。

② 罗晨月、李春顶:《地缘政治冲突对中国粮食安全的挑战及应对路径》,《长沙理工大学学报(社会科学版)》2024年第2期。

③ 蒋家敏、魏梦升:《地缘冲突下全球粮食危机的传导效应与中国因应之策》,《华中农业大学学报(社会科学版)》2024年第4期。

④ 宋海英、王靖:《地缘关系视角下的中国食物对外依赖风险》,《华南农业大学学报(社会科学版)》2023年第3期。

⑤ 韩冬、钟钰:《地缘因素对我国粮食进口韧性的冲击与政策响应》,《国际贸易》2023年第9期。

穆罕默德和侯萨姆(Mohamed 和 Houssam,2023)①基于动态条件相关广义自回归条件异方差(Dynamic Conditional Correlation Generalized Autoregressive Conditional Heteroskedasticity,DCC-GARCH)模型考察了粮食市场的地缘政治风险发现,地缘政治事件(如乌克兰危机)使得粮食市场的波动性更加敏感。梅里诺(Merino,2022)②对拉丁美洲地区的食物贸易进行地缘政治学分析发现,安第斯共同体的粮食政策是为了平衡和协调各方利益,而实际上却强化了新殖民地的主权国家力量,通过强化采掘性跨国农业而非亲土著农业,加剧了地区的粮食紧张局势。

其二,生态风险。

杜志雄(2024)③指出,实现粮食安全、水资源安全和生态安全的协调发展是中国亟须解决的重大问题之一。罗海平等(2023)④认为,生态安全是粮食安全的重要基础和支撑,水资源、土壤环境越来越恶化,生物多样性减少等生态安全问题严重制约了中国可持续的粮食安全战略。杨鑫和穆月英(2023)⑤通过考察中国粮食生产的水资源风险发现,食物消费升级引发的回弹效应使农业水资源生态风险扩大,尤其是过于依赖农业用水效率提高而带来了水资源的系统性风险。胡冰川等(2021)⑥选取谷物等产品作为研究对象,运用热

① 　Mohamed,Y.,Houssam,B.,"Geopolitical Risk,Economic Policy Uncertainty,and Dynamic Connectedness between Clean Energy,Conventional Energy,and Food Markets",*Environmental Science and Pollution Research International*,2023.

② 　Merino,R.,"The Geopolitics of Food Security and Food Sovereignty in Latin America:Harmonizing Competing Visions or Reinforcing Extractive Agriculture?",*Geopolitics*,Vol.27,No.3,2022,pp.898-920.

③ 　杜志雄:《立足粮食安全和资源约束,探究农业用水效率提升路径——评〈河北省农业用水效率测度及提升路径研究〉》,《农业经济问题》2024 年第 3 期。

④ 　罗海平、王佳铖、胡学英、李卓雅:《粮食主产区粮食安全与生态安全脆弱性耦合研究》,《统计与信息论坛》2023 年第 7 期。

⑤ 　杨鑫、穆月英:《粮食安全视角下的农业水资源风险及其治理重点》,《华南农业大学学报(社会科学版)》2023 年第 3 期。

⑥ 　江立君、胡冰川:《中国农产品国际贸易中虚拟土含量测算及其结构调整分析——基于粮食安全视角》,《生态经济》2021 年第 2 期。

量当量法、产品树法,从消费者角度,对粮食的进口量进行虚拟土资源含量测算发现,中国粮食产品的虚拟土进口量呈现明显的增长趋势。

沙夫斯马等(Schaafsma 等,2023)①开发了一个概念框架,考察大豆贸易对多维福祉和公平的影响。巴雷特(Barrett 等,2020)②指出,全球农业食物系统正面临前所未有的挑战,具体表现在给气候、自然环境、公众健康与营养安全,以及社会公正等带来巨大的负面溢出效应,导致全球食物系统的不可持续性,严重威胁全球可持续发展。

其三,制度风险。

李光泗(2023)③认为,以玉米和大豆临时收储政策改革为突破口的粮食收储制度市场化改革,虽然成为推进农业供给侧结构性改革的重要举措,但对粮食安全保障带来巨大的冲击。甘林针和钟钰(2024)④指出,财政分权是调控地方资源配置的重要制度安排,对于粮食生产的作用不可忽视,粮食安全省长负责制对财政分权与粮食生产之间的调节关系存在区域异质性。

阿卜杜拉(2022)⑤的分析发现,改进政治风险因素和制度因素对粮食安全有显著的正向影响。阿卜杜拉等(Abdullah 等,2022)⑥运用空间面板模型考察了亚洲国家的粮食安全与制度风险发现,制度风险指数的上升以及环境

---

① Schaafsma, M., et al., "A Framework to Understand the Social Impacts of Agricultural Trade", *Sustainable Development*, Vol.31, No.1, 2023, pp.138−150.

② Barrett, C.B., et al., "Bundling Innovations to Transform Agri-food Systems", *Nature Sustainability*, Vol.3, No.12, 2020, pp.974−976.

③ 李光泗:《粮食收储制度市场化改革与粮食安全保障体系构建——基于临时收储政策改革的观察》,《江西社会科学》2023 年第 9 期。

④ 甘林针、钟钰:《财政分权、粮食安全省长责任制与粮食生产》,《当代经济科学》2024 年第 7 期。

⑤ 阿卜杜拉:《政治风险和制度质量对粮食安全影响研究》,东北财经大学学位论文,2022 年。

⑥ Abdullah, W.Q., Akbar, M., "A Spatial Panel Analysis of Food Security and Political Risk in Asian Countries", *Social Indicators Research*, Vol.161, No.1, 2022, pp.345−378.

的退化不利于该国的粮食安全。

其四，供应链风险。

樊胜根（2023）[①]指出，加强粮食供应链的监测预警和机构协调，有助于保障中国粮食供给的稳定性，并提升多重风险下多元化粮食的供给能力。谭砚文和杨世龙（2024）[②]认为，地缘冲突、极端气候、贸易保护主义盛行等导致全球粮食市场不稳定性显著增强，印度等主要粮食出口国陆续实施粮食出口限制措施以保障本国粮食安全，厄尔尼诺现象下极端天气频发，叠加地缘政治经济冲突，引发新一轮国际粮价大幅上涨，冲击中国粮食进口的国际供应链。丁存振和徐宣国（2022）[③]指出，国际粮食供应链面临两大类风险：内部风险和外部风险。内部风险涵盖了供应风险、运输风险以及需求风险，而外部风险则主要表现为粮食价格波动的风险。他们进一步指出，新冠疫情的暴发、自然灾害的发生以及地缘政治冲突的加剧等因素，均显著增加了国际粮食供应链的风险。

方德等（Found 等，2024）[④]综述了粮食供应链的研究文献，并指出未来需要加强疫情对粮食供应链影响的研究。邓相正（Deng 等，2021）[⑤]设计了16 个指标对中国 30 个省份的粮食供应链风险进行评估发现，中国区域层面的食物供应链风险总体稳定，西部地区略高于东部地区，并呈现空间集聚性。

---

①　樊胜根：《加强粮食安全风险防范，强化食物供应链韧性》，《农村工作通讯》2023 年第 7 期。

②　谭砚文、杨世龙：《风险叠加背景下我国粮食安全面临的挑战及对策》，《华南农业大学学报（社会科学版）》2024 年第 2 期。

③　丁存振、徐宣国：《国际粮食供应链安全风险与应对研究》，《经济学家》2022 年第 6 期。

④　Found, P.A., et al., "Food Supply Chain Resilience in Major Disruptions", *Journal of Manufacturing Technology Management*, 2024.

⑤　Deng, X., et al., "Risk Evaluation of the Grain Supply Chain in China", *International Journal of Logistics-Research and Applications*, Vol.27, No.1, 2021, pp.83-102.

表 0-1 粮食贸易安全的研究文献梳理

研究视角	主要研究内容	代表性文献
粮食贸易状况监测	粮食贸易的总体状况	黄季焜等,2022;叶兴庆等,2024;程国强,2023;Subramaniam 等,2024;Pasara 和 Diko,2020①;孔祥智等,2024②;田志宏,2020③;王锐等,2020④;Smith 和 Glauber,2020⑤;Sun 等,2023⑥
	粮食产品的贸易状况	大豆(朱红根等,2024;马翠萍和杨水清,2024;Ali 等,2022;Montanía 等,2021)、玉米(钟钰等,2023;范月圆等,2024⑦;仇焕广,2021;李光泗等,2023;Penone 等,2022;Couleau 等,2022)、小麦(王溶花,2024;刘慧,2023;Devadoss 和 Ridley,2024;Yugay 等,2024)、稻谷(大米)(杨万江等,2019;彭超等,2023;Kathiresan 等,2020;Tso,2019;Davidson,2018)
粮食贸易风险识别	进口依赖风险	朱晶等,2023;穆月英等,2023;董银果等,2023;刘长全,2023;Ritzel 等,2024;Castellanos-Curiel 和 Vallejo-Jiménez,2023
	非传统风险	地缘风险(李春顶等,2024;钟钰等,2023;蒋家敏和魏梦升,2024;宋海英等,2023;Mohamed 和 Houssam,2023;Merino,2022)、生态风险(杜志雄,2024;胡冰川等,2021;罗海平等,2023;穆月英等,2023;Schaafsma 等,2023;Barrett 等,2020)、制度风险(钟钰等,2024;李光泗,2023;Abdullah 等,2022;Abdullah,2022)、供应链风险(樊胜根,2023;谭砚文等,2024;丁存振和徐宣国,2022;Found 等,2024;Deng 等,2021)

---

① Pasara,M.T.,Diko,N.,"The Effects of AfCFTA on Food Security Sustainability:An Analysis of the Cereals Trade in the SADC Region",*Sustainability*,Vol.12,No.4,2020,pp.1–12.

② 孔祥智、顾善松、赵将:《以对外直接投资化解农产品进口贸易风险》,《经济纵横》2024年第1期。

③ 田志宏:《疫情冲击全球粮食安全中国粮食安全的底气从何而来》,《人民论坛》2020年第17期。

④ 王锐、卢根平、陈倬、王新华:《经贸环境不确定背景下中国粮食进口风险分析》,《世界农业》2020年第5期。

⑤ Smith,H.V.,Glauber,J.,"Trade,Policy and Food Security",*Agricultural Economics*,Vol.51,No.1,2020,pp.159–171.

⑥ Sun,L.,Fang,Q.,et al.,"Not the Priciest,but the Best Quality:A New Interpretation of High Import Food Price in China",*Agribusiness*,2023.

⑦ 崔宁波、王斯曼、范月圆:《"双循环"格局下中国饲料粮进口稳定性研究》,《浙江农业学报》2024年第3期。

续表

研究视角	主要研究内容	代表性文献
粮食贸易安全评估	指标评价法	刘锴和柴聪,2022;赵鹏军,2024;Istudor 等,2022;Ur Rahman 等,2021
	模型测度法	綦建红等,2024;卜林和赵轶薇,2023;Gnedeka 和 Wonyra,2023
	复杂网络法	孙红杰等,2024;林耿等,2022;Fair 等,2017;Alhussam 等,2023

3.对粮食贸易安全的评估

(1)指标评价法

刘锴和柴聪(2022)①通过测算粮食贸易依赖指数考察中国对粮食进口国的依赖程度,并结合国际地缘关系强度指数测算粮食的进口贸易风险发现,中国粮食总需求的14%需要依赖进口,进口粮食中大豆依赖率超过80%;大豆进口主要源自巴西和美国,其中对美国的依赖性最强;中国与各粮食进口国之间的地缘关系强度不平衡;大米进口来源国家的供应安全性最高。赵鹏军等(2024)②通过构建矩阵和设计算法进行数据映射,考察全球玉米海运格局发现,泛地中海、西北太平洋近岸海域和加勒比海海域是世界玉米航运的三个核心,新冠疫情与乌克兰危机对世界玉米航运结构的影响有限。

伊斯图多尔(Istudor 等,2022)③在巴拉萨指数(Balassa Index)的基础上加入国家生产、贸易平衡等指标构造新的指标对谷物进行统计分析,有助于为决策者制定更好的农业资源管理政策服务。乌尔·拉赫曼等(Ur Rahman

---

①　刘锴、柴聪:《地缘关系视角下的中国粮食进口贸易安全测度》,《资源开发与市场》2022年第4期。

②　赵鹏军、尹昭有等:《新冠疫情与俄乌冲突背景下世界玉米海运格局变化研究》,《北京大学学报(自然科学版)》2024年第7期。

③　Istudor, N., et al., "The Complexity of Agricultural Competitiveness:Going Beyond the Balassa Index", *Journal of Competitiveness*, Vol.14, No.4, 2022, pp.61-77.

等,2021)①在计算粮食安全指标的基础上考察贸易自由化与粮食安全各层面之间的联系发现,贸易自由化对粮食的供应、可及性和稳定性产生负向影响,但对粮食利用产生正向影响。

(2)模型测度法

綦建红等(2024)②通过扩展 Gervais 模型,并构建结构模型,模拟了进口来源国风险及其风险关联度对企业粮食进口行为的影响。卜林和赵轶薇(2023)③整合省级粮食进口数据构建粮食安全指标体系,从中国粮食进口端出发,探究粮食进口规模、进口价格和进口渠道的变化对中国粮食安全的影响,并考察国内农业保障制度对该影响机制的调节效用,揭示出粮食进口量、进口粮食价格以及粮食进口来源国的多样性对国家粮食安全具有显著影响;财政对农业的支持和农业保险的实施能够有效增强国家的粮食自给能力,从而为保障中国的粮食安全提供了有力支撑,这些措施通过减少对外部粮食供应的依赖,增强了国内粮食生产的稳定性,进而对维护国家粮食安全起到了积极作用。

格纳德卡和沃尼拉(Gnedeka 和 Wonyra,2023)④基于广义矩估计(Gener-alized Method of Momente,GMM)的动态实证模型考察非洲 37 个国家的粮食贸易发现,贸易开放有助于提升非洲撒哈拉以南地区国家的粮食安全。

(3)复杂网络法

孙红杰等(2024)⑤基于全球稻米贸易关系矩阵考察全球稻米贸易网络格

① Ur Rahman,I.,et al.,"South Asian Experience of Trade Liberalization:Implications for Food Security",*Sarhad Journal of Agriculture*,Vol.37,No.1,2021,pp.52-63.

② 谭用、周洺竹、綦建红:《不确定性与中国粮食分散进口:结构估计与反事实研究》,《经济学(季刊)》2024 年第 2 期。

③ 卜林、赵轶薇:《进口贸易对粮食安全的影响研究——基于财政支农与农业保险的调节效应分析》,《保险研究》2023 年第 3 期。

④ Gnedeka,K.T.,Wonyra,K.O.,"New Evidence in the Relationship between Trade Openness and Food Security in Sub-Saharan Africa",*Agriculture & Food Security*,Vol.12,No.1,2023,pp.1-17.

⑤ 孙红杰、邢宛飞、李亚钦:《全球稻米贸易网络特征及政策启示》,《世界地理研究》2024 年第 7 期。

局发现,稻米发送系统主要集中于泰国、印度、越南、巴基斯坦、美国,稻米接收系统数量众多且分散;稻米贸易出口垄断明显高于进口竞争;稻米贸易呈多极化格局,贸易网络具有"小世界"特征;中国在全球稻米贸易中保持独立自主贸易能力,但稻米贸易流动的控制能力不强。林耿等(2022)①利用可比净出口指数、贸易集中度指数、Hilbert 曲线、时空多元模式可视化、岭回归等方法,对 1992—2020 年中国粮食贸易结构进行分析发现,中国对国际进口粮食的依赖显著增强,玉米、高粱等众多粮食产品由出口转变为进口状态;快速增长的进口直接增加了国内粮食的供应,提升了粮食安全水平。

费尔等(Fair 等,2017)②开发全球小麦贸易网络模型考察 1986—2011 年小麦贸易网络的变动指出,应开发多年期、特定商品网络的动态模型,以预测全球粮食贸易网络的未来走势。阿尔胡萨姆等(Alhussam 等,2023)③采用复杂网络和二次分配程序考察"一带一路"倡议背景下的粮食贸易安全发现,"一带一路"倡议构筑的粮食贸易网络有助于提升"一带一路"共建国家的粮食安全水平。

(二) 关于粮食供应链治理的研究

1. 理论层面的研究

(1)供应链治理内涵的界定

谢康等(2015)④从可追溯体系建设、以纵向联合为代表的有效组织形式

---

①　王念、程昌秀、林耿:《中国农产品贸易结构演化及对粮食安全的影响》,《地理学报》2022 年第 10 期。

②　Fair,R.K.,Bauch,T.C.,Anand,M.,"Dynamics of the Global Wheat Trade Network and Resilience to Shocks",*Scientific Reports*,Vol.7,No.1,2017.

③　Alhussam,M.I.,et.al,"Food Trade Network and Food Security:From the Perspective of Belt and Road Initiative",*Agriculture*,Vol.13,No.1571,2023.

④　谢康、赖金天、肖静华:《食品安全社会共治下供应链质量协同特征与制度需求》,《管理评论》2015 年第 2 期。

设计、双边契约责任传递三个层面对供应链治理文献进行回顾,为供应链协同治理奠定了理论基础。聂蕾等(2020)①构建供应链治理机制与绩效之间的关系理论模型,进而借助供应链岗位中高层及技术人员的问卷调查研究发现,采用社会控制机制对供应链治理可以提高供应链的整体绩效。

文卡塔拉曼等(Venkatarman 等,2024)②认为可持续供应链治理为整合可持续性提供了蓝图,可以确保持续的承诺和问责制,对社会、环境和整体供应链弹性产生积极影响。阮和祖伊德维克(Nguyen 和 Zuidwijk,2024)③对可持续供应链治理(SSCG)的文献展开述评发现,可持续供应链治理与可持续供应链复杂性之间存在相互依存的关系。

(2)国内粮食供应链治理

王钢和赵霞(2024)④认为,粮食安全治理过程中,中国粮食安全治理体系在应急管理、粮食储备、舆情管理、粮食进口等方面还存在一些风险点。孙致陆等(2022)⑤分析了近年来全球粮食安全及其治理的发展进程和现实挑战,并提出了全球粮食安全治理的转型策略。程国强(2023)⑥强调,需要深度参与全球农业与粮食安全治理,抓紧构建安全可控、持续稳定的全球农业食品供应网络。

---

① 冯华、聂蕾、施雨玲:《供应链治理机制与供应链绩效之间的相互作用关系——基于信息共享的中介效应和信息技术水平的调节效应》,《中国管理科学》2020 年第 2 期。

② Venkatarman,A.,et al.,"Cross-Sectioning Sustainable Supply Chain Governance:A Bibliometric Analysis",*International Review of Management and Marketing*,Vol.14,No.3,2024,pp.34-46.

③ Nguyen,L.,Zuidwijk,R.,"Sustainable Supply Chain Governance:A Literature Review",*Business Ethics,the Environment & Responsibility*,2024.

④ 王钢、赵霞:《百年变局和世纪疫情下的国家粮食安全——治理成效、风险隐患与应对策略》,《浙江农业学报》2024 年第 7 期。

⑤ 李先德、孙致陆、赵玉菡:《全球粮食安全及其治理:发展进程、现实挑战和转型策略》,《中国农村经济》2022 年第 6 期。

⑥ 程国强:《建设安全可控、持续稳定的国际农业食品供应链》,《农村工作通讯》2023 年第 13 期。

金仓宇等(Jin 等,2021)①利用国家市场监督管理总局的 260 万次检测数据考察食品供应链中掺假的风险。法鲁克等(Farooque 等,2019)②基于 105 份利益相关者的问卷调查分析发现,中国粮食供应链存在环境法规和执法不严、缺乏市场偏好或压力等不足,这是中国粮食供应链存在的突出障碍。

表 0-2　粮食供应链治理的研究文献梳理

研究视角	主要研究内容	代表性文献
理论层面	供应链治理内涵	谢康等,2015;聂蕾等,2020;Venkatarman 等,2024;Nguyen 和 Zuidwijk,2024
	粮食供应链治理	程国强,2023;王钢和赵霞,2024;孙致陆等,2022;Jin 等,2021;Farooque 等,2019
实证层面	粮食供应链风险	刘茜等,2024;李丽菲,2023;Wilson 和 Klebe,2024;Ali 等,2023
	粮食供应链的影响因素	丁冬和杨印生,2019;冷志杰和谢如鹤,2016;孔建磊等,2020;Bendinelli 等,2020;Friedman 和 Ormiston,2022
	跨国粮食供应链治理	赵予新等,2020;孙红霞,2023;刘艳等,2023;贺金霞,2020;Lopez 和 Qassim,2017;Poo 等,2024

2. 实证层面的研究

(1)粮食供应链风险

刘茜等(2024)③指出,近年来全球贸易摩擦不断,国际冲突时有发生,粮食生产的不平衡性、极端气候环境、国际市场波动、设施更新压力以及金融服务薄弱等给中国粮食供应链带来挑战。李丽菲(2023)④认为,在当前贸易保

---

①　Jin,C.,et al.,"Testing at the Source:Analytics-Enabled Risk-Based Sampling of Food Supply Chains in China",*Management Science*,Vol.67,No.4,2021,pp.2985-2996.

②　Farooque,M.,Zhang,A.,Liu,Y.,"Barriers to Circular Food Supply Chains in China",*Supply Chain Management*,Vol.24,No.5,2019,pp.677-696.

③　王佳硕、刘茜、陈俊春、程建宁、毛雪飞:《中国粮食供应链安全研究》,《供应链管理》2024 年第 7 期。

④　李丽菲:《"双安全"目标下粮食产业链供应链风险防范对策研究》,《山西农经》2023 年第 22 期。

护主义抬头、地缘政治竞争加剧以及极端气候事件频发的国际环境下,中国在粮食数量安全和质量安全方面对供应链的自主性、可控性以及稳定性有着高度依赖。为了构建一个与国家新发展格局相适应的粮食"双安全"体系,必须重视并预防供应链内部风险、关键节点的衔接风险以及外部风险。这些风险的识别与管控对于确保粮食供应链的韧性和安全性至关重要。

威尔逊(Wilson,2024)[1]指出,粮食贸易的供应链风险包括运输方式(如铁路运输、驳船、远洋运输)风险和粮食库存风险。阿里等(Ali等,2023)[2]基于中小企业的半结构化访谈发现,发展中国家与发达国家在保障粮食供应链韧性和风险应对方面存在显著的差异。

(2)粮食供应链的影响因素

丁冬和杨印生(2019)[3]总结了8个影响粮食供应链的因素:国际格局、物资配置水平、合同恶意违约、现代化信息平台、税制变动、政府干预、新贸易环境限制和产业结构调整。冷志杰和谢如鹤(2016)[4]利用鲁宾斯坦讨价还价博弈模型,分析粮农与粮食处理中心就激励契约谈判的过程及均衡契约的影响因素,提出粮食处理中心的原粮供应链治理的优化模式。孔建磊等(2020)[5]通过对全国26个省份的抽检数据及其相关联信息进行细致分析,构建一个集成深度置信网络(Deep Belief Network,DBN)与多类模糊支持向量机(Multiclass Fuzzy Support Vector Machine,MFSVM)的风险分级预警模型,致力于对粮食供

---

① Wilson, K., "Supply Chain Risk in Grain Trading: Inventories as Real Options for Shipping Grain", *Agribusiness*, 2024.

② Ali, I., Sadiddin, A., Cattaneo, A., "Risk and Resilience in Agri-food Supply Chain SMEs in the Pandemic Era: A Cross-country Study", *International Journal of Logistics Research and Applications*, Vol.26, No.11, 2023, pp.1602-1620.

③ 丁冬、杨印生:《中国粮食供应链关键风险点的识别及防范》,《社会科学战线》2019年第5期。

④ 冷志杰、谢如鹤:《基于粮食处理中心讨价还价博弈模型的原粮供应链治理模式》,《中国流通经济》2016年第5期。

⑤ 王小艺、李柳生、孔建磊、金学波、苏婷立、白玉廷:《基于深度置信网络—多类模糊支持向量机的粮食供应链危害物风险预警》,《食品科学》2020年第19期。

应链中的关键危害因素进行细致的风险评估与分级预警,旨在提升粮食供应链安全管理的效率和准确性。

弗里德曼和奥米斯顿(Friedman 和 Ormiston,2022)[1]指出,技术进步可以改善粮食供应链的可持续性,区块链技术在促进粮食供应链可持续转型方面具有潜力。本迪内利等(Bendinelli 等,2020)[2]考察了水稻、玉米、大豆、小麦降低供应链环节中收获后损失的影响因素发现,缺乏收获后的基础设施,尤其是储存和营销方面的设施,导致收获后损失急剧上升,不利于粮食供应链的管理。

(3)跨国粮食供应链治理

孙红霞(2023)[3]对中国跨国粮商与东道国农民、中国跨国粮商与东道国政府以及中国政府与东道国政府及其利益相关者之间的博弈关系进行了分析。贺金霞(2020)[4]从协同理论的视角构建粮食供应链的协同约束模型,并进一步应用结构方程模型和分层回归分析等方法,研究影响粮食供应链协同的关键因素,并发展出一套粮食供应链协同的约束机制,旨在优化供应链运作,增强其整体效能。刘艳等(2023)[5]以全球大米贸易为例,构建粮食贸易网络的演化博弈模型,发现需要将粮食贸易的历史依赖度保持在适当的水平。赵予新等(2020)[6]指出,逆全球化思潮、突发事件、自然灾害、供应商违约是跨

① Friedman,N.,Ormiston,J.,"Blockchain as a Sustainability-oriented Innovation? Opportunities for and Resistance to Blockchain Technology as a Driver of Sustainability in Global Food Supply Chains",*Technological Forecasting and Social Change*,Vol.175,2022.

② Bendinelli,W.E.,et al.,"What are the Main Factors that Determine Post-harvest Losses of Grains?",*Sustainable Production and Consumption*,Vol.21,2020,pp.228-238.

③ 孙红霞:《基于博弈论的中国跨国粮食供应链构建研究》,《河南工业大学学报(社会科学版)》2023 年第 1 期。

④ 贺金霞:《粮食供应链协同的信任与约束机理研究》,河南农业大学博士学位论文,2020 年。

⑤ 陈六君、高远、刘艳、卢思予、樊晓辉、陈家伟:《粮食国际贸易网络的演化博弈模型》,《北京师范大学学报(自然科学版)》2023 年第 5 期。

⑥ 孙红霞、赵予新:《基于危机应对的我国跨国粮食供应链优化研究》,《经济学家》2020 年第 12 期。

国粮食供应链中断的主要诱因;中国可建立跨国粮食供应链预警机制、培育具有核心竞争力的跨国粮商、利用"一带一路"倡议推动粮食进口来源的多元化、减少对单一来源的依赖、完善跨国粮食物流基础设施的建设,为跨国粮食供应链提供坚实的物流支持,为确保"适度进口"提供跨国物流保障。

洛佩兹和卡西姆(Lopez 和 Qassim,2017)[1]针对巴西谷物生产成本低于美国,但美国谷物物流成本低于巴西的情形,提出了扩大巴西内陆水道和铁路网络重新设计巴西粮食供应链的方法,为多级全球粮食供应链提供借鉴和参考。普等(Poo 等,2024)[2]通过构建新的框架将影响跨国粮食供应链的生产供应与航运运输连通性结合起来估计跨国粮食供应链(FSC)的弹性,并对加拿大、澳大利亚、刚果的 FSC 弹性进行对比分析,为监测各国跨国粮食供应链的复原能力提供依据。

(三) 简要评价

综上,国内外学术界在粮食贸易安全及粮食供应链治理的研究方面取得了诸多建设性成果,为本书提供了启发和借鉴。但现有研究仍在以下两方面亟待拓展:

一是在研究内容上,学者们对粮食贸易的研究已经非常深入和系统,但将粮食贸易安全与粮食供应链治理结合起来的研究较少,尤其是针对跨国/全球粮食供应链协同治理的研究较为缺乏;二是在研究体系上,学者们对影响粮食贸易安全的某一方面,如地缘风险、生态风险、海运风险等,进行了大量的探究,但将跨国粮食供应链上的生产端、交易端、运输端整合起来,进行跨国粮食供应链协同治理的理论逻辑和实证检验的研究极为缺乏。

---

① Lopez,J.J.U.,Qassim,R.Y.,"An Optimal Redesign Approach for Optimal Global Supply Chain Redesign:Brazilian Soybean Grain Study",*Business and Management Horizons*,Vol.5,No.2,2017.

② Poo,M.C.,Wang,T.,Yang,Z.,"Global Food Supply Chain Resilience Assessment:A Case in the United Kingdom",*Transportation Research Part A:Policy and Practice*,Vol.181,2024.

面对欧美等国逆全球化思潮的持续发酵、中美经贸摩擦的反复拉锯,迫切需要将全球的粮食生产、销售、储运、物流等供应链环节整合起来,进行跨国粮食供应链的协同治理。因此,运用贸易安全、供应链管理、协同治理等理论,深入探讨逆全球化背景下保障粮食贸易安全的跨国粮食供应链协同治理机制和实现路径,具有重要的理论价值和特殊的现实意义。

四、研究的目标

本书的关键在于回答以下三个问题:

首先,回答如何测度粮食贸易安全。本书借助社会网络分析工具,从网络规模、网络密度、点入度、接近中心度等指标入手,对逆全球化背景下的中国粮食贸易安全水平进行科学测度,为防范粮食贸易安全风险奠定基础。

其次,回答哪些因素影响粮食贸易安全。本书基于粮食贸易的供应链重点环节(生产、交易、运输),从生态效应、价格传导、供应链风险等维度切入,通过理论和实证两方面阐释逆全球化背景下中国粮食贸易安全的影响因素。

最后,回答如何保障粮食贸易安全。本书将政府及粮食生产者、贸易商、物流商、消费者整合起来,构建跨国粮食供应链协同治理机制,并提出逆全球化背景下保障中国粮食贸易安全的实现路径。

五、研究的内容

(一) 粮食贸易安全水平测度

在厘清粮食贸易安全内涵的基础上,借助社会网络分析工具,基于联合国贸易和发展会议(United Nations Conference on Trade and Development, UNCTAD)数据库的数据,对中国粮食贸易整体网络密度和网络规模进行分析,进而运用点入度和接近中心度指标,针对中国大豆、玉米、小麦、稻谷(大米)等粮食产品的贸易安全水平进行综合评价。

（二）粮食贸易的生产安全研究:基于生态效应的视角

考虑到对全球粮食生产影响最大的生态环境问题,首先,深入考察中国粮食进口规模不断扩大、进口结构失衡、进口来源过于集中的事实(见表0-3);其次,借助粮食贸易与生态环境的环境库兹涅茨曲线原理,考察粮食贸易影响生态环境的作用机理;最后,基于贸易伙伴的视角,借助可行广义最小二乘法模型,从整体、国家、产品三个方面对中国粮食进口与贸易伙伴生态环境之间的关系展开实证检验,针对国际上"中国粮食进口威胁全球生态系统"的言论作出科学的诠释与回应。

表0-3 中国主要粮食进口贸易伙伴及其进口占比

（单位:%）

品种	年份 国家	2001	2006	2011	2016	2022
大豆	巴西	22.05	40.32	39.66	45.77	60.95
	美国	42.57	36.30	42.32	40.50	31.20
	阿根廷	35.08	21.62	14.56	9.51	3.96
	乌拉圭	0.00	1.69	2.72	2.04	2.08
玉米	美国	0.40	80.38	96.78	8.81	74.38
	乌克兰	0.00	0.00	0.00	79.71	23.22
小麦	澳大利亚	6.23	51.39	46.89	40.43	55.58
	加拿大	58.23	17.60	15.26	26.88	20.91
	法国	0.00	0.00	0.00	0.00	16.09
	美国	34.51	31.01	37.60	25.97	7.01
稻谷 （大米）	印度	0.00	0.01	0.00	0.00	29.63
	巴基斯坦	0.00	0.02	1.11	15.80	17.36
	越南	0.00	2.99	31.95	46.27	16.67
	泰国	99.70	96.63	66.11	29.14	16.01

资料来源:联合国贸易数据库。

（三）粮食贸易的交易安全研究：基于期货和汇率路径的价格传导

一方面,针对中国粮食进口量最大的大豆产品,在阐释国内外大豆价格走势的基础上,从期货市场的价格预期效应、价格发现机制、流动性效应和追溯效应等视角考察国内外大豆期现货价格传导机理,进而基于 Wind 数据库的数据,构建向量误差修正模型,并运用方差分解、脉冲响应函数等方法,分析国内外大豆期现货市场价格的传导及新冠疫情下大豆市场价格传导的反应。另一方面,针对中国粮食进口量排第二位的玉米产品,在分析国际玉米价格、国内玉米价格波动走势的基础上,从购买力平价理论和利率平价理论的角度阐释汇率路径下国内外玉米价格非对称传导机理,进而结合 Wind 数据库的数据,构建向量自回归模型,并运用格兰杰因果关系检验、脉冲响应函数、方差分解等方法,检验国内外玉米现货价格基于汇率路径的非对称传导。

（四）粮食贸易的供应链安全研究：基于国际海运的视角

首先,基于社会网络贸易结构分析法,并借助可视化工具 Gephi 探究中国大豆、玉米、小麦、稻谷(大米)四大主粮贸易海运网络的拓扑结构;其次,结合贸易数据和现阶段的不确定性事件,阐述中国粮食贸易网络存在的问题;再次,分析乌克兰危机下中国粮食贸易的供应链风险;最后,勾勒出逆全球化背景下中国粮食贸易供应链的脆弱性,为降低粮食贸易的供应链风险寻找突破口。

（五）跨国粮食供应链协同治理机制研究

其一,从生产端、交易端、运输端、消费端等维度考察跨国粮食供应链存在的问题;其二,在考虑信息不对称和有限理性的假设下,构建跨国粮食供应链协同治理的多方演化博弈模型,分析中国政府、跨国粮商、粮食供应商等利益相关者的策略选择机制及在逆全球化背景下的策略选择;其三,展开演化博弈策略的稳定性分析和敏感性分析,重点运用 Matlab 工具对竞争成本进行数值仿真,分析其变动对演化结果的影响,为跨国粮食供应链协同治理路径的选择提供支撑。

（六）保障粮食贸易安全的供应链协同治理路径研究

一方面,从供应链主体的维度,针对中国政府、跨国粮商、中介组织,提出跨国粮食供应链协同治理的路径;另一方面,从供应链环节的维度,针对生产端、交易端、运输端,提出逆全球化背景下保障国家粮食贸易安全的跨国供应链协同治理路径。

六、研究的设计

（一）研究对象

本书以粮食贸易安全为研究对象,围绕粮食生产、交易、运输及供应链协同,在逆全球化和贸易摩擦加剧的背景下,通过考察粮食贸易各环节安全风险的存在机理及实证检验,探究保障粮食贸易安全的跨国供应链协同治理机制与路径。

（二）框架思路

本书基于贸易安全、供应链管理、协同治理等理论,首先基于社会网络分析方法定量测算中国粮食贸易安全水平;其次分别从生产端、交易端、运输端对粮食贸易安全的影响因素进行理论阐释和实证检验;最后基于新制度经济学框架构建跨国粮食供应链协同治理的演化博弈机制,进而提出保障中国粮食贸易安全的跨国粮食供应链协同治理路径。

本书的研究思路、研究方法和研究内容的框架,如图 0-1 所示。

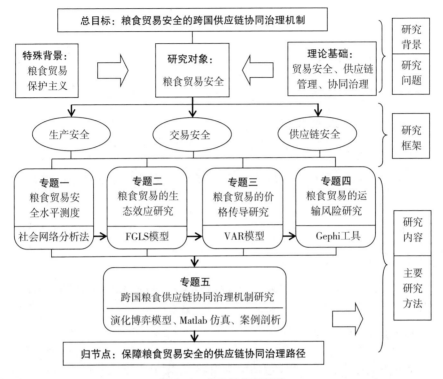

图 0-1　本书的框架思路

七、资料的来源

本书的数据资料较为丰富,来源较为广泛,主要分为以下几类。

(一)贸易数据

研究中用到的贸易数据主要有以下来源:

1.联合国商品贸易统计数据库(UN COMTRADE):https://comtradeplus.un.org/。

2.世界贸易组织(WTO):https://www.wto.org/。

3.国家统计局:https://www.stats.gov.cn/。

4.海关总署:http://www.customs.gov.cn/。

5. 商务部：https://www.mofcom.gov.cn/。

（二）生产数据

研究中用到的粮食生产规模、产量等数据主要有以下来源：

1. 联合国粮食及农业组织：https://www.fao.org/home/en/。

2. 世界银行：https://data.worldbank.org/。

3. 美国农业部（USDA）：《USDA 提供的全球农业供求估计（WASDE）报告》。

4. 联合国粮食及农业组织发布的《世界粮食及农业统计年鉴》，见 https://openknowledge.fao.org/。

5. 《世界粮食安全和营养状况》报告，见 https://doi.org/10.4060/cc3017zh。

（三）价格数据

研究中的粮食价格数据（包括价格指数）主要有以下来源：

1. 联合国粮食及农业组织：https://www.fao.org/home/en/。

2. 世界银行：https://data.worldbank.org/。

3. 国际谷物理事会（IGC）：https://www.igc.int/。

4. 国际食物政策研究所：https://www.ifpri.org/。

5. Wind 数据库。

（四）补充数据

研究中还用到了以下来源的数据：

1. 生态环境数据：联合国粮食及农业组织。

2. 农业产值：联合国贸易数据库。

3. 农业技术进步：联合国粮食及农业组织。

4. 人口：世界银行。

5. 财政支农：联合国粮食及农业组织。

6. 农业外商直接投资：联合国粮食及农业组织。

7. 地理距离：国家首都之间的距离源自网站 The Distance Now.com。

八、可能的创新

与已有的研究相比，本书可能在以下几个方面具有特色或创新。

（一）学术观点的特色和创新

创新观点一：本书在逆全球化及贸易摩擦加剧的背景下，运用供应链协同治理的思想探索保障粮食贸易安全的运行机制及实现路径，将有效抵御国际粮食贸易环境变化的风险，增强跨国粮食供应链的韧性，提升国家粮食安全的保障能力，进而将实践的感性认识提升至理性思考。

创新观点二：当前，影响跨国粮食供应链的重点环节在于生产、交易、运输，因此，本书对中国粮食贸易的国际生态效应、跨国价格传导、国际海运网络等进行系统剖析，并厘清跨国粮食供应链的协同治理逻辑，进而为保障国家粮食贸易安全提供有效的路径。

（二）研究内容的特色和创新

内容创新一：传统上，学者们从进口依赖、地缘政治等单方面探讨粮食贸易风险，或仅从国内的角度考察粮食供应链治理，但在逆全球化思潮加剧、中美经贸摩擦反复拉锯的背景下，国际粮食贸易风险是多方面的，本书从生产端、交易端、运输端出发，结合跨国粮食供应链协同治理机制，探索保障粮食贸易安全的新途径，符合构筑国家粮食动态安全的系统思维逻辑。

内容创新二：截至目前，国内外学者较少针对跨国粮食供应链协同治理进行理论探讨和实证检验。本书基于供应链管理、协同治理理论，构建跨国粮食供应链协同治理的演化博弈模型，探究中国政府、跨国粮商等不同利益主体在协同治理中的策略选择，为中国的跨国粮食供应链协同治理提供有价值的参考。

（三）研究方法的特色和创新

已有研究大多从管理学的视角运用思辨的方法进行国内粮食供应链的理论分析，而本书将新制度经济学、国际经济学与管理学的研究方法交叉运用，除了采用思辨的方法剖析跨国粮食供应链协同治理机制外，运用可行广义最小二乘法定量测度中国粮食进口影响粮食贸易伙伴的生态效应、运用向量误差修正模型及向量自回归模型、方差分解、脉冲响应函数等方法定量测度大豆、玉米等粮食贸易的价格传导机理、运用社会网络分析方法、Gephi 工具定量勾勒四大主粮贸易的运输网络结构，并通过演化博弈模型探究跨国粮食供应链协同治理的策略选择，重点运用 Matlab 工具对竞争成本进行数值仿真分析成本变动对演化结果的影响，这些方法上的集成创新极大增强了研究的科学性和有效性。

第一章　粮食贸易安全水平测度

在考察中国粮食贸易安全水平之前,有必要对当前国际上愈演愈烈的粮食贸易保护主义加以阐释。

第一节　粮食贸易保护主义

贸易保护主义在国际粮食贸易中具有多种表现形式,对全球粮食贸易格局产生重大影响。在当前国际经贸往来日益密切的背景下,各国之间的贸易关系变得愈发紧张,贸易保护主义的抬头使各国更加关注本国的粮食安全,通过加大对本国粮食生产的支持力度,扩充本国粮食储备,进而控制粮食出口,导致全球粮食贸易格局发生转变。

一、粮食贸易保护主义抬头

为了维护本国的粮食安全,各国通过粮食出口禁令、出口许可证、出口税等措施干预粮食贸易,这些措施对全球的粮食安全带来冲击。国际食物政策研究所的数据显示,截至2024年6月,全球有16个国家针对各类食物产品出台了22项出口禁令(见表1-1),其中印度稻米、碎米占全球市场份额达1/4。

表 1-1 全球实施粮食出口禁令的情况

序号	实施国	针对的产品	启动时间	终止时间
1	阿富汗	小麦	2022 年 5 月 20 日	2024 年 12 月 31 日
2	阿尔及利亚	意大利面、小麦衍生物、植物油、糖	2022 年 3 月 13 日	2024 年 12 月 31 日
3	阿根廷	牛肉	2022 年 1 月 1 日	2024 年 12 月 31 日
4	阿塞拜疆	洋葱	2023 年 2 月 3 日	2024 年 12 月 31 日
5	孟加拉国	稻米	2022 年 6 月 29 日	2024 年 12 月 31 日
6	白俄罗斯	苹果、卷心菜、洋葱	2023 年 2 月 5 日	2024 年 12 月 31 日
7	布基纳法索	小米粉、玉米粉、高粱粉	2022 年 2 月 23 日	2024 年 12 月 31 日
8	中国	玉米淀粉	2022 年 10 月 2 日	2024 年 12 月 31 日
9		碎米	2022 年 9 月 8 日	2024 年 12 月 31 日
10		稻米	2023 年 7 月 20 日	2024 年 12 月 31 日
11	印度	糖	2022 年 6 月 1 日	2024 年 12 月 31 日
12		小麦	2022 年 5 月 13 日	2024 年 12 月 31 日
13		小麦粉、粗面粉、麦粉	2022 年 8 月 25 日	2024 年 12 月 31 日
14	科威特	鸡肉	2022 年 3 月 23 日	2024 年 12 月 31 日
15		谷物、植物油	2022 年 3 月 20 日	2024 年 12 月 31 日
16	黎巴嫩	加工水果和蔬菜、碾磨的谷物产品、糖、面包	2022 年 3 月 18 日	2024 年 12 月 31 日
17	摩洛哥	土豆、洋葱、西红柿	2023 年 2 月 8 日	2024 年 12 月 31 日
18	俄罗斯	稻米	2022 年 6 月 30 日	2024 年 12 月 31 日
19		稻米	2023 年 7 月 29 日	2024 年 12 月 31 日
20	塞尔维亚	玉米、葵花籽油	2022 年 4 月 20 日	2024 年 12 月 31 日
21	塔吉克斯坦	洋葱、萝卜、土豆	2023 年 1 月 31 日	2024 年 12 月 31 日
22	突尼斯	水果、蔬菜	2022 年 4 月 12 日	2024 年 12 月 31 日

注:数据查询时间为 2024 年 6 月 2 日。

资料来源:国际食物政策研究所,经笔者整理。

同时,全球有 6 个国家针对稻米、小麦、玉米等粮食产品实施了出口许可证制度,实施的期限从 2022 年至 2024 年年底(见表 1-2)。如果无法获得政府的出口许可证,贸易商就无法出口这些粮食到国际市场,也就是说,政府对这些粮食的出口加以严密的管控。

表1-2 全球实施粮食出口许可证的情况

序号	实施国	针对的产品	启动时间	终止时间
1	阿根廷	牛肉	2022年1月1日	2024年12月31日
2	阿塞拜疆	面粉研磨工业品、淀粉、小麦面筋、油籽和其他种子、药用和工业作物、饲料	2022年3月19日	2024年12月31日
3	白俄罗斯	小麦、黑麦、大麦、燕麦、玉米、荞麦、小米、小黑麦、油菜籽、葵花籽、甜菜浆、蛋糕、菜籽粕	2022年4月13日	2024年12月31日
4	印度	小麦面粉	2022年7月12日	2024年12月31日
5	缅甸	稻米	2023年9月2日	2024年12月31日
6	泰国	糖	2023年10月31日	2024年12月31日

注:数据查询时间为2024年6月2日。
资料来源:国际食物政策研究所,经笔者整理。

此外,全球有4个国家对稻米、小麦、玉米等粮食产品的出口征税,实施的期限截至2024年年底(见表1-3)。其中,部分国家的粮食产品占全球市场的份额非常高,例如阿根廷的豆油和豆粕(全球市场份额达41.30%),印度的香米、稻米(全球份额均达25.93%)等,对粮食高度依赖国际市场的国家的粮食安全产生严重影响。

表1-3 全球实施粮食出口税的情况

(单位:%)

序号	实施国	针对的产品	启动时间	终止时间	全球市场份额
1	阿根廷	豆油、豆粕	2022年3月19日	2024年12月31日	41.30
2	印度	香米	2023年8月27日	2024年12月31日	25.93
3		洋葱	2023年8月19日	2024年12月31日	11.77
4		蒸米饭	2023年10月28日	2024年12月31日	11.77
5		稻米	2023年8月25日	2024年12月31日	25.93
6			2022年9月9日	2024年12月31日	25.93

续表

序号	实施国	针对的产品	启动时间	终止时间	全球市场份额
7	俄罗斯	大豆	2022 年 4 月 15 日	2024 年 8 月 31 日	0.44
8		葵花籽油、葵花子仁	2022 年 4 月 15 日	2024 年 12 月 31 日	12.45
9		小麦、大麦、玉米	2022 年 4 月 13 日	2024 年 12 月 31 日	13.49
10	乌干达	玉米、大米、大豆	2022 年 6 月 2 日	2024 年 12 月 31 日	0.14

注:数据查询时间为 2024 年 6 月 2 日。

资料来源:国际食物政策研究所,经笔者整理。

这些贸易保护主义措施导致粮食贸易的不确定性增加,给贸易商带来巨大挑战。正如李学华(2022)[①]所指出的,西方诸国在处理贸易议题时日益倾向于政治化和武器化,这一趋势导致国际粮食贸易体系频繁遭受单边主义和保护主义的负面影响,进而对粮食贸易流通造成了显著的阻碍。这种贸易限制的出现不仅影响了粮食贸易的正常进行,也加剧了全球粮食市场的不稳定性。

二、粮食贸易限制措施增加

受全球贸易保护主义的影响,各国为了确保国内粮食安全,极有可能限制粮食的出口。例如,乌克兰危机爆发以来,俄罗斯政府发布通告,决定中止向欧亚经济联盟成员国出口包括小麦、黑麦、大麦以及玉米等在内的各类谷物。同时,乌克兰也宣布,暂停裸麦、燕麦、荞麦、小麦等产品的出口业务。世界第三、第四大粮食出口国(俄罗斯、乌克兰)同时出台粮食出口限制措施,使得全

---

① 李学华:《加强国际合作 维护贸易畅通》,《经济日报》2022 年 6 月 9 日。

球面临粮食危机(宋海英和姜长云,2023)①。

表1-4 三次保护主义抬头期间粮食贸易限制措施对比

(单位:百万美元,%)

	粮食价格危机(2008年)				新冠疫情(2020年)				乌克兰危机(2022年)			
	实施国数量	世界市场份额	产品	贸易额	实施国数量	世界市场份额	产品	贸易额	实施国数量	世界市场份额	产品	贸易额
总体	33	18.69%	59	41889	25	9.78%	44	31056	38	19.34%	89	74856
出口禁令	27	12.24%	42	25629	22	7.97%	34	26215	34	9.14%	64	34011
出口许可证	3	0.05%	3	28	6	0.17%	7	720	11	3.65%	13	16741
出口税	9	6.39%	14	16233					6	6.54%	12	24104

注:数据查询时间为2024年6月2日。

资料来源:国际食物政策研究所,经笔者整理。

通过对比2008年的粮食价格危机、2020年的新冠疫情,以及2022年的乌克兰危机,笔者发现,随着时间的往后推移,贸易保护主义引起的粮食贸易限制措施呈现不断增多的趋势(见表1-4)。首先,实施粮食贸易限制措施的国家数量不断增多。2022年乌克兰危机期间,全球有38个国家实施了粮食贸易限制措施,而2020年新冠疫情期间粮食贸易限制措施的实施国为25个、2008年粮食价格危机期间的实施国有33个。其次,针对的粮食类产品范围不断扩大。2022年乌克兰危机期间,受逆全球化思潮影响的粮食产品数量达89种,大大高于新冠疫情期间的44种,也高于2008年粮食价格危机期间的59种。再次,受到负面影响的粮食贸易规模不断扩大。2022年乌克兰危机期间,无论是出口禁令,还是出口许可证,抑或出口税政策,波及的粮食贸易额高达74856百万美元,前两轮逆全球化浪潮期间受影响的粮食贸易额分别为31056百万美元和41889百万美元。因此,贸易保护主义对全球粮食贸易的

---

① 宋海英、姜长云:《乌克兰危机对全球化肥供求格局的影响及中国的应对》,《农业经济问题》2023年第7期。

负面影响呈现愈演愈烈的态势。

三、跨国粮商垄断倾向加剧

随着贸易保护主义的抬头,一些跨国粮商利用全球粮食市场的波动性,通过垄断来操纵粮食价格,从中牟取暴利。根据现有资料,全球粮食贸易市场高度集中,主要由四家跨国粮食企业所主导:美国的阿彻丹尼尔斯米德兰(Archer Daniels Midland,ADM)公司、邦吉(Bunge)公司、嘉吉(Cargill)公司,以及法国的路易达孚(Louis Dreyfus)公司,这些企业共同控制着全球近80%的粮食贸易份额(刘慧,2022)[1]。它们首先借助技术封锁降低技术外溢,强化东道国的技术依赖,进而维持在技术方面的垄断;其次,通过游说政府对农业给予高额补贴,进而对东道国进行粮食倾销,击败国际市场上的竞争对手,还借助兼并或收购等方式,使全世界成为它们的粮仓;最后,它们还在粮食期货市场上进行做市,操控粮食大宗交易。从上游的粮源供给,到中游的生产加工,再到下游的市场供应,都受到跨国粮商的控制。更重要的是,它们还掌握着粮食的定价权,从而对全球约80亿人的日常生活产生重要影响。当全世界9亿多人处于重度粮食不安全状态时[2],四大国际粮商却获得丰厚的利润。2022年,美国嘉吉公司的财富暴涨、ADM公司的股价涨幅超过20%、路易达孚公司的利润增长率高达80%(刘慧,2022)[3]。

第二节　社会网络分析方法

国际贸易流通体系通过解决粮食供给与需求在时空层面的错配问题,对

---

① 刘慧:《"逆全球化"加剧全球粮食危机》,《经济日报》2022年4月28日。
② 联合国粮农组织等:《2023年世界粮食安全和营养状况:贯穿城乡连续体的城市化、农业粮食体系转型健康膳食——摘要》,罗马:粮农组织,2023年。
③ 刘慧:《"逆全球化"加剧全球粮食危机》,《经济日报》2022年4月28日。

保障全球粮食安全发挥积极作用（朱晶等，2021）[①]。根据联合国粮食及农业组织所提供的统计数据，大豆、玉米、小麦、稻谷（大米）等世界主要粮食进口额从1961年的297.43亿美元提高至2022年的2442.39亿美元，扩大了7倍多，年均增长3.57%。其中，大豆贸易的增速最快，2022年的进口额比1961年扩大了20多倍。贸易开放对粮食安全的推动作用在非洲、"一带一路"共建国家，乃至全球都得到了证实（Gnedeka和Wonyra，2023）[②]。然而，受逆全球化思潮、新冠疫情、地缘冲突、极端天气等多因素的叠加影响，全球粮食不安全问题仍旧突出。世界粮食计划署（World Food Programme，WFP）等多个机构联合发布的《2024年世界粮食安全和营养状况》报告揭示：全球饥饿状况已连续3年保持在较高水平。据报告统计，2023年全球面临食物不足的人数介于7.13亿至7.57亿之间，中位数达到7.33亿，相较于2019年，这一数字增加了约1.52亿。因此，维护粮食贸易的稳定与安全，确保全球粮食安全仍旧任重而道远。

随着粮食贸易全球化的加速推进，中国已成为世界粮食贸易中不可或缺的重要成员之一。在与主要贸易伙伴扩大粮食贸易规模的同时，中国已由21世纪初的世界主要粮食出口国蜕变为世界主要粮食进口国之一（王溶花和陈玮玲，2013）[③]。从2001年至2022年，中国大豆贸易逆差额增长583亿美元，小麦贸易逆差提高了370千万美元，玉米贸易逆差扩大76亿美元，稻谷（大米）贸易逆差额增长18亿美元，主要粮食进口总额增长717亿美元。此外，中国粮食贸易的增长速度也剧烈波动，2003年粮食贸易增长率高达88.1%，而2009年的粮食贸易增长率低至-12.8%，粮食贸易增速的大幅波动意味着粮

---

① 朱晶、臧星月、李天祥：《新发展格局下中国粮食安全风险及其防范》，《中国农村经济》2021年第9期。

② Gnedeka, K.T., Wonyra, K.O., "New Evidence in the Relationship between Trade Openness and Food Security in Sub-Saharan Africa", *Agriculture & Food Security*, Vol.12, No.1, 2023, pp.1-17.

③ 王溶花、陈玮玲：《中国粮食贸易现状及问题分析》，《开发研究》2013年第5期。

食贸易的不稳定性增大,对国家粮食安全构成一定的威胁(见图1-1)。

（单位:%）

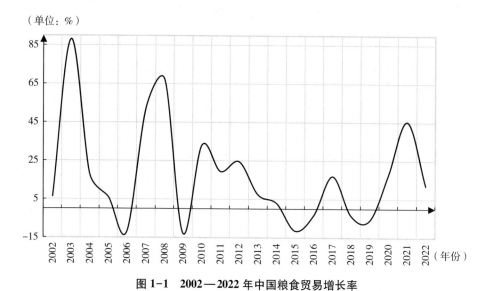

图1-1　2002—2022年中国粮食贸易增长率

数据来源:联合国贸易和发展会议 Trade Map 数据库。

越来越多的学者开始关注粮食贸易安全问题。格劳本(Glauben,2022)①指出,黑海地区的出口中断和高价格破坏了中东、北非以及撒哈拉以南非洲地区依赖进口型国家的粮食安全;崔戈和焦玉平(2019)②认为,中国大豆贸易高度依赖国际市场,是国家粮食安全战略中最脆弱的一环;杜志雄等(2021)③发现,粮食进口渠道的变化是影响中国粮食安全的重要方面;青平等(2023)④认为,中国粮食安全在数量上面临严峻的风险。

与此同时,社会网络分析方法被广泛用于国际贸易问题的研究之中。王

①　Glauben,T.,"The War in Ukraine,Agricultural Trade and Risks to Global Food Security",*Intereconomics*,Vol.57,No.3,2022,pp.157-163.

②　崔戈、焦玉平:《国家粮食安全视角下的中国大豆贸易》,《社会科学》2019年第2期。

③　杜志雄、高鸣、韩磊:《供给侧进口端变化对中国粮食安全的影响研究》,《中国农村经济》2021年第1期。

④　青平、邓秀新等:《"双循环"背景下我国粮食安全韧性及风险管控战略研究》,《中国工程科学》2023年第4期。

晓卓(2023)①通过社会网络分析法构建"一带一路"共建国家的贸易网络关系,研究"一带一路"共建国家贸易的影响因素;刘婷婷等(2022)②通过测算网络密度、节点数量、聚类系数、平均度等指标对棉花贸易格局进行分析;徐传谌和姜汉(2021)③基于社会网络分析方法探究中国粮食的贸易格局和社团分布,发现世界粮食贸易具有较强的关联性。

综上,学者们对中国粮食贸易状况展开了丰富的研究,部分学者将社会网络分析法应用于构建农产品贸易格局、贸易影响因素的分析等。但从社会网络分析的视角出发,对中国粮食贸易安全进行测度的研究仍较为缺乏,进而无法就防范中国粮食贸易安全风险进行有效的指导。笔者借助社会网络分析工具,基于联合国贸易和发展会议的 Trade Map 贸易数据,从网络规模、网络密度、点入度、接近中心度四个指标入手,对中国粮食贸易安全状况进行测度,为防范粮食贸易安全风险提供决策参考。

一、分析方法

社会网络分析法是一种理论基础根植于图论、概率论以及几何学的研究手段,用以探究社会结构中个体之间的关系及其动态变化(Naim 和 Demiroz,2017)④。在通过社会网络分析法构建的贸易网络模型中,节点代表国家/地区,边代表各节点(国家/地区)之间的关系。社会网络分析法的优势在于能够揭示网络中国家与网络结构或系统特征之间的相互关系。该方法具备

---

① 王晓卓:《"一带一路"沿线国家纺织品贸易的社会网络分析》,《世界地理研究》2023 年第 12 期。

② 刘婷婷、张蕙杰、康永兴、钱静斐:《社会网络视角下的全球棉花贸易格局分析》,《世界农业》2022 年第 4 期。

③ 徐传谌、姜汉:《社会网络视域下中国粮食国际贸易格局及社团分布研究》,《吉林大学社会科学学报》2021 年第 5 期。

④ Naim,K.,Demiroz,E.,"The Military's Role in Disaster Management and Response During the 2015 Myanmar Floods:A Social Network Approach",*International Journal of Disaster Risk Reduction*,Vol.25,2017,pp.1−21.

将大量数据以图形化形式呈现的能力(Xavier 等,2023)①,使得社会网络数据——即关系型数据——能够被有效分析,强调了行动者间联系的重要性。此外,社会网络分析法能够精确地描绘出全球贸易的特征,以及各个节点在贸易网络中的地位或优势。通过这种方法,研究者可以深入理解贸易网络中的互动模式和节点的重要性,从而为相关政策制定和风险评估提供科学依据。

贸易网络模型涵盖了无权网络与加权网络两大类别。无权网络模型主要揭示节点间的连接状态及贸易活动的存在性,而加权网络模型则在无权网络的基础上进一步细化,依据节点间的贸易量大小,通过线条的粗细程度直观展现贸易关系的紧密程度。社会网络分析技术则细分为整体分析与局部分析两个维度。整体分析侧重于对网络模型规模的全面考察,而局部分析则聚焦于节点(即国家/地区)的中心性特征。在中心性分析中,常用的测量维度包括点度中心度、中介中心性(亦称介数中心性)、接近中心度以及特征向量中心性,这些指标共同构成了对节点在网络中地位与影响力的综合评估体系。

笔者旨在通过社会网络分析法对中国粮食贸易整体安全状况进行分析。首先,对中国粮食贸易整体网络密度和网络规模进行分析;其次,通过测度点入度和接近中心度等指标,对中国主粮贸易进口国以及主粮产品运输路径数目进行动态分析。

二、数据来源

本章的贸易数据主要来源于联合国贸易和发展会议旗下的 Trade Map 数据库,而国家首都间距离的相关数据则摘自 The Distance Now.com 网络平台。在研究对象的选择上,本部分集中关注中国四大粮食作物:大豆(海关编码 HS1201)、小麦(HS1001)、玉米(HS1005)及稻谷(大米)(HS1006)。鉴于数

---

① Xavier,D.L.,et al.,"Agricultural International Trade by Brazilian Ports:A Study Using Social Network Analysis",*Agriculture*,Vol.13,No.4,2023,pp.1–13.

据的可获得性,以及中国与其他国家经济交往的密切程度,本章的时间范围覆盖中国加入世界贸易组织后的 2002 年至最近的 2022 年,并精选了 2002 年、2007 年、2012 年、2017 年及 2022 年这几个具有代表性的年份,针对上述四大粮食作物进口贸易的动态演变进行深入细致的监测与分析。

第三节　中国粮食贸易安全水平测度[①]

一、网络规模与网络密度分析

网络规模指的是在网络结构中包含的所有行动者(即节点)的总量。一般而言,网络规模越大,意味着参与其中的国家或地区数量越多,其结构复杂度往往也越高,相应地,国家或地区间建立的关联也会增多(奎国秀和祁春节,2022)[②]。网络密度则用于衡量整体贸易网络模型中节点间关系的紧密程度,具体表现为节点实际建立的关系数与理论上可能存在的最大关系数之比。通过量化分析,网络密度能够直观反映节点间联系的紧密程度,其取值范围限定在 0 至 1 之间,密度值越高,表明网络中各节点间的联系越为紧密。

考虑到本章构建的是有向贸易关系网络,我们借鉴奎国秀和祁春节(2022)[③]的研究,网络密度的计算公式为:

$$D=M/N(N-1) \tag{1-1}$$

网络密度以 D 表示;M 代表网络中节点实际建立的贸易关系数量;N 则指贸易网络中的行动者数量,也即节点的总数;而 $N(N-1)$ 则代表理论上可能存在的最大贸易关系数。为了准确反映中国粮食贸易安全的实际情况,本章

---

① 本部分的主体内容发表于《时代经贸》2024 年第 11 期。
② 奎国秀、祁春节:《基于社会网络分析的世界柑橘贸易格局演化研究》,《世界农业》2022 年第 6 期。
③ 奎国秀、祁春节:《基于社会网络分析的世界柑橘贸易格局演化研究》,《世界农业》2022 年第 6 期。

还选取全球大豆、玉米、小麦及稻谷(大米)进口量排名前三的国家,与中国进行横向对比分析,相关测度结果如图1-2所示。

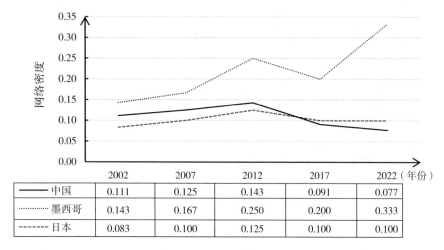

	2002	2007	2012	2017	2022
—— 中国	0.111	0.125	0.143	0.091	0.077
⋯⋯ 墨西哥	0.143	0.167	0.250	0.200	0.333
----- 日本	0.083	0.100	0.125	0.100	0.100

图1-2　中国、墨西哥、日本大豆进口网络密度

资料来源:联合国贸易和发展会议 Trade Map 数据库。

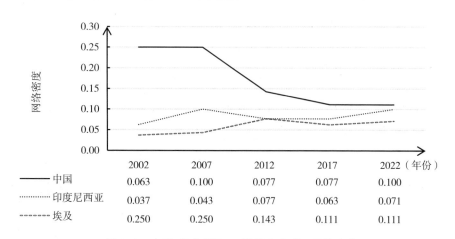

	2002	2007	2012	2017	2022
—— 中国	0.063	0.100	0.077	0.077	0.100
⋯⋯ 印度尼西亚	0.037	0.043	0.077	0.063	0.071
----- 埃及	0.250	0.250	0.143	0.111	0.111

图1-3　中国、印度尼西亚、埃及小麦进口网络密度

资料来源:联合国贸易和发展会议 Trade Map 数据库。

通过对中国粮食贸易网络密度在不同时间点的纵向对比分析,我们发现,尽管中国在全球大豆、玉米、稻谷(大米)进口量上位居前列,但其粮食进口网络的密度普遍低于1,且更接近0值,这表明中国粮食进口的网络节点分布相

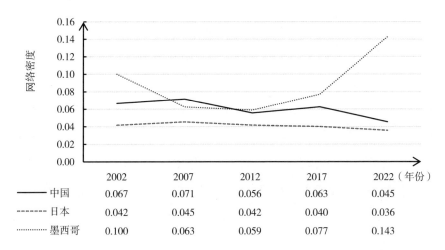

图 1-4　中国、日本、墨西哥玉米进口网络密度

资料来源:联合国贸易和发展会议 Trade Map 数据库。

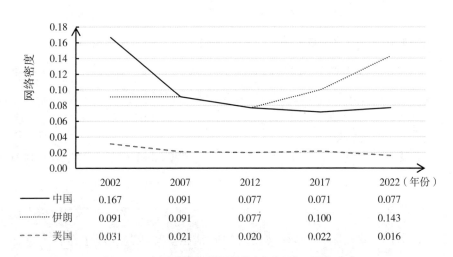

图 1-5　中国、伊朗、美国稻谷(大米)进口网络密度

资料来源:联合国贸易和发展会议 Trade Map 数据库。

对分散,节点间的联系紧密度不足,进而反映出中国粮食贸易的安全性处于较低水平。此外,随着时间的推移,中国小麦、玉米、稻谷(大米)进口的网络密度整体呈现出下降趋势,节点分布更加松散,粮食贸易的安全程度持续下滑,这暗示着中国与粮食进口来源国共同应对粮食贸易风险的能力在逐渐减弱。

通过与世界粮食进口量排前三位的国家进行横向对比,发现中国的粮食贸易网络密度较低。就大豆而言,中国的大豆进口网络密度低于墨西哥,并且在近年来也低于日本;对于小麦,中国的小麦进口网络密度高于印度尼西亚和埃及;在玉米方面,中国的玉米进口网络密度虽低于墨西哥,但却高于日本;至于稻谷(大米),中国的稻谷(大米)进口网络密度低于伊朗,但高于美国。与墨西哥、日本和伊朗相比,中国在大豆、玉米、小麦、稻谷(大米)四大主要粮食的进口网络结构上相对较为简单,且进口网络密度呈现出下降趋势,这反映出中国粮食贸易的安全水平正在逐渐降低。因此,中国需要扩大粮食进口的来源国数量,加大落实粮食进口多元化战略,以提升粮食跨国贸易的联系紧密程度,改善粮食贸易安全。

二、点入度分析

点度中心度是点入度与点出度的综合体现,其中点入度是指向某一节点的国家数目,而点出度则代表该节点指向其他节点的国家数目。参考王晓卓(2023)[①]的研究成果,点入度的具体计算公式表述如下:

$$C_i = \sum N_{ij} \tag{1-2}$$

C_i 代表节点的点入度,而 N_{ij} 为一个二元变量(0-1变量),当节点 i 与节点 j 之间存在进口贸易关系时, N_{ij} 取值为1,否则为0。点入度的大小反映了节点的竞争力强弱,具体而言,点入度越高,表明该国在粮食进口方面越不易受到其他节点的控制,从而粮食贸易的安全程度也越高。通过对各节点在2002年至2022年期间点入度的比较分析,我们可以动态地评估粮食进口的安全水平。

通过对比分析中国与世界主要粮食进口国的粮食进口点入度,发现中国在大豆进口方面的点入度超越了墨西哥和日本,然而,在玉米、小麦以及稻谷

---

① 王晓卓:《"一带一路"沿线国家纺织品贸易的社会网络分析》,《世界地理研究》2023年第12期。

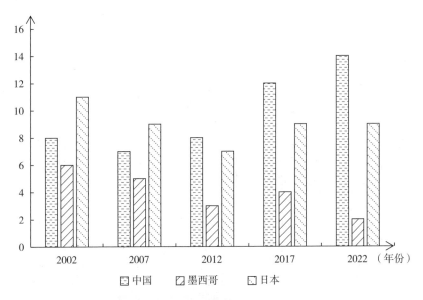

图 1-6　中国、墨西哥、日本大豆进口点入度

资料来源:联合国贸易和发展会议 Trade Map 数据库。

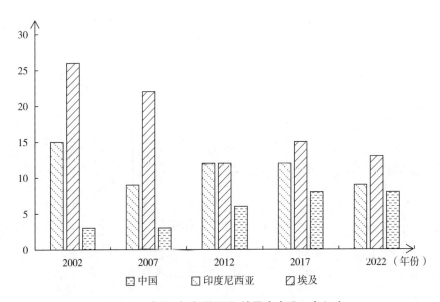

图 1-7　中国、印度尼西亚、埃及小麦进口点入度

资料来源:联合国贸易和发展会议 Trade Map 数据库。

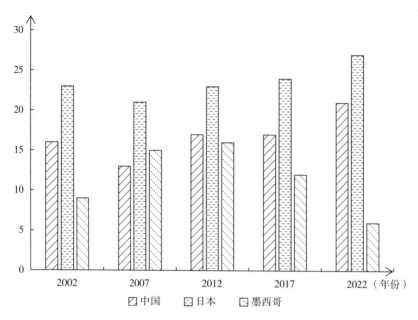

图 1-8 中国、日本、墨西哥玉米进口点入度

资料来源：联合国贸易和发展会议 Trade Map 数据库。

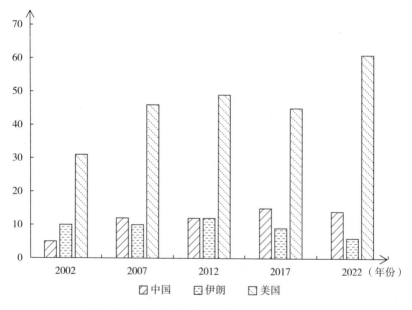

图 1-9 中国、伊朗、美国稻谷(大米)进口点入度

资料来源：联合国贸易和发展会议 Trade Map 数据库。

(大米)的进口上,中国的点入度却低于其他国家,这反映出中国在这三类粮食产品上的进口来源国数量相较于竞争对手而言较少,对贸易伙伴的进口依赖程度相对较高。值得注意的是,尽管存在这样的差异,但中国在大豆、小麦、玉米以及稻谷(大米)这四大类主要粮食的进口上,其点入度均呈现出持续上升的趋势,这标志着中国粮食进口对贸易伙伴的依赖程度正在逐步降低。

中国虽位列世界小麦及稻谷(大米)进口量的前三甲,但其进口来源国的数量却显著少于其他竞争对手,点入度长期维持在较低水平,这反映出中国在小麦及稻谷(大米)进口方面的竞争力相对较弱,对进口来源国的依赖程度较高。在粮食贸易过程中,中国面临的进口国数量与进口规模之间的不匹配问题,使得中国更易受到粮食进口来源国的控制与影响。一旦这些来源国发生粮食风险事件,中国应对此类风险的能力将显得较为薄弱。

三、接近中心度分析

接近中心度是衡量一个节点与其他节点接近程度的重要指标。具体而言,接近中心度的值越小,表示该节点到其他所有节点的距离越短,即该节点在贸易网络中处于更为中心的位置,从而在与其他节点进行贸易往来时具备更高的运输安全性。参考王晓卓(2023)[①]的研究,接近中心度的计算公式可以表述如下:

$$CC_i = (\sum E_{ij})/k \qquad (1-3)$$

CC_i 代表节点的接近中心度,E_{ij} 则表示节点 i 与节点 j 之间的最短距离,而 k 代表每个节点针对相应粮食产品的进口节点总数。依据孙倩芸和顾国达(2022)[②]的研究,接近中心度的计算涉及对每个节点到其他所有节点的最短路

---

① 王晓卓:《"一带一路"沿线国家纺织品贸易的社会网络分析》,《世界地理研究》2023 年第 12 期。

② 孙倩芸、顾国达:《基于社会网络分析方法的国际丝绸贸易格局研究》,《蚕业科学》2022年第 3 期。

径平均距离的测量。本章将全球大豆、玉米、小麦以及稻谷(大米)进口量排名前三的国家与中国进行横向对比分析,所得结果如图 1-10 至图 1-13 所示。

（单位：公里）

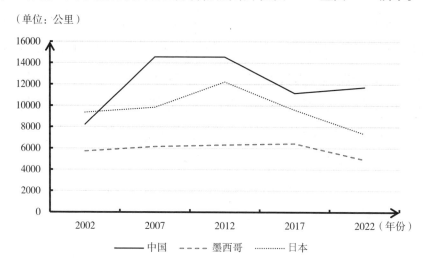

图 1-10　中国、墨西哥、日本大豆进口接近中心度

资料来源:联合国贸易和发展会议 Trade Map 数据库。

（单位：公里）

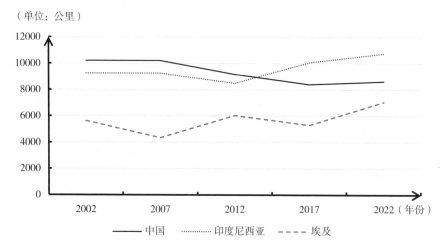

图 1-11　中国、印度尼西亚、埃及小麦进口接近中心度

资料来源:联合国贸易和发展会议 Trade Map 数据库。

通过对比分析中国与其他国家在粮食进口方面的接近中心度,我们发现中国在大豆和小麦进口的接近中心度上均维持在较高水平,这反映出中国与

（单位：公里）

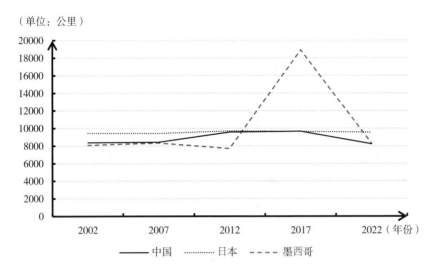

图 1-12 中国、日本、墨西哥玉米进口接近中心度

资料来源：联合国贸易和发展会议 Trade Map 数据库。

（单位：公里）

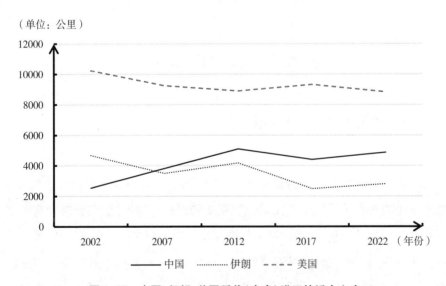

图 1-13 中国、伊朗、美国稻谷（大米）进口接近中心度

资料来源：联合国贸易和发展会议 Trade Map 数据库。

这些粮食产品的主要进口贸易伙伴之间的距离相对较远。相比之下，玉米进口的接近中心度则保持平稳且处于较低水平，这表明中国玉米进口来源国的地理分布相对均衡合理。值得注意的是，大豆进口的接近中心度呈现出较大的波动,表明中国在大豆贸易领域的合作关系不够稳定,进口存在较高的不确定性。小麦进口的接近中心度同样处于较高水平,这可能意味着在运输过程中面临的风险相对较高。而稻谷(大米)进口的接近中心度则呈现出不断上升的趋势,这预示着中国在稻谷(大米)进口贸易中面临的安全风险有逐步扩大的可能。

综上所述,本章运用社会网络分析中的网络规模、网络密度、点入度以及接近中心度等关键指标进行量化测算,并结合粮食贸易安全的角度展开了全面分析。研究结果显示,中国与粮食进口来源国的联系紧密度相对较低;在粮食进口方面,中国面临进口来源国数量与进口规模不匹配的问题,导致中国对主要粮食进口来源国(如美国、巴西、阿根廷等)的依赖程度较高;此外,中国与粮食进口来源国的整体地理分布相对分散,运输距离较长,这无疑为中国的粮食贸易安全带来了一定的潜在风险。

第四节　风险应对举措

一、实施粮食进口多元化战略

根据前述分析,可以观察到中国粮食进口贸易结构相对单一,且进口贸易网络呈现出分散化的趋势,同时粮食进口的点入度保持在较低水平,这些因素均对中国的粮食贸易安全构成了一定程度的威胁。鉴于此,实施粮食进口多元化战略显得尤为重要,旨在通过积极开拓并占领新的贸易市场,以降低因进口国单一而引发的粮食贸易安全风险。具体而言,应从增加进口来源国家的数量入手,促使进口贸易网络更加紧密,进而提升中国在全球粮食进口贸易网络中的核心地位,并有效减轻对个别粮食出口国的过度依赖。

二、发挥《区域全面经济伙伴关系协定》协定的联盟优势

自2022年1月1日起生效的《区域全面经济伙伴关系协定》对于维护区

域内粮食贸易的安全具有积极意义。该协定涵盖了东盟十国、中国、日本、韩国、澳大利亚及新西兰,为粮食贸易构建了一个更为安全、可靠且稳定的外部环境。鉴于中国粮食进口贸易网络的接近中心度呈现波动并趋于下降的趋势,充分利用《区域全面经济伙伴关系协定》联盟的地缘优势,成为规避因长距离进口而引发的粮食贸易安全风险的有效途径。具体而言,通过优化粮食贸易伙伴间的地理距离布局,促使进口贸易网络更加紧密,进而提升中国在贸易网络中的竞争力,确保中国处于贸易网络的中心位置,以此保障中国的粮食贸易安全。

三、优化粮食贸易运输的连通性

鉴于班轮运输互联互通对农产品贸易具有显著的正面促进作用(Rosal,2024)[1],中国应当深化与进口国家之间的班轮运输合作,致力于扩大班轮运输线路的覆盖范围,并增强运力和增加频次,以此降低因运输效率低下而可能引发的粮食贸易安全风险。具体而言,应通过优化海上运输的连通性,提升中国在全球班轮运输体系中的核心地位,从而有效保障中国的粮食贸易安全。

---

[1]　Rosal,I.D.,"Maritime Connectivity and Agricultural Trade",*Journal of Agricultural Economics*,Vol.75,No.1,2024,pp.153-168.

第二章 粮食贸易的生产安全研究

——基于生态效应的视角[1]

第一节 粮食贸易生态效应的文献综述

自 2001 年加入世界贸易组织以来,中国经济实现飞跃式发展,已成为全球第二大经济体(Wright,2011)[2]。在此期间,中国的人口规模显著扩张,至 2023 年已突破 14.10 亿,比 2001 年增长了 10.45 个百分点;与此同时,居民的生活水平也大幅提升,2023 年全国居民人均可支配收入达 3.92 万元,这一数字是 2001 年的 9.64 倍[3]。人口基数的增大与收入水平的提升,共同推动对粮食需求的持续增长(宋海英和王靖,2023)[4]。联合国贸易数据库的数据显示,2001 年中国粮食进口总额为 36.07 亿美元;2022 年这一数值增长至 844.74 亿美元,年均增长 16.20%。值得注意的是,大豆的进口额占中国粮食进口的主导地位,达到 612.36 亿美元,玉米进口额也超过了 70 亿美元。这一

---

[1] 本部分的主体内容发表于 *Journal of the Faculty of Agriculture*,*Kyushu University*。

[2] Wright, T., "China Becomes World's Second-Biggest Economy", *Coatings World*, Vol.16, No. 3, 2011.

[3] 数据来源:国家统计局,见 https://data.stats.gov.cn/。

[4] 宋海英、王靖:《地缘关系视角下的中国食物对外依赖风险》,《华南农业大学学报(社会科学版)》2023 年第 3 期。

系列数据表明,中国粮食安全对于国际贸易渠道的依赖程度日益加深(耿献辉等,2022)①。

本章从全球粮食贸易的宏观视角切入,系统评估中国持续增长的粮食进口对贸易伙伴生态环境的影响。这不仅有助于澄清国际上曾出现的"中国粮食威胁论"误解,更有助于为促进国际粮食贸易的可持续发展提供有力支撑。

贸易对生态环境的影响一直是学术界关注的热点话题。针对农产品贸易的生态环境效应,学者们进行了广泛而深入的研究,主要形成以下三种观点。

首先,农产品贸易有助于改善生态环境。相关研究指出(陈慧琳,2018②;Sun 等,2019③),在粮食贸易的框架下,虚拟资源的进口对于缓解中国水土资源紧张状况起到显著作用(祁春节等,2021④;奎国秀等,2021⑤),并大幅减少了农药和化肥的使用量(张相文和黄娟,2012)⑥。此外,有研究还表明,在经济增长速度适中的情况下,贸易改革对印度尼西亚环境质量的提升起到积极作用(Anderson 和 Strutt,2000)⑦。这些研究共同揭示农产品贸易,特别是虚拟资源的进口,在促进生态环境改善方面的重要作用。

其次,农产品贸易加剧环境污染。由于粮食生产所依赖的水、土地等资源具有不可流动性,国际贸易在将粮食从生产国输送到消费国的过程中,往

---

① 耿献辉、张文文、彭世广:《基于生存分析法的中国粮食进口稳定性研究》,《世界农业》2022 年第 10 期。

② 陈慧琳:《农产品贸易与农业环境——基于 SVAR 模型的分析》,《当代经济》2018 年第 6 期。

③ Sun,H.,Attuquaye,C.S.,Geng,Y.,et al.,"Trade Openness and Carbon Emissions:Evidence from Belt and Road Countries",*Sustainability*,Vol.11,No.9,2019.

④ 杨桔、祁春节:《"一带一路"国家与中国农产品贸易与碳排放的关系实证分析》,《中国农业资源与区划》2021 年第 1 期。

⑤ 奎国秀、祁春节、方国柱:《中国主要粮食产品进口贸易的资源效应和环境效应研究》,《世界农业》2021 年第 5 期。

⑥ 张相文、黄娟:《中国农业贸易自由化的环境效应分析》,《农业经济问题》2012 年第 6 期。

⑦ Anderson,K.and Strutt,A.,"Will Trade Liberalization Harm the Environment? The Case of Indonesia to 2020",*Environmental and Resource Economics*,Vol.17,No.3,2000,pp.203−232.

往可能导致生产国承受环境污染的后果（Dalin 和 Rodríguez-Iturbe，2016[①]；O'Bannon 等，2014[②]）。德拉博（Drabo，2017）[③]的研究表明，随着农业生产中初级商品出口比例的提升，温室气体排放量亦呈现增长趋势。此外，电力消耗与农业活动之间的相互作用进一步加剧了对生态环境的额外负担（Balsalobre-Lorente 等，2019）[④]。在回顾关于贸易与生态环境相互关系的学术文献时，巴洛赫（Balogh，2022）[⑤]观察到，美国、中国、墨西哥及巴西在该研究领域内尤为引人注目。然而，多数现有研究未能提供确凿证据，以支持农业贸易的扩张或贸易自由化政策会直接促进生态环境的改善，但已有明确证据表明，贸易开放程度的提高可能对生态环境造成破坏，尤其是会增加发展中国家的二氧化碳排放量（Alavijeh 等，2022）[⑥]。这一发现进一步凸显了农产品贸易在促进经济发展的同时，也可能对生态环境带来不可忽视的负面影响。

最后，农产品贸易对生态环境的影响具有不确定性或影响相对有限（Xiong 等，2016）[⑦]。具体而言，农产品贸易与生态环境之间的关系并不符合环境库

[①] Dalin，C.，Rodríguez-Iturbe，I.，"Environmental Impacts of Food Trade Via Resource Use and Greenhouse Gas Emissions"，*Environmental Research Letters*，Vol.11，No.3，2016.

[②] O'Bannon，C.，Carr，J.，et al.，"Globalization of Agricultural Pollution Due to International Trade"，*Hydrology and Earth System Sciences*，Vol.18，No.2，2014，pp.503-510.

[③] Drabo，A.，"Climate Change Mitigation and Agricultural Development Models：Primary Commodity Exports or Local Consumption Production？"，*Ecological Economics*，2017.

[④] Balsalobre-Lorente，D.，Driha，O.M.，et al.，"Do Agricultural Activities Induce Carbon Emissions？ The BRICS Experience"，*Environmental Science and Pollution Research*，Vol.26，No.24，2019.

[⑤] Balogh，J.M.，"The Impacts of Agricultural Development and Trade on CO_2 Emissions？ Evidence from the Non-European Union Countries"，*Environmental Science & Policy*，Vol.137，November 2022，pp.99-108.

[⑥] Alavijeh，N.K.，Salehnia，N.，et al.，"The Effects of Agricultural Development on CO_2 Emissions：Empirical Evidence from the Most Populous Developing Countries"，*Environment，Development and Sustainability*，Vol.25，2022，pp.12011-12031.

[⑦] Xiong，C.H.，Zhao，Y.，et al.，"The Relationship between Agricultural Carbon Emissions and Agricultural Economic Growth and Policy Recommendations of a Low-carbon Agriculture Economy"，*Polish Journal of Environmental Studies*，Vol.25，No.5，2016.

兹涅茨倒"U"型曲线的特征(李谷成等,2018)[1],这意味着贸易增长并不一定会导致环境质量的先降后升。此外,纳兰帕纳瓦(Naranpanawa,2011)[2]同样强调,当前并无确凿证据表明贸易开放与碳排放之间存在着长期的相关性,从而进一步强调农产品贸易对生态环境影响的复杂性和不确定性。

综上所述,在诸多探讨贸易对环境影响的研究文献中,关于粮食贸易对生态环境具体影响的分析仍显薄弱,特别是从贸易伙伴角度出发的深入研究更为稀少(王靖,2024)[3]。鉴于此,本章聚焦贸易伙伴的生态环境,立足全球粮食贸易的视角,深入探究中国粮食进口对贸易伙伴生态环境产生的影响,力争在两方面作出贡献:一是通过实证分析,为"中国粮食贸易是否加剧了贸易伙伴的环境污染"这一争议提供有力的经验证据;二是为推动国际粮食贸易的可持续发展提供科学依据和战略支撑。

第二节　中国粮食进口状况

根据王逸飞和田志宏(2020)[4]的研究标准,并参照世界海关组织《商品名称及协议编码制度》(HS)对粮食产品的界定,本章涉及的粮食产品包括:第10章项下的所有谷物;第7章中涵盖的食用蔬菜、根及块茎类商品,特别是编号为0701的马铃薯、0713项下的干豆类商品以及0714项下的可食用块根类产品;此外,还包括第12章中所列举的含油籽仁及其果实,尤其是编号为1201的大豆。

从总体上看,中国粮食进口的增长态势明显。在数量上,2001年,中国进

---

[1]　高雪、李谷成、魏诗洁:《农产品贸易开放、农业增长与农业环境》,《华中农业大学学报(社会科学版)》2018年第4期。

[2]　Naranpanawa, A., "Does Trade Openness Promote Carbon Emissions? Empirical Evidence from Sri Lanka", *Empirical Economics Letters*, 2011.

[3]　王靖:《中国粮食进口的生态效应分析》,浙江科技大学硕士学位论文,2024年。

[4]　王逸飞、田志宏:《中国粮食统计口径问题研究》,《世界农业》2020年第1期。

口粮食 1606.08 万吨,处于相对较低的水平。然而,至 2017 年,这一数值首次突破 1 亿吨大关,标志着中国粮食进口迈入新的阶段。尽管在随后的两年里,进口量有所回调,但 2020 年至 2022 年间,粮食进口量再度攀升至 1 亿吨以上,展现出强劲的复苏势头。在金额上,2001 年至 2022 年间,中国从全球范围内进口的粮食总金额实现了从 36.07 亿美元到 844.74 亿美元的巨大跨越,年均增长率高达 16.20%(见图 2-1)。这一增长过程呈现出明显的阶段性特征:2001 年至 2007 年,粮食进口金额的增长相对平稳,犹如一条缓缓上升的曲线;而自 2009 年起,进口金额开始呈现出波动上升的趋势,反映出国际粮食市场及中国国内需求的复杂变化。随着进口规模的持续扩大,2022 年的粮食进口金额更是达到历史峰值,进一步凸显了中国在全球粮食贸易中的重要地位。

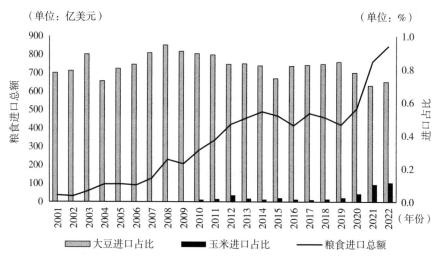

图 2-1　2001—2022 年中国粮食进口及产品结构特征

资料来源:联合国贸易数据库。

从国别结构看,中国粮食进口的来源国高度集中,主要聚焦于巴西、美国、阿根廷等少数几个国家(见图 2-2)。自中国加入世界贸易组织以来,虽然其粮食进口的地理范围已扩展至全球超过 100 个国家,但依据联合国贸易数据库的统计数据,在 2001 年至 2022 年期间,中国从巴西、美国、乌克兰、阿根廷、加拿大、泰国、法国、澳大利亚、越南、乌拉圭、印度、巴基斯坦、缅甸、俄罗斯以及柬埔寨这 15 个贸易伙伴的粮食进口总额占总进口金额的 99%，显示出进口来源的高度集中性。在这其中，美国和巴西成为中国粮食的主要进口来源国。在 2001 年至 2022 年间，中国每年从美国和巴西进口的粮食，合计达到粮食进口总额的一半以上。特别是在 2009 年和 2018 年，从这两个国家的进口占比合计分别高达 81.12% 和 80.44%。除美国和巴西之外，阿根廷是中国第三大粮食进口来源国。2001 年，阿根廷在中国粮食进口中的占比高达 27.33%，虽然此后长期保持着这一排名，但进口占比却呈现出逐渐下降的趋势，反映出中国粮食进口来源多元化的发展趋势以及国际粮食市场格局的变化。

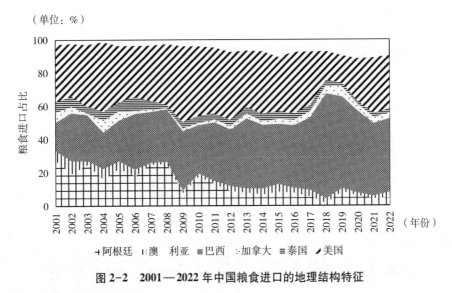

图 2-2　2001—2022 年中国粮食进口的地理结构特征

资料来源：联合国贸易数据库。

从产品结构看，大豆和玉米在中国粮食进口中占比较大。纵观 2001 年至 2022 年的数据，中国大豆、玉米、小麦、稻谷（大米）这四大粮食作物的进口结构经历了显著的变迁。在 2001 年至 2011 年期间，大豆进口占据主导地位，而其他三种粮食作物的进口额则相对较少。然而，自 2012 年起，除了大豆进口继续保持稳健增长外，玉米、小麦和稻谷（大米）的进口量均实现了翻倍式增长,并且呈现出波动上升的趋势,显示出中国粮食进口结构的多元化发展。特别值得关注的是大豆的进口情况。自 2001 年起,大豆在中国粮食进口总额中的占比持续保持在 70% 以上,并于 2008 年达到了 94.56% 的峰值(见图 2-1)。尽管随后其比例有所调整,但大豆的进口金额依然保持持续增长态势。截至 2022 年,中国大豆的进口金额已达到 612.36 亿美元,进一步巩固其在粮食进口中的核心地位。相比之下,玉米的进口占比则表现出更为稳定的趋势。具体而言,在 2021 年之前,玉米的进口占比始终维持在 5% 以下。然而,至 2022 年,玉米的进口金额增至 71.04 亿美元,占粮食进口总额的 11.60%,虽然这一增长幅度颇为显著,但并未动摇大豆在粮食进口中的主导地位。

第三节　粮食贸易影响生态环境的作用机理

环境库兹涅茨曲线的理论框架最初由诺贝尔经济学奖得主西蒙·库兹涅茨(Simon Kuznets)[1]在 1955 年提出。该理论阐述了人均收入与收入不平等之间所呈现出的非线性倒"U"型关系。这一开创性的发现为后续研究提供了新的视角。受此启发,经济学家们进一步拓展并提出了环境库兹涅茨曲线假说。该假说最早在格罗斯曼和克鲁格(Grossman 和 Krueger,1991)[2]的研究中得到了实证支持。

EKC 假说的核心观点在于,经济增长与生态环境之间的关系并非一成不变。在经济发展的初期阶段,随着人均收入的增加,社会往往更加侧重于经济增长,而相对忽视环境保护。在这一阶段,若缺乏经济结构的优化与技术革新,经济的快速发展往往伴随着环境污染的加剧。然而,当经济发展达到一定

---

[1]　Kuznets,S.,"The Economics Growth and Income Inequality",*American Economic Review*,Vol. 45,No.1,1955.

[2]　Grossman,G.,Krueger,A.,"Environmental Impacts of a North American Free Trade Agreement",*National Bureau of Economic Research Working Paper Series*,No.14194,1991.

水平,人们的环保意识逐渐增强,开始积极采用清洁能源、实施环境保护措施。当人均收入跨越某一关键拐点后,环境污染状况开始逆转,随着人均收入的进一步提升,生态环境得到逐步改善。

贸易作为推动经济增长的重要引擎,其与环境的关系也引起了学者们的广泛关注。大量研究通过纳入环境库兹涅茨曲线模型,无论是将贸易开放度的一次项抑或其平方项作为核心变量进行分析,均在一定程度上为环境库兹涅茨曲线的存在提供了实证支持。然而,就贸易开放对环境的具体影响而言,学术界目前尚未达成普遍共识,这一现状无疑为未来研究开辟了广阔的探索空间。

根据环境库兹涅茨曲线假说,若粮食贸易伙伴提升贸易开放度,即增加对中国的粮食出口量(这等同于中国从该贸易伙伴的粮食进口量增加),在到达生态环境的拐点之前,贸易伙伴的环境状况可能会因粮食出口的扩张而逐渐恶化。这是因为贸易活动往往会刺激一国增强生产能力,而在此阶段,粮食出口所带来的显著外汇收益可能会诱导伙伴国采取诸如大量施用化肥以提升粮食产量,或砍伐森林以开垦新的农业用地等措施,这些行为均可能导致生态环境的破坏。

然而,贸易活动同样具有推动政府加强环境政策制定的潜力。相较于自给自足的经济模式,更加开放的贸易环境可能促使政府出台更为严格的环境保护措施,从而在一定程度上减轻环境污染。当贸易伙伴开始采用更为环保的农业种植技术,或是制定并实施针对农业的环境保护政策时,环境污染的加剧速度将会放缓。

进一步地,我们假设粮食贸易伙伴的贸易开放度达到了一个临界点(即EKC假说中的拐点)。在此之后,随着贸易开放度的进一步提升,该伙伴国将进入EKC假说的第二阶段。在这一阶段,由于环境保护措施的加强和绿色技术的广泛应用,生态环境将不再随贸易开放度的提高而恶化,反而呈现出改善的趋势。因此,可以说在达到拐点之后,粮食贸易的进一步开放将有助于促进贸易伙伴生态环境的改善。

根据前文的理论分析与逻辑推理,笔者提出以下研究假设:

H1:粮食贸易伙伴的贸易开放程度与其生态环境之间的关系,遵循环境库兹涅茨曲线的假说,即展现出一种倒"U"型的曲线特征。具体而言,在贸易开放度处于较低水平的初期阶段,随着贸易开放程度的逐步提高,生态环境状况将趋于恶化;而当贸易开放度达到某一关键拐点后,随着其进一步的提升,生态环境则将逐渐改善。

环境库兹涅茨曲线的形态并非仅限于传统的倒"U"型。学者如伊奥伦伯等(Iorember 等,2022)[①]、张欣等(2020)[②]的成果表明,经济增长与生态环境之间也可能存在正"U"型关系,这丰富了我们对 EKC 形态多样性的理解。同时,另有研究如孙华平等(Sun 等,2020)[③]、帕塔等(Pata 等,2023)[④]提出,贸易开放与生态环境之间或许存在一种线性的负相关关系,意味着贸易活动的增强可能有助于减轻环境污染。基于这些研究背景,我们假设贸易开放与生态环境之间存在一种更为复杂的非线性关系。在初期阶段,随着粮食贸易开放度的提升,可能由于技术进步、管理优化或更高效的资源利用,生态环境会得到一定程度的改善。然而,当伙伴国为了满足出口需求而大量增加粮食生产时,这一增长过程可能会对环境造成越来越大的压力。一旦贸易活动对环境的负面影响超出了环境系统的承载能力,环境质量就有可能出现恶化。因此,我们有必要进一步探究这种非线性关系的具体形态及其背后的驱动机制,

---

① Iorember,P.T.,Gbaka,S.,et al.,"Impact of International Trade,Energy Consumption and Income on Environmental Degradation in Africa's OPEC Member Countries",*African Development Review*,Vo.34,No.2,2022,pp.175-187.

② 张欣、廖岚琪、唐赛:《我国环境库兹涅茨曲线检验与影响因素分析》,《统计与决策》2020 年第 13 期。

③ Sun,H.,Enna,L.,Monney,A.,et al.,"The Long-Run Effects of Trade Openness on Carbon Emissions in Sub-Saharan African Countries",*Energies*,Vol.13,No.20,2020.

④ Pata,U.K.,Dam,M.M.,Kaya,F.,"How Effective are Renewable Energy,Tourism,Trade Openness,and Foreign Direct Investment on CO_2 Emissions? An EKC Analysis for ASEAN Countries",*Environmental Science and Pollution Research*,Vol.30,No.6,2023.

以更全面地理解贸易开放对环境的复杂影响。

根据前文的分析与讨论,笔者提出以下研究假设:

H2:粮食贸易伙伴的贸易开放度与其生态环境之间的关系呈现出环境库兹涅茨曲线的一种变体形态,即正"U"型。具体而言,在贸易开放度提升的初期阶段,生态环境会随着贸易的扩大而改善;然而,当贸易活动达到某一阈值后,其对生态环境的负面影响将逐渐显现并加剧,导致环境污染水平开始上升,从而形成正"U"型的曲线特征。

先前的研究已经阐明,农业生态环境受到包括农业生产活动本身、经济发展进程以及电力消耗等多重因素的复杂影响。值得注意的是,纳兰帕纳瓦(Naranpanawa,2011)[1]与伊奥伦伯等(Iorember 等,2022)[2]的研究结果均表明,贸易活动对生态环境的直接影响可能并不显著。这一发现表明,在粮食贸易伙伴中,农业生态环境的恶化可能更多地与其他因素相关联,而贸易活动对环境污染的直接作用相对较为有限。因此,在探讨农业生态环境问题时,需要综合考虑多种因素的作用,并谨慎评估贸易活动在其中扮演的角色。

根据上述的综合分析,笔者提出以下研究假设:

H3:粮食贸易伙伴的贸易开放度对生态环境的影响呈现出不确定性,即两者之间的关系并不符合环境库兹涅茨曲线假说的预期模式。具体而言,这意味着贸易开放度的变化并不必然导致生态环境按照 EKC 所描述的特定形态(如倒"U"型或正"U"型)发展,而是可能受到多种其他因素的共同作用,使得两者之间的关系呈现出更为复杂和多变的特征。

---

① Naranpanawa, A., "Does Trade Openness Promote Carbon Emissions? Empirical Evidence from Sri Lanka", *Environmental Science*, *Economics*, 2011.

② Iorember, P.T., Gbaka, S., et al., "Impact of International Trade, Energy Consumption and Income on Environmental Degradation in Africa's OPEC Member Countries", *African Development Review*, Vo.34, No.2, 2022, pp.175−187.

第四节　中国粮食进口影响贸易伙伴 生态环境的实证检验

一、模型的构建

为了检验贸易开放与生态环境之间的内在联系,本章参考李光龙和张明星(2018)[①]所构建的模型,并进行适当的拓展。为直观展现粮食贸易开放度与贸易伙伴生态环境状况(以人均农业碳排放为指标)之间的关联趋势,我们绘制了相应的关系图(见图2-3)。通过图2-3可以清晰地观察到,两者之间的拟合曲线呈现出典型的倒"U"型形态。因此,笔者选取粮食贸易开放度的一次项与二次项,作为解释生态环境变化的关键变量,旨在更全面地捕捉贸易开放对生态环境可能产生的非线性影响。

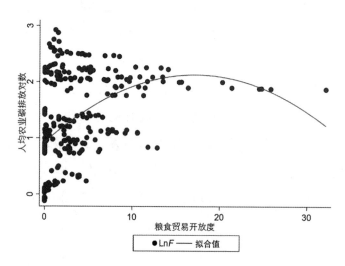

图2-3　粮食贸易开放度与生态环境的散点图及拟合曲线

资料来源:联合国粮食及农业组织、联合国商品贸易统计数据库,并经作者整理获得。

---

　　① 李光龙、张明星:《扩大对外贸易加剧了中国环境污染吗?》,《安徽大学学报(哲学社会科学版)》2018年第3期。

根据已有研究成果及数据的拟合分析，笔者构建了一个关于贸易与生态环境相互作用的基准模型：

$$LnE_{it} = \alpha_0 + \beta_1 TO_{it} + \beta_2 TO_{it}^2 + \beta_3 X_{it} + \mu_{it} \qquad (2-1)$$

在该基准模型中，下标 i 代表不同的国家，下标 t 表示不同的时间，LnE_{it} 表示生态环境指标的对数值，用以量化贸易伙伴的生态环境状况；TO_{it} 表示粮食贸易开放度，且模型中纳入其二次项以捕捉可能的非线性关系；X_{it} 代表一组控制变量，这些变量涵盖了人口规模、农业用地占比等其他可能对生态环境产生影响的因素；μ_{it} 代表模型中未能明确包含的其他影响生态环境的残差因素或误差项。

关于粮食贸易开放度与生态环境之间的关联，我们预期可能存在以下 3 种情况：

（1）当 β_1 和 β_2 均显著，且 $\beta_2 = 0$、$\beta_1 \neq 0$ 时，两者呈现线性关系，意味着粮食贸易开放度的变化直接导致生态环境指标的等比例增减；

（2）当 β_2 显著，且 $\beta_2 > 0$ 时，两者关系呈现"U"型特征，表明随着粮食贸易开放度的初步增加，生态环境会先改善，但随后随着开放度的进一步提升，生态环境将转而恶化；

（3）当 β_2 显著，且 $\beta_2 < 0$ 时，两者关系呈现倒"U"型特征，即生态环境随粮食贸易开放度的初期提高而恶化，达到某一拐点后开始改善，显示出一种先升后降的趋势。

二、变量的选择

在变量选取阶段，本章将贸易伙伴的人均农业碳排放量（具体指人均农业温室气体排放量）设定为被解释变量，而将粮食贸易开放度确定为核心解释变量。同时，为了确保模型的准确性与可靠性，我们还纳入了几个重要的控制变量：人口规模反映农业活动的潜在需求和压力；农业用地占比直接关联到农业生产的空间布局和强度；农业生产水平体现农业活动的总体规模和效率；财政支农水平代表政府对农业发展的支持力度。

（一）生态环境（E）

笔者选取人均农业碳排放量（以公吨计）的对数作为评估各贸易伙伴生态环境的指标，主要基于以下三个方面的考量：首先，粮食生产作为农业活动的核心组成部分，相较于总的碳排放量，农业碳排放量能够更为精确地映射出粮食贸易背景下生态环境的实际状况；其次，鉴于温室气体排放是全球环境恶化的主要驱动因素，且在全球碳排放量持续激增的严峻背景下，减缓全球变暖进程、降低碳排放已成为全球多数经济体的普遍共识与共同目标；最后，根据联合国粮食及农业组织的最新统计数据，截至 2020 年，农业活动所产生的碳排放已占全球各部门排放总量的 31%（FAO，2022）[1]。这一比例不仅包含了因农田开垦、森林砍伐所产生的直接排放，还囊括了制造以化石燃料为基础的农业投入品、加工、包装以及运输等环节所产生的间接排放。由此可见，农业活动与碳排放之间存在着密不可分的联系，进一步凸显了将其作为生态环境指标的重要性。

（二）粮食贸易开放度（TO）

拉菲克等（Rafiq 等，2016）[2]的研究指出，贸易开放度的提升有助于降低排放水平。然而，德拉博（Drabo，2017）[3]的研究却发现，初级农产品的出口可能会增加农产品生产国的温室气体排放。这表明，关于贸易开放度对环境的具体影响，学术界尚未形成统一的认识。实际上，国际贸易对环境的影响往往具有间接性，其主要通过调整生产规模或需求结构来间接作用于环境状况。

---

[1]　FAO，"Greenhouse Gas Emissions from Agrifood Systems，Food and Agriculture Statistics"，2022，see https://www.fao.org/food-agriculture-statistics/data-release.

[2]　Rafiq，S.，Salim，R.，Apergis，N.，"Agriculture，Trade Openness and Emissions：An Empirical Analysis and Policy Options"，*Australian Journal of Agricultural and Resource Economics*，Vol.60，No.3，2016.

[3]　Drabo，A.，"Climate Change Mitigation and Agricultural Development Models：Primary Commodity Exports or Local Consumption Production?"，*Ecological Economics*，2017.

笔者着重关注中国从各贸易伙伴的粮食进口活动,为确保所采用数据的一致性和可比性,我们采用贸易伙伴对中国的粮食出口额与其第一产业增加值之比,作为量化粮食贸易开放程度的指标。

(三) 人口规模(POP)

一般而言,人口的增长往往导致碳排放量的增加,特别是人口的急剧增长,会因加剧森林砍伐而显著提升温室气体排放水平(Özokcu 和 Özdemir,2017)[1]。然而,阿皮亚等(Appiah 等,2018)[2]的研究却揭示了一个非同寻常的发现:在新兴经济体中,人口每增长 1%,二氧化碳排放量竟会相应地减少17%。在探究农业碳排放的问题时,人口总量的变动直接影响着粮食需求,并经由农业活动这一中介环节,间接地对农业碳排放量产生影响。为了精确量化这一关系,本章采用各国人口总数的对数形式,作为衡量人口规模的指标。

(四) 农业用地占比(AL)

根据联合国粮食及农业组织的统计数据,为扩大农业用地而实施的森林砍伐行为构成了农业碳排放的一个重要来源。雷赫曼等(Rehman 等,2022)[3]的研究指出,在尼泊尔,以种植为目的的土地面积缩减会导致二氧化碳排放量的增加。相对地,格佩尔等(Göpel 等,2018)[4]研究则表明,在亚马逊南部地区,耕

---

① Özokcu,S.,Ozdemir,Ö.,"Economic Growth,Energy,and Environmental Kuznets Curve",*Renewable and Sustainable Energy Reviews*,Vol.72,2017,pp.639–647.

② Appiah,K.,Du,J.,Poku,J.,"Causal Relationship between Agricultural Production and Carbon Dioxide Emissions in Selected Emerging Economies",*Environmental Science and Pollution Research*,Vol.25,No.25,2018.

③ Rehman,A.,Ma,H.Y.,et al.,"The Asymmetric Effects of Crops Productivity,Agricultural Land Utilization,and Fertilizer Consumption on Carbon Emissions:Revisiting the Carbonization-agricultural Activity Nexus in Nepal",*Environmental Science and Pollution Research*,Vol.29,No.26,2022.

④ Göpel,J.,Schungel,J.,et al.,"Future Land Use and Land Cover in Southern Amazonia and Resulting Greenhouse Gas Emissions from Agricultural Soils",*Regional Environmental Change*,Vol.18,No.1,2018,pp.129–142.

地与牧场面积的扩张显著地促进了二氧化碳排放量的增长。这些研究成果均有力地揭示了农业用地变化与碳排放之间存在着紧密的关联。为了深入剖析农业用地占比对农业生态环境的影响,本章在选取相关指标时,特别关注了耕地、永久性作物用地以及永久性牧场用地占土地总面积的比例。这一比例不仅直接反映了农业用地的规模和分布,还能间接揭示农业活动对生态环境可能产生的压力和影响,以便更准确地评估农业用地变化对农业生态环境的实际影响。

(五) 农业生产(CRP)

研究表明,农业生产是二氧化碳排放的一个主要来源。萨科迪等(Sarkodie 等,2017)[1]指出,作物生产指数的增长与二氧化碳排放量的增加之间存在双向因果关系。鉴于农业生产在农业碳排放中的核心作用,为准确衡量农业生产指标,笔者采用作物生产指数[2]的对数作为评估标准。

(六) 财政支农水平(AOI)

农业财政支出不仅能够优化农业生产要素的投入,还会显著推动农业生产技术的进步。为了准确衡量财政对农业的支持力度,笔者引入政府支出的农业导向指数[3]。该指数通过计算农业在政府支出中所占比例与农业在 GDP 中所占份额的比值得出,能够有效反映政府财政在农业领域的投入导向和重视程度。

三、数据的来源

基于中国加入世界贸易组织后的粮食进口实际情况,本章选取 2001 年至 2021 年期间,中国与巴西、美国、乌克兰、阿根廷、加拿大、泰国、法国、澳大利

---

① Sarkodie, S.A., Owusu, P.A., "The Relationship between Carbon Dioxide, Crop and Food Production Index in Ghana: By Estimating the Long-run Elasticities and Variance Decomposition", *Environmental Engineering Research*, Vol.22, No.2, 2017, pp.193-202.

② 相对于基期 2014—2016 年的每年农业产量,包括除饲料作物以外的所有作物。

③ 政府支出的农业导向指数数据来源于联合国粮食与农业组织可持续性发展目标数据库。

亚、越南、乌拉圭、印度、巴基斯坦、缅甸、俄罗斯以及柬埔寨等 15 个国家之间的粮食贸易数据,旨在构建一个均衡的面板数据集。此数据集全面覆盖了 2001 年至 2021 年的时间跨度,数据来源于多个权威机构,包括世界银行的世界发展指标(World Development Indicators,WDI)、联合国粮食及农业组织、联合国商品贸易统计数据库与易普索(Economy Prediction System,EPS)数据平台,从而确保了数据的全面覆盖与高度准确性。

在数据处理阶段,针对 2021 年的农业碳排放数据,笔者采用过去 5 年的平均增长率进行估算;而对于其他变量中存在的缺失数据,则采用线性插值法进行填补。表 2-1 详细列出了各变量的统计特征值。

表 2-1　描述性统计

变量符号	样本量	均值	标准差	最小值	最大值
LnE	315	1.246	0.796	−0.115	2.923
TO	315	3.249	4.685	0.000	32.153
TO^2	315	32.43	97.73	0.000	1033.786
LnPOP	315	−0.388	1.352	−3.411	2.644
AL	315	41.851	20.290	6.394	85.487
LnCRP	315	4.463	0.226	3.544	4.876
AOI	315	0.323	0.211	0.010	1.090

第五节　实证检验结果与分析

一、基准回归分析

在进行多元回归分析之前,为确保各变量间不存在严重的线性相关关系,我们首先进行共线性诊断。通过计算方差膨胀因子(VIF),结果显示所有变量的 VIF 值均低于 6,这表明数据集不存在多重共线性问题,为后续的回归分析奠定了良好的基础。

接着,针对长面板数据的特性,本章分别采纳格林(2020)①提出的 Wald 检验方法来检测组间异方差性;利用伍德里奇(Wooldridge,2002)②所发展的 Wald 检验技术来识别组内自相关性;并应用 Breusch-Pagan LM 检验方法来检验组间是否存在同期相关性。检验结果(见表2-2)表明,数据确实存在这三种问题。

表 2-2　LM 和 Wald 检验

Breusch-Pagan LM test	Wald test	Wald test
Pr = 0. 0000	Prob>chi2 = 0. 0000	Prob>F = 0. 0000
存在组间同期相关	存在组间异方差	存在组内自相关

为有效应对上述统计问题,本章采用可行广义最小二乘法(FGLS)作为回归分析的估计方法。可行广义最小二乘法能够同时处理异方差、自相关以及同期相关等多种复杂情况,从而确保回归结果的准确性和稳健性。

最后,为了确定面板数据回归模型的具体形式,我们进行 Hausman 检验。检验结果显示,Prob>chi2 的值为 0.000,远低于常规显著性水平,这强烈拒绝了原假设,即固定效应模型与随机效应模型的估计结果不存在系统性差异。因此,我们采用固定效应模型进行后续的回归分析。

表2-3 的分析结果表明,粮食贸易开放度的一次项系数显著为正,而其二次项系数则显著为负。在引入其他控制变量进行再次分析后,这一结果依然保持不变,解释变量的显著性水平依旧维持在 1%,这一结果有力地证实了贸易伙伴的人均农业碳排放量与粮食贸易开放度之间存在着显著的倒"U"型

①　[美]威廉·H.格林:《计量经济分析(第八版)》,中国人民大学出版社 2020 年版,第277—293 页。

②　Wooldridge,J.M.,*Econometric Analysis of Cross Section and Panel Data*,Cambridge,MA:MIT Press,2002.

关系。这一发现与环境库兹涅茨曲线假说相吻合,即随着中国粮食进口量的增加,贸易伙伴的人均农业碳排放量会先上升后下降,表明粮食贸易的进一步开放最终将有助于减少人均农业碳排放。这一回归结果有力地支持了我们的假设 H1。

经过进一步的计算与分析,本章确定了贸易伙伴人均农业碳排放量与粮食贸易开放度之间的拐点值,该拐点对应于粮食贸易开放度为 22.2% 的水平。结合 2021 年 15 个贸易伙伴的粮食贸易开放度实际数据,我们发现巴西已经超越了这一拐点,表明其人均农业碳排放量将随着粮食贸易开放度的进一步提升而呈现下降趋势。相比之下,美国、阿根廷、加拿大、泰国、法国、澳大利亚、越南、乌拉圭、乌克兰、印度、巴基斯坦、缅甸、俄罗斯以及柬埔寨等国家尚未达到这一拐点水平,它们的人均农业碳排放量在未来一段时间内可能仍会受粮食贸易开放度提高的影响而有所上升。

表 2-3　可行广义最小二乘法基准回归结果

	（1）	（2）	（3）
TO	0.003 ***	0.013 ***	0.010 ***
	（0.001）	（0.001）	（0.002）
TO^2		-0.000 ***	-0.000 ***
		（0.000）	（0.000）
LnPOP			-0.333 ***
			（0.005）
AL			-0.004 ***
			（0.001）
LnCRP			0.063 ***
			（0.018）
AOI			0.220 ***
			（0.021）

续表

	（1）	（2）	（3）
_cons	1.520***	1.708***	1.130***
	（0.009）	（0.010）	（0.081）
N	315	315	315
曲线		倒 U	倒 U
拐点		20.6	22.2

注:括号中为标准误,* $p<0.1$,** $p<0.05$,*** $p<0.01$。

根据表 2-3 的结果,所有控制变量的系数均展现出高度的显著性。具体而言,人口因素与人均农业碳排放之间呈现出负相关关系,这一发现与阿皮亚等(Appiah 等,2018)[①]的研究结论相吻合。这表明,随着人口的增加,不仅为国家的经济发展提供有利的人口基础,而且在一定程度上促进生态环境的改善。

在控制变量中,农业用地占比的系数估计值为-0.004,且在 1%的显著性水平上显著。这意味着,当农业用地占比增加 1%时,人均农业碳排放将相应减少 0.004 公吨。这一结果揭示了农业用地在碳排放中的双重角色:既是碳排放的来源,也是重要的碳汇系统。随着农业用地的增加,更多的农作物通过光合作用吸收并固定温室气体,当这种吸收作用超过农业活动产生的碳排放时,农业用地的扩张实际上有助于减少人均农业碳排放。

此外,农业生产(以作物生产指数衡量)的系数显著为正,表明农业生产活动的增加往往伴随着生态环境质量的下降。具体而言,作物产量的提高往往以牺牲环境为代价,生产指数越高,农业生态环境污染问题愈发严重。

最后,财政支农水平的系数同样在 1%的显著性水平上显著为正,这表明

---

① Appiah, K., Du, J., Poku, J., "Causal Relationship between Agricultural Production and Carbon Dioxide Emissions in Selected Emerging Economies", *Environmental Science and Pollution Research*, Vol.25, No.25, 2018, pp.24764-24777.

贸易伙伴财政对农业的支持并未有效缓解其农业环境污染问题。换言之,尽管财政支农力度加大,但并未观察到其对农业环境质量的明显改善作用。这一发现提示我们,未来在制定和实施农业支持政策时,应更加注重环境保护和可持续发展目标,以实现经济效益与生态效益的双赢。

二、稳健性检验

为了验证回归结果的稳健性,笔者采用两种方法进行检验:更换模型与替换因变量。

首先,我们分别使用最小二乘法和面板校正标准误(PCSE)进行回归。若两种方法下变量的估计系数显著性相似,则表明结果稳健。实际检验中,核心解释变量的系数与基准回归模型一致,且在1%置信水平上显著,证明了回归结果的稳健性。

其次,我们将因变量更换为贸易伙伴的人均农业二氧化碳排放量,并再次进行回归分析。结果显示,在替换因变量后,主要变量的符号方向与显著性水平均与原先的基准回归结果保持高度一致(见表2-4),进一步证实了回归结果的稳健性。

表 2-4　稳健性检验结果

	OLS	PCSE	FGLS	GMM
TO	0.100***	0.024***	0.015***	0.117***
	(0.014)	(0.007)	(0.002)	(0.014)
TO^2	−0.002***	−0.001**	−0.000***	−0.002***
	(0.001)	(0.000)	(0.000)	(0.001)
$\text{Ln}POP$	−0.393***	−0.327***	−0.183***	−0.385***
	(0.023)	(0.012)	(0.012)	(0.022)
AL	−0.006***	−0.004***	−0.019***	−0.007***
	(0.001)	(0.001)	(0.001)	(0.001)

续表

	OLS	PCSE	FGLS	GMM
LnCRP	−0.216	0.080	0.113***	−0.298*
	(0.136)	(0.070)	(0.021)	(0.178)
AOI	0.939***	0.327***	0.237***	0.910***
	(0.144)	(0.067)	(0.033)	(0.158)
_cons	1.756***	0.965***	0.575***	2.112**
	(0.614)	(0.311)	(0.095)	(0.841)
N	315	315	315	300
r^2	0.617	0.863	–	0.628
曲线	倒 U	倒 U	倒 U	倒 U

注:括号中为标准误, *$p<0.1$, **$p<0.05$, ***$p<0.01$。

三、内生性检验

鉴于内生性问题可能对回归结果产生严重影响,笔者借鉴占华(2018)[①]的研究方法,选取粮食贸易开放度 T 的滞后一期作为其自身的工具变量,以进行最优广义矩估计(GMM)。通过检验确认,一阶滞后解释变量满足工具变量的外生性要求。粮食贸易开放度在 1% 的显著性水平上通过了检验(见表 2-4),且系数的方向与基准回归的结果相一致。此外,其他控制变量的估计结果亦展现出相对的稳定性。因此,可以认为笔者的分析结果是有效且可靠的。

四、异质性分析

我们从国家或地区和产品两个层面,深入剖析中国粮食进口对贸易伙伴农业碳排放影响的异质性。

---

① 占华:《收入差距对环境污染的影响研究——兼对"EKC"假说的再检验》,《经济评论》2018 年第 6 期。

（一）国家异质性分析

鉴于全球经济发展的不均衡状况，粮食贸易开放度对生态环境的影响可能会因国家收入水平的差异而呈现出异质性特点。根据世界银行的分类标准，本章将贸易伙伴划分为高收入国家或地区组与中低收入国家或地区组两类：其中，高收入国家组包括美国、加拿大、法国、澳大利亚、乌拉圭以及俄罗斯；而中低收入国家组则包含巴西、乌克兰、阿根廷、泰国、越南、印度、巴基斯坦、缅甸和柬埔寨。

根据表 2-5 的分析结果，粮食贸易开放度对人均农业碳排放的影响并未展现出显著的国别差异性。就高收入国家而言，粮食贸易开放度的一次项系数呈现正值，二次项系数则为负值，且两者均在 1% 的显著性水平上通过检验。这一发现表明，被解释变量（即人均农业碳排放）与解释变量（即粮食贸易开放度）之间存在着倒"U"型的关系，这与环境库兹涅茨曲线的预测相吻合。具体而言，当中国从高收入国家（如美国、加拿大等）进口粮食时，对这些国家的生态环境具有正面的改善效应。该倒"U"型曲线的拐点位于粮食贸易开放度为 7.3% 的位置。参照 2021 年的数据，美国已超越了这一拐点，这意味着中国增加从美国的粮食进口量将有助于进一步推动美国生态环境的改善。

对于中低收入国家而言，我们同样观测到了符合环境库兹涅茨曲线假说的倒"U"型关系，且该关系的拐点出现在粮食贸易开放度为 25.4% 的水平上。以 2021 年为例，巴西对中国的粮食贸易开放度已达到 24.5%，接近并即将跨越这一拐点，预示着未来中国从巴西增加粮食进口，也将有助于这些国家生态环境的改善。

（二）产品异质性分析

本章着重研究中国粮食进口中的两大核心产品——大豆与玉米，并针对这两种产品分别开展回归分析。在大豆进口的探讨中，我们选定阿根廷、巴西、加拿大、美国、俄罗斯、乌克兰及乌拉圭这 7 个国家作为研究样本;而在玉米进口的分析中,则聚焦于巴西、俄罗斯、美国、乌克兰以及缅甸这 5 个国家。为了量化大豆或玉米的贸易开放程度,本章采用各国向中国出口的大豆或玉米金额占其第一产业增加值百分比的指标进行衡量。

分析结果显示,大豆的进口情况支持环境库兹涅茨曲线假说,其关系曲线呈现倒"U"型。具体来说,当贸易伙伴的大豆贸易开放度达到 17.3% 的拐点时,其生态环境状况开始改善。以巴西为例,该国已越过这一拐点,意味着随着对中国大豆出口量的增加,其生态环境会逐步好转。

相比之下,玉米来源国的回归曲线则呈现出"U"型,同样支持 EKC 假说(见表 2-5)。在达到拐点之前,增加中国对贸易伙伴的玉米进口量有助于降低这些国家的农业碳排放水平。具体而言,玉米的环境库兹涅茨曲线拐点出现在贸易开放度为 5.5% 的位置。除乌克兰以外,巴西、俄罗斯、美国以及缅甸的玉米贸易开放度均尚未触及这一拐点值,这表明这些国家的人均农业碳排放量与中国从这些国家进口的玉米量之间存在负相关关系。因此,中国扩大从巴西、俄罗斯、美国和缅甸这四个国家的玉米进口,将促进这些贸易伙伴的生态环境改善。

表 2-5　异质性分析结果

	高收入国家	中低收入国家	大豆	玉米
TO	0.016 **	0.032 ***	0.011 ***	−0.022 **
	(0.008)	(0.006)	(0.003)	(0.009)
TO^2	−0.001 *	−0.001 ***	−0.000 *	0.002 *
	(0.001)	(0.000)	(0.000)	(0.001)
$LnPOP$	−0.249 ***	−0.231 ***	−0.307 ***	−0.002 **
	(0.012)	(0.044)	(0.007)	(0.001)
AL	0.005 ***	0.000	−0.008 ***	0.005 ***
	(0.001)	(0.003)	(0.000)	(0.001)

续表

	高收入国家	中低收入国家	大豆	玉米
Ln*CRP*	0. 122***	0. 057	−0. 115***	−0. 008***
	（0. 043）	（0. 048）	（0. 027）	（0. 002）
AOI	0. 209***	0. 034	0. 026	0. 062**
	（0. 054）	（0. 044）	（0. 028）	（0. 027）
_cons	0. 474**	0. 879***	2. 308***	1. 544***
	（0. 197）	（0. 247）	（0. 122）	（0. 094）
N	126	189	147	105
曲线	倒 U	倒 U	倒 U	U
拐点	7. 3	25. 4	17. 3	5. 5

注:括号中为标准误,*$p<0.1$,**$p<0.05$,***$p<0.01$。

第三章　大豆贸易的交易安全研究

——基于期货路径的价格传导

第一节　大豆价格传导的文献综述

一、研究背景

改革开放以来,伴随农产品市场开放程度的持续深化,中国农产品已成功迈入国际市场,且已成为国际农产品市场中不可或缺的关键构成部分。大豆是中国重要的粮食作物之一,用途十分广泛。但相比于大米和小麦而言,中国大豆进口需求对全球供应链的依赖程度相对较高。大豆是中国进口量最大的农产品,也是中国最早实行贸易自由化的粮食作物之一(郑旭芸等,2020)。①

近年来,一系列重大事件不断冲击着国内外粮食市场。2018年,中美贸易摩擦升级,美国针对来自中国的大量商品加征高额关税。中国商务部也对从美国进口的一些产品征收了额外的关税,以应对美国政府发起的贸易纠纷。双方施加的贸易壁垒无疑会影响中美两国的大豆市场。2020年,新冠疫情全面暴发,对全球粮食供应链产生大幅冲击,国际粮食价格波动对中国粮食价格

---

① 　郑旭芸、隋博文、庄丽娟:《进口贸易视域下国际粮价对国内粮价的传导路径——来自玉米和大豆的证据》,《中国流通经济》2020年第5期。

也起传导作用。国际粮食市场价格的非正常波动,会通过供应链机制向中国粮食市场产生传递效应。

价格传导机制的有效性,是确保粮食价格稳定等贸易政策措施成功落实的先决要素。在国际形势千变万化的时代,厘清国内外粮食价格联动的机理对中国制定相应的粮食政策起着至关重要的作用。因此,本章分析近几年国内外大豆期现货市场的价格传导机制和路径,并以新冠疫情为例判断和预测国际重大事件对国内外大豆期现货价格传导的影响,以实现三方面的价值:其一,产业链意义角度,期货是大豆产业链的重要组成部分,为期货市场提供规避风险的手段,产业中的各个环节都可以利用其影响,规避相应风险;其二,国际竞争力角度,逐步健全和发展大豆期货市场,将直接关系到中国能否有资格参与到国际大豆的定价中;其三,政策角度,结合中国的实际情况,分析中国大豆期现货市场,可以为中国的宏观政策调整提供依据,以更好应对粮食安全问题,更好应对未来全球性事件的不确定性影响。

二、文献综述

与国内外粮食价格传导,尤其是大豆价格传导相关的研究主要涉及以下几个方面。

(一) 国内外粮食价格的关系

针对中美期货市场中大豆期货价格间的关系,学者们展开了丰富的研究。高等(Gao等,2024)[1]使用统一框架和波形分析方法,从价格相互依赖和信息流动的角度,检验了中美大豆市场价格发现的动态变化,研究发现,两国之间的定价差异是他们综合关系的主要信息溢出路径;信息溢出的方向和

---

[1]　Gao,X.,Insuwan,A.,Li,Z.,Tian,S.,"The Dynamics of Price Discovery between the U.S.and Chinese Soybean Market:A Wavelet Approach to Understanding the Effects of Sino-US Trade Conflict and COVID-19 Pandemic",*Data Science and Management*,Vol.7,No.1,2024,pp.35-46.

程度随着中美大豆互动的强度而显著变化;中国对美国大豆加征关税使中国市场在大豆期货价格发现中占据更有利的位置;在中美第一阶段经贸协议达成后,以及在新冠疫情期间,美国大豆市场的定价权并未完全恢复。贾静清等(Jia 等,2016)[①]通过研究中国和美国农业期货市场的领先—滞后关系,发现中国对于贸易限制较少的农产品(如大豆)更容易受到美国市场的影响;对于政府补贴较多的农产品(如玉米和小麦)受到美国市场的影响较小。

李光泗等(2015)[②]对中国粮食价格与国际粮食价格的相关性进行了研究,指出中国粮食价格和国际粮食价格之间没有出现明显的协整关系,然而,随着粮食市场开放程度的不断提升,中国粮食价格与国际粮食价格之间的协整关系日趋紧密。具体而言,国际粮食价格对中国粮食价格产生了显著的溢出效应,并且这种溢出效应随着中国粮食市场开放程度的加深而进一步增强。李显戈(2016)[③]认为,中国大豆价格的波动在大部分时候都明显小于国际大豆价格的波动;从期现货市场的角度看,中国的豆价和国际豆价呈现出协整的趋势。罗堃(2021)[④]的研究发现,新冠疫情暴发后,国内外玉米价格之间长期存在的均衡关系变得不再显著。具体而言,国外期货价格向国内现货价格的短期传导机制出现了暂时性的失效现象,导致国内外玉米价格的联动性有所减弱。

---

① Jia, J., Jia, R., Wang, D., et al., "Correlation between Agricultural Markets in Dynamic Perspective-Evidence from China and the US Futures Markets", *Physica A. Statistical Mechanics and its Applications*, Vol.464, 2016, pp.83~92.

② 李光泗、曹宝明、马学琳:《中国粮食市场开放与国际粮食价格波动——基于粮食价格波动溢出效应的分析》,《中国农村经济》2015 年第 6 期。

③ 李显戈:《国际大宗商品价格联动性研究——基于分层网络结构视角的分析》,《价格理论与实践》2016 年第 7 期。

④ 罗堃:《新冠疫情影响下的国内外玉米期现货市场联动》,华南理工大学硕士学位论文,2021 年。

（二）价格传导的波动效应分析

秦思思和劳（Qin 和 Lau，2023）[①]基于 2010 年 1 月至 2023 年 4 月的数据，使用 BEKK-GARCH 和 DCC-GARCH 模型，检验了美国和中国大豆期货市场之间的波动溢出，以及中国大豆、豆油和豆粕期货市场之间的波动溢出，发现美国对中国的一号大豆期货存在单向溢出，美国和中国二号大豆期货之间存在双向溢出。林学贵（Lin，2018）[②]基于 2011 年 9 月 10 日至 2016 年 11 月 19 日的数据，包括芝加哥期货交易所大豆期货价格、青岛港进口大豆分销价格和中国国内大豆现货价格，采用多变量 GARCH 模型对它们之间的溢出效应及相关性进行检验后揭示，三个市场中的大豆价格序列呈现出显著的波动聚集性特质。通过构建并应用多变量 GARCH 模型，对这三个市场间大豆价格的溢出效应及相关性进行了深入检验，结果进一步确认了这三个市场大豆价格波动中存在着显著的聚集效应，且 GARCH 效应强于 ARCH 效应；进口大豆市场受到国际大豆期货市场价格波动的显著影响，这种不稳定性进而导致中国国内大豆现货市场价格的剧烈波动。埃尔南德斯等（Hernandez 等，2014）[③]选取了全球范围内主要的农产品期货价格数据作为研究样本，并采用 GARCH 模型对各国农产品市场之间的联动效应进行了系统分析，研究结果显示，多数市场间均观察到了显著的波动溢出效应，且美国农产品期货市场在这一过程中发挥着主导性作用。

---

① Qin, S., Lau, W., "Cross-border and Cross-commodity Volatility Spillover Effects of Chinese Soybean Futures", *Journal of Futures Markets*, Vol.28, 2023.

② Lin, X., "Analysis of Volatility Spillover Effect of Soybean Price between Domestic and International Markets", *Asian Agricultural Research*, Vol.10, No.1, 2018, pp.9-13.

③ Hernandez, M.A., Raul, I., Trupkin, D.R., "How Far do Shocks Move Across Borders? Examining Volatility Transmission in Major Agricultural Futures Markets", *European Review of Agricultural Economics*, Vol.2, 2014, pp.301-325.

周应恒和邹林刚(2017)[1]选取美国、日本及中国的大豆期货价格作为研究对象,经过深入分析发现,在这三个市场中,美国大豆期货市场占据主导地位。华仁海和刘庆富(2007)[2]在分析中美大豆期货市场间的波动溢出效应时发现,美国大豆期货价格的波动对中国大连商品交易所大豆期货价格产生了单向的溢出效应。此外,黄守坤(2015)[3]通过实证研究发现,国际大豆价格对中国大豆价格有单向波动溢出效应。

然而,朱信凯等(2010)[4]利用1995年至2009年间中美两国大豆期货价格的数据,对两国大豆期货市场间的价格波动关系进行分析,发现2004年以后,两国大豆期货市场间就出现了价格的双向传导。查婷俊(2016)[5]将数据区间划分为中国大豆市场开放前与开放后两个阶段,旨在探讨中国大豆期货在国际市场上的定价影响力。研究结果表明,自中国大豆市场对外开放以来,中国正逐步获得对大豆期货的定价主导权。刘建和等(2019)[6]通过构建模型,对中美两国大豆市场间的价格波动溢出效应进行了实证检验,研究结果显示,中国大豆期货价格展现出较高的波动性特征,并且证实了两个市场之间均存在显著的波动溢出效应。除此之外,还有学者将政策和国际形势等因素纳入模型加以考量。邹晨(2021)[7]运用误差修正模型,首先从平均价格水平出发,系统分析了中美两

① 周应恒、邹林刚:《中国大豆期货市场与国际大豆期货市场价格关系研究——基于VAR模型的实证分析》,《农业技术经济》2007年第1期。

② 华仁海、刘庆富:《国内外期货市场之间的波动溢出效应研究》,《世界经济》2007年第6期。

③ 黄守坤:《国际大宗商品对我国农产品价格的波动溢出》,《宏观经济研究》2015年第7期。

④ 朱信凯、吕捷、黄娟:《中美豆类产品国际贸易中的期货与现货市场价格关系分析》,《农业技术经济》2010年第2期。

⑤ 查婷俊:《中国取得大豆期货定价权的可能性——基于对影响国内大豆价格因素的主成分分析》,《金融理论与实践》2016年第1期。

⑥ 刘建和、田嘉慧、王玉斌、吴航宗:《基于变结构的Copula函数中美大豆期货波动溢出效应变动研究》,《大豆科学》2019年第3期。

⑦ 邹晨:《贸易摩擦背景下中美农产品期货与现货价格传导效应研究》,贵州财经大学硕士学位论文,2021年。

国大豆期货与现货价格之间的传导机制、传导方向及传导路径。在此基础上，进一步采用 BEKK-MGARCH 模型，从波动性的全新视角，深入探究了中美贸易摩擦发生后，两国市场间波动性传导关系的变化情况。研究发现，中美贸易摩擦加剧后，不仅中国大豆期货与现货市场间呈现出双向波动溢出的现象，而且中美两国期货市场之间也存在显著的双向波动溢出效应；但美国大豆期货市场对中国期货市场的溢出作用减弱，反而后者对前者的波动溢出作用增强。

（三）粮食价格波动的影响因素

粮食价格波动的成因复杂多样，其市场的不稳定性并非由单一因素简单解释，而是多重因素相互交织、共同作用的结果。粮食产业受内部产业链以及外部环境等各种因素的影响。学术界普遍将国际粮食价格波动的关键影响因素归纳为以下几类：气候条件、库存水平、能源价格变动、宏观经济状况、新兴经济体的需求增长、农业领域的投资情况、商品市场的金融化程度、生物燃料产业的快速发展，以及贸易限制政策的实施。沃拉等（Voora 等，2024）[1]认为，天气条件和地缘政治是全球大豆市场价格波动的主要驱动因素。王璐等（Wang 等，2023）[2]基于 MIDAS 框架探讨大豆市场波动性发现，大豆市场波动性受多种因素的影响：天气、需求、供应链、库存水平和能源价格等。佩里（Peri，2017）[3]基于 1960 年至 2014 年的长期数据，运用多元 GARCH 模型和波动性脉冲响应函数（VIRF）方法考察了气候变化对全球大豆价格波动的影响，发现厄尔尼诺和拉尼娜气候现象（ENSO）事件对大豆价格的波动因季节

① Voora,V.,Bermudez,S.,Le,H.,et al.,"Soybean Price and Sustainability",*Global Market Report*,2024,see https://www.iisd.org/system/files/2024-02/2024-global-market-report-soybean.pdf.

② Wang,L.,Wu,R.,Ma,W.C.,et al.,"Examining the Volatility of Soybean Market in the MIDAS Framework:The Importance of Bagging-based Weather Information",*International Review of Financial Analysis*,Vol.89,2023.

③ Peri,M.,"Climate Variability and the Volatility of Global Maize and Soybean Prices",*Food Security*,Vol.9,Issue.4,No.3,2017,pp.673-683.

而异:在秋冬季节,大豆价格的波动性可能会略有下降;而在春夏季节,大豆价格的波动性则趋于上升。此外,邦尼尔(Bonnier,2021)[①]指出,商品期货市场中的投机活动可能是推动价格波动的一个潜在重要因素。

李显戈(2019)[②]指出,粮食产业受内部产业链以及外部环境等各种因素的影响,这些因素可以划分为两大类:内生因素和外生因素。内生因素指的是那些能够引发价格波动,但与其自身变动相独立的因素;而外生因素则是由价格本身的动态变化所诱发的因素,同时能够增强价格的波动性。内生因素包括政府干预、粮食库存水平、国内价格隔离政策、非季节性贸易等,从内生的角度看,政府的干预对全球的生产量、消费量、储备水平、贸易规模和出口的集中程度产生影响。外生因素则有气候变化、能源和市场价格的变化、利率和汇率的变化等,从外生因素的角度看,如干旱和强降雨等,对作物的产量和价格都有一定的影响。

(四) 文献评述

综上,现有的研究在确认国际粮食价格和国内粮食价格协整关系的基础上,从均值和波动两个层面,通过实证研究分析国内外粮食价格的传导。部分学者在研究中发现,美国粮食价格向中国粮食价格单向传导,提出了粮食价格传导的大国效应;也有部分学者从国内粮食政策变化、世界格局变化的维度开展研究。从现有的研究中不难发现,针对粮食价格传导的研究已形成体系。用于粮食价格传导的实证分析模型虽会依据研究背景和研究目的有所区别,总体来说已经较为完善。但是,由于世界贸易格局日新月异,与全球新冠疫情对国内与国外大豆期现货市场价格传导影响的相关研究仍较为缺乏,同时针对价格传导效应的量化研究也相对较少。

因此,基于对现有文献的梳理,本章可以开拓创新之处在于:首先,运用事

---

① Bonnier,J.B.,"Speculation and Informational Efficiency in Commodity Futures Markets",*Journal of International Money and Finance*,Vol.117,No.3,2021.

② 李显戈:《政策干预对国内外玉米价格传导的影响分析》,《科技与经济》2019年第3期。

件研究法,针对性地分析新冠疫情对中美大豆期现货市场的价格传导影响;其次,在实证分析过程中将传导分析的过程加以细化,并进行量化研究;最后,在数据选取时采集日度数据,以便更为精确地捕捉传导关系的详细变化。

第二节　国内外大豆市场发展状况

一、国际大豆市场发展及现状

(一) 全球大豆生产及消费状况

大豆作为一种至关重要的粮食作物,其应用范围极为广泛,主要集中在食用、饲料用途以及油脂榨取这三大领域。

中国大豆产量位列世界前列。如图 3-1 所示,2022 年,全球大豆产量排名前 5 位的国家依次分别为:巴西、美国、阿根廷、中国、印度。其中,巴西大豆

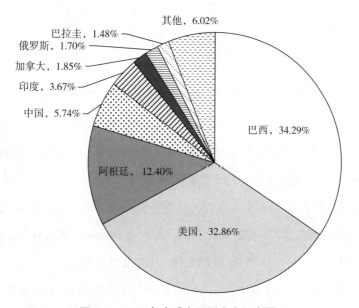

图 3-1　2022 年全球主要国家大豆产量

资料来源:联合国粮食及农业组织统计数据库网站,见 https://www.fao.org/faostat/en/#home。

产量占据全球第一,2022 年巴西大豆产量达 1.21 亿吨,占全球总产量的 34.29%。中国大豆产量位居世界第四,仅占 5.74%。

（单位：百万吨）

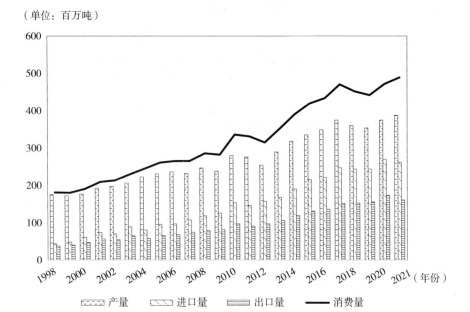

图 3-2　1998—2021 年全球大豆生产、贸易与消费量

资料来源:联合国粮食及农业组织统计数据库。

从全球大豆生产与消费的角度看,在 1998 年至 2020 年期间,全球大豆产量呈现出一种整体波动中上升的趋势,与此同时,其消费量也保持了稳定的增长态势。如图 3-2 所示,从 1998 年至 2021 年,全球大豆产量从 175 百万吨增长至 388.1 百万吨,实现了约 121% 的显著增长;而全球大豆消费量则由 180.9 百万吨增加至 489.3 百万吨,增长幅度达到了约 170%。根据美国农业部 2022 年的预测,2022/2023 年度全球大豆产量约为 391 百万吨。

巴西和美国均为世界大豆生产大国,巴西大豆产量自 1998 年的 31.1 百万吨增长至 2021 年的 134.9 百万吨;而美国大豆产量则从 1998 年的 74.6 百万吨提高至 2021 年的 120.7 百万吨。2018 年以前,美国大豆产量高于巴西,而巴西大豆产量自 2019 年起开始反超（见图 3-3）,巴西至今都是全球大豆产

（单位：百万吨）

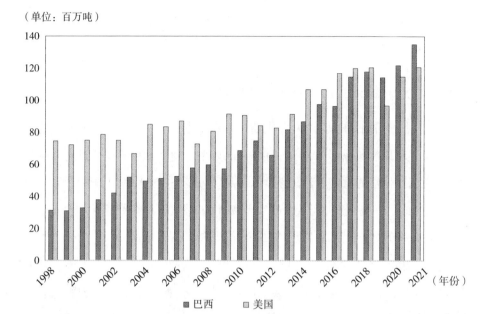

图3-3　1998—2021年巴西和美国的大豆产量

资料来源：联合国粮食及农业组织统计数据库。

量世界第一的国家。

美国在大豆生产上主要有自然条件和政策条件两大优势。自然条件上，美国地广人稀，以平原为主，有着先天的土地资源禀赋优势。政策条件上，伴随着科学技术的进步，美国的农业科学技术也取得了发展。美国政府通过制定相关政策、设立相关组织机构等方式，对美国豆农的生产提供支持。政策方面，美国通过提供种植贷款、补贴、农产品价格支持等方式为豆农提供支持；组织机构方面，美国建立了一系列与大豆相关的组织，如美国大豆协会、大豆食品协会、国际大豆中心等，为大豆的生产、销售、贸易提供支撑。

美国大豆产量惊人的原因还在于其主要种植的是转基因大豆，且拥有国际领先的转基因大豆育种技术。转基因作物有着成本低、单产高的优势。在大豆种植方面，美国具有极具竞争力的机械化程度和科学研究能力，这使得美国大豆可以以较低的成本实现较高的产能，从而使其在全球大豆市场的竞争力进一步增强。然而,美国本土对大豆的需求无法消化大量的供给,因此,这些多出来的大豆需要依靠出口的方式来消化。

(二) 美国大豆期货市场发展状况

美国农产品期货市场作为现代期货市场的起源地,历经一个多世纪的发展,已经逐步构建起一套相对完善且规范的体系。期货市场不仅是进行套期保值、发现商品价格的重要平台,也是有效转移和分散风险的关键场所。美国农业的稳健发展,与其高度发达且成熟的农产品期货市场之间存在着密不可分的联系。

芝加哥期货交易所成立于1841年,作为农产品交易领域的一个标志性机构,它在国际市场中扮演着转基因大豆定价中心的重要角色。在1936—1997年间,美国就陆续有交易所开展大豆期货交易。前期的美国大豆期货交易,主要是交易所依托当地大豆现货贸易,为大豆现货企业提供管理风险的帮助,而随着大豆现货交易规模的增大,大豆现货企业不再满足于单一形式的风险管理。因此,随着大豆现货企业多样化规避交易风险需求的增加,催生了芝加哥期货交易所的诞生以及成功上市。芝加哥期货交易所为争取更多企业客户,依据美国大豆现货贸易的发展特点,对大豆期货合约进行了全面调整,成功吸引了众多企业客户,最终于2004年成为全美唯一上市交易大豆期货的场所。

经过多年的发展,芝加哥期货交易所形成了期货市场方面的强大优势:其一,美国完善且成熟的农产品现货市场运行体系,为农产品期货市场的有效运作奠定了有利的环境基础,农产品现货市场具有统一完备的产品质量标准体系,并发生着频繁的贸易活动。而规范统一的农产品现货通过严格的标准和交割方式与期货市场实现对接。其二,美国期货市场管理制度较为完善,拥有保证金制度、会员制度、交割结算制度等,这使得期货市场的交易流程较为合理,不会出现严重投机漏洞。其三,美国有完整可靠的信息整合发布平台——美国农业部(USDA),该平台为期货产品生产者以及金融市场参与者提供了充足的投资依据和信息支持,极大激发了期货市场的活力。

二、国内大豆市场发展及现状

(一) 中国大豆三阶段式政策

第一阶段为贸易干预政策阶段。根据 2001 年中国加入世界贸易组织的协议条款,中国政府保证不对大豆实行配额管理,并实行统一进口税率为 3%,增值税为 13%。2007 年,在全球粮食危机的影响下,中国在 2007 年年末取消包括大豆在内的 84 类农产品的出口退税,并在次年年初对这些农产品征收 5%—25%的出口暂定关税。当时对应的关税政策,通过减少出口,增加国内供给的方式,增加了中国粮食市场和国际粮食市场间的贸易成本。

第二阶段为临时收储政策阶段。2008 年,受国际粮食价格下跌的影响,大量价格低廉的粮食资源涌入中国市场,这对未纳入最低保护价收购范畴的大豆造成了显著的冲击。为应对危机给中国豆农收益的不利影响,中国政府颁布了临时收储政策。临时收储政策实施的次年,东北产区播种面积和产量均达到历史最高,随后又持续多年下滑。在国内,大豆的收购价比进口价格高,以大豆为主要原料的加工企业需要面临高昂的原料成本,部分加工企业不堪压力,受到停产甚至倒闭的重创。部分企业选择以进口大豆替代国产大豆,这也导致了国产大豆库存的积压。

第三阶段为目标价格改革阶段。2014 年,中央一号文件明确提出,将对东北和内蒙古地区的大豆、新疆的棉花启动目标价格补贴试点工作,此举标志着我国农产品目标价格改革的正式启动。自此以后,我国的农业政策开始从最低收购价和临时收储政策向农产品目标价格制度转型。同年 8 月,国家农业部对"大豆目标价格改革"政策进行了详细解读,明确了目标价格的确定机制、目标价格达成情况的监测方法以及补贴的发放流程等关键问题。最终,我国确立了"市场定价、价补分离"的目标价格政策体系。这一政策的实施,标志着我国国内大豆价格形成机制的进一步完善与优化。

近年来,中央一号文件持续透露出国家对大豆发展的重视。例如 2022 年中央一号文件提出实施大豆和油料产能提升工程,推广玉米、大豆带状复合种植。2023 年中央一号文件要求推进大豆和油料产能提升工程。2024 年和 2025 年中央一号文件提出巩固大豆扩种成果,完善补贴政策,扩大保险投保面积,支持东北发展大豆全产业链。例如 2019 年中央一号文件中"实施大豆振兴计划",这是国家和政府作出的重要战略部署。大豆振兴计划的实施虽然鼓励了豆农的生产积极性,使得大豆种植面积得到提升,但中国大豆仍存在供不应求的情况。同时,受新冠疫情的影响,国内大豆市场遭遇了运输受阻、销售不畅的困境,大豆的种植面积也出现了一定程度的缩减。

(二) 中国大豆生产及消费状况

中国农业无法实现集约、规模化的种植,主要受到人均耕地面积小,种植地区分散,农业技术落后等方面的限制。因此,中国大豆产量持续维持在较低的水平。从图 3-4 中可以看出,中国大豆产量一直在 1000 万—2000 万吨之

（单位：十万吨）

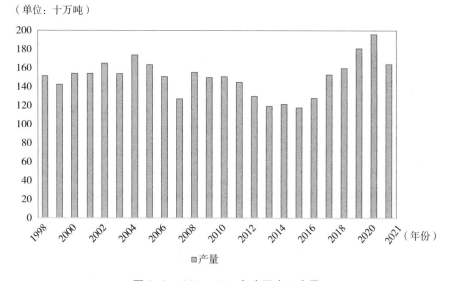

图 3-4　1998—2021 年中国大豆产量

资料来源:联合国粮食及农业组织统计数据库。

间徘徊,2010 年到 2015 年期间大豆产量甚至持续下降。自 2014 年起,中国正式终止了大豆临时收储政策,并在内蒙古及东北这两个主要的大豆生产区域推行了目标价格补贴政策。这一政策的实施,使得更多的私营企业参与到了大豆的生产中来,进一步提高了国内大豆市场的开放程度。自此,从 2015年至 2020 年中国大豆的产量开始逐步攀升。但是,由于 2020 年玉米市场价格的升高等原因,中国大豆播种面积大幅减少,造成 2021 年大豆产量明显下滑。

从中国大豆进口情况来看,1998 年至 2021 年间,中国主要从美国、巴西这两个大豆生产大国进口大豆。2013 年之前,美国是中国进口大豆数量最多的来源国;而 2013 年后,巴西成为中国最大的大豆进口来源国。总体而言,中国大豆进口依存度高的现状有可能继续持续下去。虽然受到新冠疫情的冲击,但 2022 年中国大豆进口的数量依然超过了 1 亿吨(见图 3-5)。

（单位：十万吨）

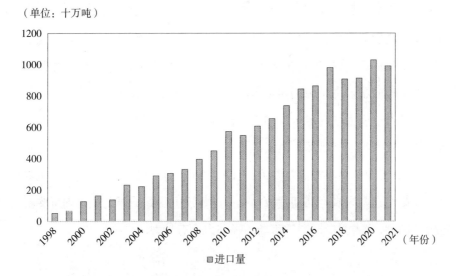

图 3-5　1998—2021 年中国大豆进口量

资料来源:联合国粮食及农业组织统计数据库。

吕等(Lv 等,2023)①指出,虽然美国不再是中国最大的大豆进口国,但相

---

① Wenhui,Lv.,et al.,"Changes of China's Soybean Import Market Power and Influencing Factors",*Applied Economics Letters*,Vol.30,No.18,2023,pp.2619-2625.

较于中国最大的大豆进口国巴西,其仍存在较大的市场影响力。因此,本书选择美国的期现货价格作为国外大豆价格的参考依据。

（三）中国大豆期货市场发展状况

大连商品交易所是中国唯一进行大豆产品期货合约交易的场所。1993年大连商品交易所成立,最初可在期货市场中同时交易转基因和非转基因大豆。自 2002 年以后,为了加强对进口转基因大豆的严格管理,大连商品交易所将原有的黄大豆期货合约进行了拆分,分别设立了黄大豆 1 号和黄大豆 2 号两个合约。黄大豆 1 号是用于食用的非转基因大豆,而黄大豆 2 号则是用于制取油脂的转基因和非转基因大豆。

虽然中国农产品期货市场在 20 多年的发展过程中已逐渐趋于成熟,期货市场在农产品交易中起到的价格发现和风险规避作用越发显著,且近年来中国也通过增加期货品种、健全品种体系等措施优化期货市场。但是,中国农产品期货市场仍不完善,尚存在某些月份的期货合约成交量小、国内期货的保证金成本高等问题。由于中国期货市场的国际影响力相对较弱,其国内期货市场价格尚难以成为国际定价标准。在国际市场上,美国芝加哥期货交易所依然保持着农产品期货市场的权威地位,其期货价格不仅是美国农业生产者进行生产、加工及贸易决策的重要依据,而且对国际农产品价格及进出口贸易具有深远影响。中国农产品期货价格在一定程度上受到美国芝加哥期货交易所定价的影响,这表明中国期货市场的影响力仍有较大的提升空间。

第三节　期现货市场价格理论

经济学家已对价格传导、市场联动的理论有了较为完善的研究。价格传导有两种形式,均值传导和波动传导,这两种传导形式分别对应均值溢出效应和波动溢出效应。部分学者在行文时,会根据研究的重点,直接将价格传导的效应视作均值溢出,而涉及期货市场(即金融市场)的部分,即发生波动溢出效应的场合,会用价格传递来阐释价格传导。

一、期货市场

期货市场,作为期货合约交易的平台,是在现货市场的基础上逐步发展而来的。同时,期货价格是时刻变动的、连续的价格,有着卓越的价格发现功能。在农产品市场中,信息不对称性导致农民由于缺少信息获取渠道,欠缺掌握信息的能力,而相对于贸易商处于市场竞争的劣势地位。为保护农民在农产品市场上的权益,国家颁布了农产品贸易保护政策如临时收储、最低保护价,也成立农业合作社,巩固了农民的议价能力。但是,这些措施仍存在一定的局限性,比如农业合作社面临区域的限制。而农产品期货市场以其较低的交易成本和杠杆率,能够更为高效地反映市场信息,通过公开透明的信息获取渠道,有效地缓解了因地域限制而导致的现货市场信息不对称问题。周颖刚和贝泽赟(2021)[①]指出,期货市场在信息承载能力和信息传递能力上均优于现货市场,故而期货市场能为现货市场提供有力补充。

二、套利理论

套利理论阐述了套利行为作为联结期货与现货市场价格动态关联的桥梁,通过实施套利活动,实现对市场资源的重新配置与相应调整,进而促使市场达到均衡状态。假设投资者理性,当市场处于不均衡状态时,投资者将实施套利行为。套利的机理是,当两个市场中一个市场的价格被高估,投资者减少对该市场的投资消费,套利行为的发生使得该市场供过于求,造成市场价格的降低;反之,当该市场的价格被低估,市场处于供不应求的情况,价格便会得到提升。一般而言,由于两个市场之间的不平衡状况会随着套利行为的出现而

---

①　周颖刚、贝泽赟:《中国国债期货与现货市场间的动态价格发现与不对称波动性溢出》,《计量经济学报》2021年第4期。

得到改善,因此,套利效率越高,则表明期现货市场间的价格偏差越小。同时,在分析套利行为的影响时,必须考量影响套利行为的关键因素——交易成本。交易成本与套利机会呈反向关系,即市场间的交易成本越高,套利机会则越少,相应地,投资者参与套利行为的意愿就会降低,这最终会导致套利效率的低下。

三、持有成本理论

持有成本理论与套利行为密切相关,为期现货市场的价格联动提供了另一个关联因素和支撑理论。期货市场和现货市场交易时,由于交易结算的时间差异造成两个市场价格的差异。在供求均衡的市场上,该价差等于持有成本,即现货价格(S)和持有成本(CR)之和为期货价格(F)。三者关系可以用式(3-1)表示:

$$F = S + CR \qquad\qquad (3-1)$$

通过对式(3-1)移项,我们可得

$$S = F - CR \qquad\qquad (3-2)$$

式(3-2)说明 F 或 CR 任何价格的变化,都会使得 S 发生变化。而 CR 是将 S 与 F 联系在一起的纽带。

实际的市场运作中,市场并非总是有效的,交易会产生摩擦,使得持有成本理论成立的式(3-1)中的等号随时有可能发生变化。当期货价格与现货价格的价差不等于持有成本时,就会存在套利空间,市场交易者对应地开展套利行为。而正如前述套利理论中所指出的,套利行为的产生会影响期现货市场的供求关系,进而最终影响两个市场间的价格。

四、金融市场联动理论

金融市场的联动性可从两个维度进行阐释:一是基于理性的经济基础视角,二是着眼于非理性的投资者行为层面。这两种解释分别对应着经济基础假说与净传染假说。

经济基础假说指的是设定市场有效,市场间的联动与国家宏观经济环境紧密联系,市场的微观结构以经济基础为内在动力在不同国家和区域的市场里进行传递。该假说的有效性建立在以下三个前提之上:首先,投资者需具备完全理性;其次,市场必须完全有效,确保市场价格能够准确反映资产的真实价值及相关信息;最后,金融产品的价格应具备自适应性,能够根据供求关系的变化进行自我调节。在经济基础假说的框架下,金融市场的联动性体现为溢出效应,且这种效应在不同国家或地区市场间联系更为紧密时表现得尤为显著。

净传染假说指的是市场情绪会通过市场主体的行为,造成具有冲击性的现象。可以理解成金融市场中发生的羊群效应(从众效应)。而净传染假说的成因可以解释为,市场参与者的行为有时是非理性的。比如短期内因为一些因素导致市场价格发生波动,相应地将导致投资者的非理性决定,继而发生羊群效应,即短时间内大批量的投资者作了同质的投资决策。这种情况显然不符合经济基础假说的首要前提:投资者完全理性,所以这是经济基础假说无法解释的情况,因而有了非理性视角下的净传染假说。净传染假说的传染不只是投资者因市场短期波动,作出非理性投资判断时的恐慌会传染;也是大量的非理性投资判断作用在市场上,使得金融市场价格之间发生传染,比如前一天收盘价对后一天开盘价的传染,开盘较早的市场对开盘较晚的市场的价格传染。杨雪莱和张宏志(2012)[1]的研究指出,不同金融市场间的净传染效应是中美股市联动性的一个重要影响因素。

此外,在阐释金融市场联动性时,还需深入分析以下三个关键影响因素:首要的是国际贸易因素。国际贸易在金融市场波动传导中扮演着至关重要的角色。一国货币在国际市场上的竞争力通过汇率得以体现,这不仅反映了一

---

① 杨雪莱、张宏志:《金融危机、宏观经济因素与中美股市联动》,《世界经济研究》2012 年第 8 期。

国货币的国际购买力,同时也彰显了一国商品在国际市场中的竞争地位。中国依赖大豆进口,而美国和巴西等大豆主产国需要大规模地出口以缓解库存的压力。新冠疫情的暴发无疑为几方国际市场的大豆进出口贸易造成了困难,这必然会导致国际豆价的起伏。其次,金融政策因素。游家兴和郑挺国(2009)①的研究表明,中国金融自由化政策的实施加剧了中国金融市场与其他金融市场之间的联动效应。最后,投资者行为因素同样不容忽视,具体而言,消费者的投资心理预期对金融市场的联动性具有显著影响。在一些联系密切的金融市场中,会受信息同质化影响产生羊群效应,造成金融市场价格的同涨或同跌。

第四节　中美大豆价格传导实证分析

一、中美大豆期现货市场价格

（一）样本数据选择

本章选用 2018 年 1 月 2 日到 2023 年 1 月 13 日(即新冠疫情发生前后的时间段)的国内外大豆期现货市场价格时间序列数据开展实证分析。根据中美期货市场合约的对比,可知中美期货市场的交易日,会受中美节假日的差距存在不吻合的情况。同时,由于中美大豆期货市场的交易单位不相同,本章的中国的大连商品交易所大豆和美国的芝加哥期货交易所大豆数据单位分别采用元/吨、美分/蒲式耳。依据换算关系 1 美分/蒲式耳等于 0.36743 美元/吨,并结合人民币对美元的每日汇率,将相关单位统一转换为:元/吨。在 Wind数据库获取数据后,对数据进行筛选和单位统一处理,最终得到 1174 组有效数据进行实证分析。

---

① 游家兴、郑挺国:《中国与世界金融市场从分割走向整合——基于 DCC-MGARCH 模型的检验》,《数量经济技术经济研究》2009 年第 12 期。

（二）中美大豆期现货市场价格走势

本章收集了 2012 年至 2023 年的中美大豆期现货市场价格日度数据,作出中美大豆期现货市场价格走势图。如图 3-6 所示,近十几年来中美大豆市场价格总体上呈现上升的趋势,且两国现货市场价格均相对于期货市场价格的波动更为稳定。此外中美大豆期现货市场价格总体趋势较为一致,只是部分时期有着异样的呼应状态,说明中美期现货市场价格间存在某种内在联系,且可能会受到外部环境因素的影响发生变化。

（单位：元/吨）

图 3-6　2012—2023 年中美大豆期现货市场价格走势
资料来源:Wind 数据库。

新冠疫情发生后,美国的芝加哥期货交易所和中国的大连商品交易所大豆期货价格在 2020 年年底和 2022 年年初存在相反方向的波动,2020 年年底,大连商品交易所价格骤增,而芝加哥期货交易所价格变化较为平稳;2022年年初,大连商品交易所价格出现小的波峰,而芝加哥期货交易所价格对应呈现较大的波谷。

(三) 中美大豆期现货市场价格描述性统计

经过数据整理,我们获取了中美两国大豆期货与现货价格的时间序列数据,并借助 Eviews 计量软件对这些价格数据进行了描述性统计分析,结果如表 3-1 所示。在均值方面,国内大豆的期货与现货价格均高于美国对应的价格水平。而中国大连商品交易所的大豆期货价格均值达 4692.861 元/吨,明显高于美国芝加哥期货交易所的大豆期货价格的均值 2810.023 元/吨。这可能是由于所选大豆期货品种中标的物的品质差异所致。具体而言,中国黄大豆 1号期货合约的标的物为高品质的非转基因大豆,这类大豆通常具有较高的市场价格。在标准差方面,中国大豆的现货与期货价格均展现出较大的波动性,其中大连商品交易所的大豆期货价格波动最为显著,而芝加哥期货交易所的大豆期货价格则相对稳定。此外,根据 Jarque-Bera 统计量及其 P 值为 0 的结果,可以判断这 4 个时间序列均不符合正态分布。从偏度值来看,大连商品交易所的大豆期货价格偏度值为正,表明其序列分布呈左偏态;而中国大豆现货价格及芝加哥期货交易所大豆期货价格的偏度值均为正,表明它们的序列分布呈右偏态。再者,从峰度值分析,中美两国大豆的现货与期货价格的峰度值均小于 3,这表明这些时间序列的分布凸起程度低于正态分布,均呈现出厚尾特征。

表 3-1　中美大豆期现货市场价格描述性统计

统计项	芝加哥期货 交易所期货价	国际现货价	大连商品 交易所期货价	国内现货价
均值	2810.023	3060.249	4692.861	4364.374
中值	2413.172	2681.113	4806.000	4222.110
最大值	4357.450	4589.134	6486.000	5889.470

续表

统计项	芝加哥期货交易所期货价	国际现货价	大连商品交易所期货价	国内现货价
最小值	1990.535	2029.343	3048.000	3349.470
标准差	669.431	712.593	1173.377	889.228
偏度	0.652	0.550	−0.028	0.345
峰度	1.912	1.884	1.257	1.491
JB 统计量	139.900	147.573	147.573	133.665
P 值	0	0	0	0

二、大豆期现货市场价格传导的实证检验

(一) ADF 单位根检验

单位根检验用来检验数据的平稳性。为了避免出现"伪回归"的强开,在对时间序列数据进行建模分析前,需要进行平稳性检验。若时间序列存在单位根,则表明该时间序列不具备平稳性特征,因此有必要对数据进行进一步的协整检验,以确保实证结果的可靠性和有效性。笔者首先将指标变量进行命名,$X1$ 表示芝加哥期货交易所期货价、$X2$ 表示国际现货价、$X3$ 表示大连商品交易所期货价、$X4$ 表示国内现货价。本章利用 Eviews 软件对中美两国期货大豆价格的时间序列进行了平稳性检验,结果如表 3-2 所示。鉴于 4 个原始时间序列均展现出非平稳性特征,即均含有单位根,因此需对这些序列进行一阶差分处理,并随后再次进行 ADF(Augmented Dickey-Fuller)平稳性检验。第二次平稳性检验之后,四组序列均在一阶差分下平稳,所以它们为同阶单整,可开展下一步的协整检验。

表 3-2　大豆期现货价格序列平稳性检验结果

变量	ADF 值	1%临界值	5%临界值	10%临界值	P 值	平稳性
$X1$	−0.900	−3.440	−2.860	−2.570	0.788	不平稳

续表

变量	ADF 值	1%临界值	5%临界值	10%临界值	P 值	平稳性
$X2$	−0.810	−3.440	−2.860	−2.570	0.814	不平稳
$X3$	−1.360	−3.440	−2.860	−2.570	0.605	不平稳
$X4$	2.630	−2.570	−1.940	−1.620	0.998	不平稳
$X1$ 一阶差分	−35.700	−3.440	−2.860	−2.570	0	平稳
$X2$ 一阶差分	−33.970	−3.440	−2.860	−2.570	0	平稳
$X3$ 一阶差分	−34.300	−3.440	−2.860	−2.570	0	平稳
$X4$ 一阶差分	−33.510	−3.440	−2.860	−2.570	0	平稳

（二）多变量间 Johansen 协整检验

鉴于本实证研究涉及多个指标变量,故采用 Johansen 协整检验来探究变量间是否存在长期的均衡关系,该方法特别适用于多变量间的协整关系检验。在进行 Johansen 协整检验之前,首先需要构建一个向量自回归模型。由于 Johansen 协整检验对滞后期和检验形式的选择高度敏感,因此必须首先确定最优的滞后期数。考虑到向量自回归模型是无约束的,而 Johansen 协整检验则是有约束的,所以通常将 Johansen 协整检验的最优滞后期设定为向量自回归模型最优滞后期减 1。此外,本章运用信息准则法来确定向量自回归模型的最优滞后项。

表 3-3　向量自回归模型最优滞后阶数检验表

Lag	LogL	LR	FPE	AIC	SC	HQ
0	−33576.04	NA	2.33E+20	58.24812	58.26564	58.25473
1	−23289.76	20483.34	4.27E+12	40.43324	40.52084*	40.4663*
2	−23261.6	55.87958*	4.18E+12*	40.41215*	40.56983	40.5071
3	−23248.32	26.2753	4.20E+12	40.41685	40.64461	40.54841

根据表 3-3 所呈现的最优滞后阶数分析结果,可以确认向量自回归模型 (2)具备稳定性。因此,在进行 Johansen 协整检验时,我们将滞后阶数确定为 1 阶,即向量自回归模型滞后阶数减 1。

表 3-4　Johansen 协整检验结果

原假设 Hypothesized No.Of CE(S)	特征根	迹统计量	最大特征根统计量
0 个协整变量*	0.038	47.856	45.127
至多 1 个协整变量*	0.013	29.797	14.818
至多 2 个协整变量	0.010	15.495	11.859
至多 3 个协整变量	0.001	3.841	1.609

在确定了协整检验的最优滞后阶数为 1 之后,我们对 $X1$、$X2$、$X3$、$X4$ 四组时间序列数据进行了 Johansen 协整检验。根据表 3-4 中所示的迹统计量 (Trace Statistic)和最大特征根统计量(Max Eigenvalue Statistic)的检验结果,可以判断在 5% 的显著性水平下,这 4 个变量之间至少存在一组协整关系。基于此,我们可以初步推断国内外大豆期货价格与现货价格之间存在着长期的协整关系。

同时,我们得到如下的协整方程:

$$EC_{1,t-1} = X1_{t-1} - 0.0049X2_{t-1} + 1.174X3_{t-1} - 2.132X4_{t-1} + 1005.878_t$$

$$(3-3)$$

通过上述协整检验的分析,我们可以初步推断出研究选取的 4 个变量之间存在着长期的均衡关系,并且中美两国大豆市场间存在着价格传导效应。然而,为了评估各变量在短期受到冲击后恢复至均衡状态的能力,仍需借助向量误差修正模型进行更为深入的分析与研究。

(三) 误差修正模型的构建与分析

向量误差修正模型,是在向量自回归模型的基础上进行误差修正而构建的。因此,误差修正模型不仅继承了向量自回归模型从长期均衡视角分析时间序列数据的能力,还具备了从短期波动调整的角度探究时间序列间联动关系的优势。

前述分析已确定研究最佳滞后项为1,因此,本章采用原序列继续构建误差修正模型,实证结果见表3-5。

表3-5 误差修正模型回归结果

误差修正项	D(X1)	D(X2)	D(X3)	D(X4)
CointEq1	−0.001	−0.002	−0.005	0.008
	−0.003	−0.003	−0.004	−0.001
	[−0.367]	[−0.521]	[−1.269]	[6.738]
D($X1(-1)$)	−0.055	0.083	0.139	0.001
	−0.039	−0.038	−0.051	−0.016
	[−1.408]	[2.18]	[2.733]	[0.01]
D($X1(-2)$)	0.020	0.051	0.023	−0.028
	−0.039	−0.038	−0.051	−0.016
	[0.514]	[1.335]	[0.444]	[−1.749]
D($X2(-1)$)	0.040	−0.065	0.052	−0.003
	−0.040	−0.039	−0.052	−0.017
	[0.987]	[−1.656]	[1.000]	[−0.185]
D($X2(-2)$)	−0.028	−0.101	0.054	0.0120
	−0.040	−0.039	−0.052	−0.017
	[−0.702]	[−2.589]	[1.030]	[1.188]
D($X3(-1)$)	−0.008	−0.006	−0.010	0.020
	−0.023	−0.022	−0.030	−0.009
	[−0.342]	[−0.291]	[−0.330]	[2.110]
D($X3(-2)$)	−0.020	0.007	0.008	0.005
	−0.023	−0.022	−0.030	−0.009
	[−0.870]	[0.329]	[0.283]	[0.565]
D($X4(-1)$)	0.211	0.030	0.023	−0.003
	−0.071	−0.069	−0.092	−0.029

续表

误差修正项	D(X1)	D(X2)	D(X3)	D(X4)
	[2.970]	[0.442]	[0.249]	[-0.111]
D(X4(-2))	-0.091	-0.083	0.217	-0.031
	-0.071	-0.069	-0.093	-0.029
	[-1.284]	[-1.203]	[2.346]	[-1.058]
C	1.241	1.699	1.200	1.533
	-1.414	-1.372	-1.839	-0.580
	[0.878]	[1.239]	[0.653]	[2.643]

如表 3-5 所示,回归结果中针对每个变量的数值被分为三个部分,依次排列为:向量误差修正模型的参数估计值(即系数)、对应的标准误估计值以及 t 统计量。基于这些结果,我们可以推导出 4 个误差修正回归方程,其中 $EC_{1,t-1}$ 代表前文所得的协整方程(3-3):

1. 当因变量为 $X1$(芝加哥期货交易所期货价)时:

$\Delta X1 = -0.0011 \times EC_{1,t-1} - 0.0549 \times \Delta X1_{t-1} + 0.0201 \times \Delta X1_{t-2} + 0.0398 \times \Delta X2_{t-1} - 0.0283 \times \Delta X2_{t-2} - 0.0078 \times \Delta X3_{t-1} - 0.0198 \times \Delta X3_{t-2} + 0.2109 \times \Delta X4_{t-1} - 0.0914 \times \Delta X4_{t-2} + 1.2410 + e_{1t}$

2. 当因变量为 $X2$(国际现货价)时:

$\Delta X2 = -0.0015 \times EC_{1,t-1} + 0.0826 \times \Delta X1_{t-1} + 0.0507 \times \Delta X1_{t-2} - 0.0647 \times \Delta X2_{t-1} - 0.1011 \times \Delta X2_{t-2} - 0.0065 \times \Delta X3_{t-1} + 0.0078 \times \Delta X3_{t-2} + 0.0304 \times \Delta X4_{t-1} - 0.0830 \times \Delta X4_{t-2} + 1.6995 + e_{2t}$

3. 当因变量为 $X3$(大连商品交易所期货价)时:

$\Delta X3 = -0.0050 \times EC_{1,t-1} + 0.1386 \times \Delta X1_{t-1} + 0.0226 \times \Delta X1_{t-2} + 0.0523 \times \Delta X2_{t-1} + 0.0540 \times \Delta X2_{t-2} - 0.0099 \times \Delta X3_{t-1} + 0.0084 \times \Delta X3_{t-2} + 0.0230 \times \Delta X4_{t-1} + 0.2172 \times \Delta X4_{t-2} + 1.1999 + e_{3t}$

4. 当因变量为 $X4$（国内现货价）时:

$$\Delta X4 = 0.0084 \times EC_{1,t-1} + 0.0002 \times \Delta X1_{t-1} - 0.0281 \times \Delta X1_{t-2} - 0.0031 \times$$

$$\Delta X2_{t-1} + 0.0196 \times \Delta X2_{t-2} + 0.0199 \times \Delta X3_{t-1} + 0.0053 \times \Delta X3_{t-2} - 0.0032 \times$$

$$\Delta X4_{t-1} - 0.0309 \times \Delta X4_{t-2} + 1.5334 + e_{4t}$$

本章着重解释变量为 $X3$ 和 $X4$ 的情况。如表 3-5 所示,当大连商品交易所期货价短期的波动每偏离长期均衡状态 1%,该回归均衡状态所用的速度为 -0.5%/天;而国内大豆现货价短期波动每偏离长期均衡状态 1% 时,该变量回归均衡状态所用的速度为 0.84%/天。在向量误差修正模型中,当因变量设定为 $X3$（即大连商品交易所期货价格）时,该模型能够对大连商品交易所期货价格受国际大豆期货与现货价格以及国内大豆现货价格的短期波动规律进行深入的剖析和预测。从系数角度来看,大连商品交易所期货价格受到国内大豆现货价格的影响最为显著,其次则受到国际大豆期货与现货价格的正向影响,而其自身滞后二期的影响则相对微弱。同样的,当因变量为 $X4$（国内现货价）时,可对国内大豆现货价受国际大豆期现货价格和国内大豆期货价格的短期波动规律进行了分析和预测:系数上,国内大豆现货价格受芝加哥期货交易所期货价格影响最为显著,受大连商品交易所期货价格稍弱一些的影响,再是受国外大豆现货价格的微弱影响,以及国内大豆现货价格的负向影响。

在构建完误差修正模型后,需对其平稳性进行验证。当且仅当所有特征根均位于单位圆内时,该误差修正模型才被视为平稳。根据图 3-7 的展示,可以清晰地看到误差修正模型的所有特征根均落在了单位圆内,因此我们可以断定所建立的误差修正模型是一个稳定的系统。

鉴于误差修正模型已被证实为稳定系统,我们可以进一步探究变量之间的动态关系。考虑到研究中涉及的 4 个变量间关系错综复杂,因此我们将采用脉冲响应函数和方差分解的方法来深入分析。当误差修正模型遭受外生冲击时,这两种方法能够帮助我们理解模型中其他变量所受到的动态影响。

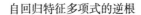

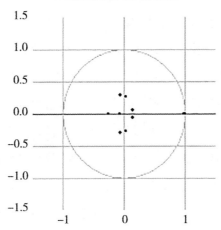

图3-7 误差修正模型特征根的几何分布

资料来源：笔者根据 Wind 数据库的大豆交易数据整理绘制。

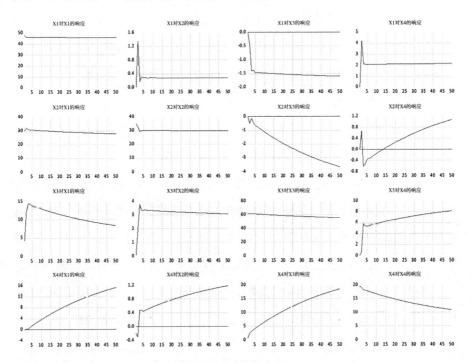

图3-8 脉冲响应图

资料来源：笔者根据 Wind 数据库的大豆交易数据整理绘制。

为了深入探究变量在长期趋势中的表现状态,本章对误差修正模型进行了全时段的考察,并进行了长达50期的脉冲响应分析。在图3-8中,每一行展示的是某个特定变量在不同冲击下的动态反应情况,而每一列则揭示了在同一冲击下不同变量的动态响应状况。通过分析脉冲响应图的第3行可知,大连商品交易所大豆期货价受到国际大豆期现货价格影响非常显著。在滞后3期左右,受芝加哥期货交易所期货价冲击响应值约为13,并开始随着滞后期数增加呈现下降的趋势;在滞后3期左右,受到国际现货价冲击影响,响应值约为3.8,随后也开始随着滞后期数增加呈现稳定下降趋势,并逐渐接近3。由第4行脉冲响应图可知,国内现货价格受到国际期现货价格影响呈现稳定增长态势。国内大豆现货价格在受到国际现货价格冲击的前期,冲击作用由负逐渐转正,并开始持续增长。

根据上述分析可以得出,就大豆现货价格而言,国内外市场之间的价格传导效应并不显著;而就大豆期货价格来说,国际期货价格对国内期现货价格的短期冲击反应并不明显,相反,国内期货价格则对国际期现货市场价格的短期波动表现出较为显著的响应。

下一步,我们对以上模型进行方差分解,来分析影响各变量,即4个大豆价格的时间序列,在受到冲击时对相互间影响的贡献度。

如图3-9所示,大连商品交易所大豆期货价格在第一期受自身影响接近100%,随后逐渐下降至95%,但仍保持在一个相当高的水平。在第一期,其他指标对大连商品交易所大豆期货价格的影响几乎为零。然而,在随后的时期里,相较于其他变量,芝加哥期货交易所大豆期货价格对大连商品交易所大豆期货价格产生了较为显著的正向影响,这种影响在第10期左右接近5%。长期看来,国内大豆现货价格对大连商品交易所大豆期货价格呈现微弱上升1%左右的影响,而国际大豆现货价几乎不对大连商品交易所大豆期货价格产生影响。

由图3-10所示,国内大豆现货价格在第一期几乎完全受自身的影响,其

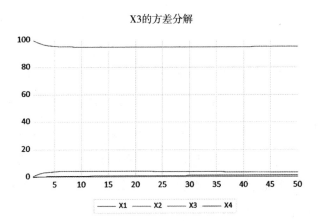

图 3-9　大连商品交易所期货价方差分解

资料来源:笔者根据 Wind 数据库的大豆交易数据整理绘制。

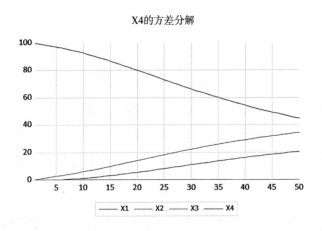

图 3-10　国内现货价方差分解

资料来源:笔者根据 Wind 数据库的大豆交易数据整理绘制。

自身的影响在后期不断弱化。在其他变量里,国际现货价格对其几乎不产生
影响,国内外期货价格均占据愈来愈高的影响份额。大连商品交易所期货价
格对国内大豆现货价格的影响越发显著,从初期0%,发展到第五十期的36%
左右;芝加哥期货交易所期货价格对国内大豆现货价格的影响同样于第五十
期升高至21%左右的水平。同时,大连商品交易所期货价格影响的增速略高
于芝加哥期货交易所期货价格。长远看来,国内外大豆期货价格对国内大豆

现货价格的影响会逐渐逼近乃至超过国内大豆现货价格对其自身的影响。

三、新冠疫情前后大豆市场价格对比

笔者将对 2018 年 1 月 2 日到 2023 年 1 月 13 日时间段的 4 个价格数据以 2020 年 1 月 20 日为时间节点,每个价格数据分为前后两个时间序列组。为了便于实证操作,前文实证过程中以 $X1$ 命名的芝加哥期货交易所期货价格,在后文的分时段实证分析中则将疫情前的芝加哥期货交易所期货价格时间序列数据命名为 $X1a$,疫情后的芝加哥期货交易所期货价格时间序列数据命名为 $X1b$,其他时间序列数据的处理方式以此类推。

(一) 新冠疫情对农产品市场的主要影响

2020 年初暴发的新冠疫情,不仅严重威胁了全球民众的健康安全,而且对各国的实体经济与贸易活动造成了广泛冲击,甚至导致部分领域陷入停摆状态。联合国相关机构更是发出警告,指出新冠疫情加剧了国际粮食价格的不确定性,并有可能引发全球粮食供应链的断裂。在同年举行的二十国集团农业部长特别会议上,时任中国农业农村部部长韩长赋提出了携手合作、共同维护农产品供应链稳定与粮食安全的倡议。

从农产品期现货市场和价格传导的角度来看,新冠疫情的全球化蔓延,给国内粮农行业造成了许多困难:首先,贸易全球化受到重创。新冠疫情的扩散使各国大量的实体企业、工厂为了应对生产经营的压力被迫停工停产,乃至裁员,这就导致世界各国的宏观经济均受到重创。全球经济衰退、政府采取的干预措施以及各国的自我保护策略,共同构成了阻碍世界贸易发展的多重壁垒,这对农产品的国际贸易无疑产生了显著冲击。此外,疫情还进一步加剧了全球粮食安全所面临的严峻挑战。多个国家存在粮食危机,尤其是中国大豆产业长期处于供不应求的状态,新冠疫情的暴发对中国粮食安全也有威胁,全球供应链受到考验。国际物流受到各个国家封控措施差异的影响,无法顺利进行,粮农产业链也不可避免地受到冲击。

(二) 单位根检验与协整检验

本章首先采用 ADF 检验对序列进行单位根检验。在新冠疫情发生前后的两个时间段内,所考察的 4 个价格序列均在一阶差分后的 ADF 检验中呈现出平稳性,表明它们均为同阶单整序列。因此,可以进一步进行协整检验。

根据前述实证分析的结果,我们发现大连商品交易所大豆期货价格与国内外大豆现货价格之间的联动性并不强,而国内大豆现货价格与国际大豆现货价格之间仅存在非常微弱的关联。尽管如此,其他变量间仍展现出一定的相互关联性。鉴于此,本章后续将以新冠疫情的暴发时间为界,划分出疫情前后两个时间段,并深入探究以下 4 组价格在这两个时间段内的协整关系:国内大豆现货价格与大连商品交易所大豆期货价格、国际大豆现货价格与芝加哥期货交易所大豆期货价格、国内大豆现货价格与芝加哥期货交易所大豆期货价格,以及国内大豆期货价格与芝加哥期货交易所大豆期货价格。

在进行协整检验之前,本章首先对 4 组数据的最优滞后阶数进行了判定,结果显示 4 组数据均适用于滞后 1 阶。基于此,对于这 4 组数据而言,构建向量自回归模型(1)是稳定的。为了更精确地验证序列数据之间的协整关系,我们采用了 EG 两步法进行分析:首先,通过相应的方法生成残差序列;随后,对该残差序列进行平稳性检验,以此来判断其是否存在协整关系。具体的残差序列 ADF 检验结果如表 3-6 所示。

表 3-6　残差协整检验表

变量	ADF 值	P 值	各显著性水平下的临界值		
			1%level	5%level	10%level
resid-X3aX4a	−2.143	0.031	−2.575	−1.942	−1.616
resid-X3bX4b	−2.442	0.014	−2.567	−1.941	−1.616
resid-X3aX1a	−2.049	0.039	−2.575	−1.942	−1.616

续表

变量	ADF 值	P 值	各显著性水平下的临界值		
			1%level	5%level	10%level
$resid-X3bX1b$	−2.186	0.028	−2.567	−1.941	−1.616
$resid-X2aX1a$	−2.945	0.003	−2.575	−1.942	−1.616
$resid-X2bX1b$	−2.863	0.004	−2.567	−1.941	−1.616
$resid-X4aX1a$	−1.551	0.113	−2.575	−1.942	−1.616
$\triangle resid-X4aX1a$	−16.263	0	−2.575	−1.942	−1.616
$resid-X4bX1b$	−2.914	0.004	−2.567	−1.941	−1.616

根据表 3-6 所示的协整检验结果,可以观察到,除 $X4a$ 与 $X1a$ 组合外的其他几组数据的残差序列均呈现出 P 值小于 0.05 的情况,表明这些序列不存在单位根,因此它们之间是协整的。而对于 $X4a$ 与 $X1a$ 组合,其残差序列虽存在单位根,但在进行一阶差分后的平稳性检验中,显示出了一阶单整的特性,这表明该序列数据之间存在 $(2,1)$ 阶的协整关系。综上所述,新冠疫情前后的全部 8 组时间序列价格数据均呈现出协整性,意味着它们之间存在着长期且稳定的均衡关系。

(三) 方差分解

通过新冠疫情前后价格序列数据在误差修正模型中方差分解的结果,可考察疫情冲击下一市场价格的变化对其他市场价格波动造成的影响及其影响的贡献度。

新冠疫情前,芝加哥期货交易所大豆期货价格主要受自身价格的影响。国际大豆现货价格受自身影响的比例逐渐变低(见图 3-11),从第五期开始逐渐趋近于 80%,而受芝加哥期货交易所大豆期货价格扰动所引起的部分逐渐增加至接近 20%。大连商品交易所大豆期货价格前期受自身影响的比例非常大,但在后期影响逐渐降低,在第十期低于 90%,而受国际大豆期现货价格

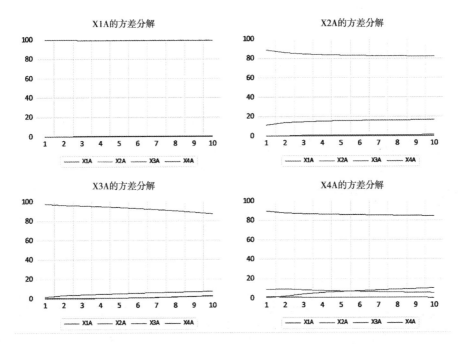

图 3-11　新冠疫情发生前国内外期现货价格方差分解

资料来源:笔者根据 Wind 数据库的大豆交易数据整理绘制。

的影响逐渐增加,受芝加哥期货交易所大豆期货价格的影响在第十期时接近
10%。国内大豆现货价格在第三期时受自身影响降至 83% 左右,随后持续在
高于 80% 的期间缓慢减少。值得注意的是,国内大豆现货价格在期初受国际
大豆现货价格的影响即为 10%,高于影响占比几乎为零的芝加哥期货交易所
大豆期货价格,但是在第六期之后,大连商品交易所大豆期货价格对国内大豆
现货价格的影响占比超越了国际大豆现货价格。

　　新冠疫情下,芝加哥期货交易所大豆期货价格同样主要受自身价格的影
响。国际大豆现货价格期初受自身和芝加哥期货交易所期货价格同等程度的
影响(见图 3-12),在第四期时却接近 58%,而受芝加哥期货交易所期货价格
影响比例逐渐降低至 42% 左右。大连商品交易所大豆期货价格前期受自身
影响的比例同样很大,但在后期逐渐降低至 93%,虽然受芝加哥期货交易所
期货价格的影响微弱,但相对其他因素较为显著,该影响逐渐增加至 7%。国

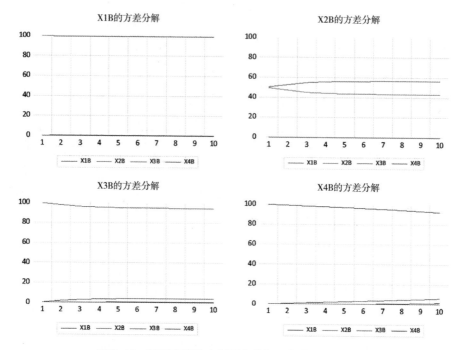

图 3-12　新冠疫情发生后国内外期现货价格方差分解

资料来源:笔者根据 Wind 数据库的大豆交易数据整理绘制。

内大豆现货价格受自身影响呈现逐渐下降的趋势,受大连商品交易所期货价格和芝加哥期货交易所期货价格的影响比较微弱,但也呈现逐期扩大的趋势,相较于其他价格的影响,受大连商品交易所期货价格影响的比例较高。

(四) 脉冲响应函数

鉴于对疫情前后数据的单位根检验表明,两系统呈现稳定状态,本章进行脉冲响应分析。相比于全时段数据,分时段数据偏短期,且为了更细致地观测价格传导效应在新冠疫情暴发短期内发生的变化,我们的脉冲响应函数采取十期的观测数据。

如图 3-13 所示,国际大豆现货价格在疫情前后受芝加哥期货交易所价格变化的波动幅度较为一致,但是在疫情后国际大豆现货价格受芝加哥期货交易所价格波动的影响更剧烈。以第一期为例,疫情前国际大豆现货价格在

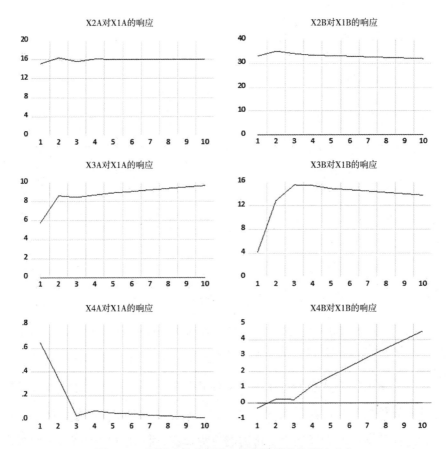

图 3-13　新冠疫情前后国内外期现货价格脉冲响应

资料来源:笔者根据 Wind 数据库的大豆交易数据整理绘制。

芝加哥期货交易所价格变动第一期的响应值为 15,而疫情后的响应值为 33。大连商品交易所大豆期货价格在疫情前受芝加哥期货交易所期货价格第一、二期的冲击时,反应迅速,响应值由 5.8 迅速增至 8.6,而从第三期开始呈现相对缓慢的增长;疫情发生后(相比疫情发生前),大连商品交易所大豆期货价格受芝加哥期货交易所期货价格变化的冲击相应更加剧烈,在第一期到第三期陡坡式由 4.1 增至 15.5,在第三期后响应则逐渐变得缓慢,响应值呈现下降趋势。国内现货价格在疫情前受芝加哥期货交易所期货价格的影响微弱,在疫情发生后受芝加哥期货交易所期货价格波动的响应程度逐渐增加。

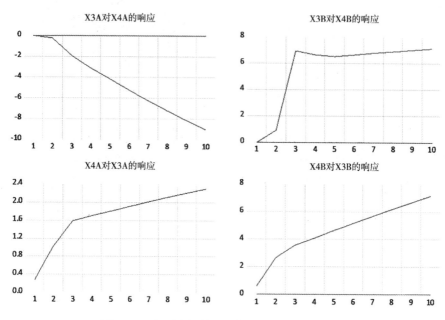

图3-14　新冠疫情前后国内期现货价格脉冲响应

资料来源:笔者根据 Wind 数据库的大豆交易数据整理绘制。

比较完国际两个市场间变量价格的相互影响后,接着对比国内大豆期现货市场价格间受彼此影响的波动变化。疫情发生前,国内大豆现货价格对大连商品交易所大豆期货价格的响应为负值;而在疫情发生后,呈现国内大豆现货价格的波动造成大连商品交易所期货价格较为迅速的反应,大连商品交易所期货价格变化到第三期时,国内大豆现货价格响应值猛烈从 0 增至6.9,达到一个短期内的最高值,之后随着时间的推移逐渐缓慢增加。同时,也可以从图3-14中观测到,在疫情发生前后,国内大豆现货价格受大连商品交易所大豆期货价格的冲击都有非常灵敏的响应,且会在猛烈响应后,随着时间推移缓慢增强。值得注意的是,在疫情发生后,大连商品交易所大豆期货价格的冲击造成国内大豆现货价格相较于疫情发生前更迅速且更大的响应:疫情发生前响应值在第三期达到一个增长的转折点,响应值为 1.59;而在疫情后,响应值在第二期就可以达到响应值为 2.6 的增长转折点。

第五节　研究启示

一、简要小结

本章主要采用向量误差修正模型,并结合基于该模型的方差分解和脉冲响应函数分析,深入探究了国内外大豆期货市场与现货市场之间的价格传导机制,以及新冠疫情这一重大事件对国内外期现货市场价格传导关系所产生的影响及变化。以下是研究的主要结论。

(一) 中美期现货市场价格存在均衡关系

在对全时段及分时段的数据进行单位根检验时,结果均显示数据为非平稳状态。然而,当对这些数据进行一阶差分处理后,序列数据呈现出一阶单整的特性。基于这一发现,我们随后进行了协整检验,以进一步判断每组序列之间是否存在长期且稳定的均衡关系。

协整检验的结果表明,无论是在全时段还是在分时段的两个样本区间内,多个价格数据均呈现出协整关系,这有力地证明了中美大豆期货与现货价格之间存在着一种均衡状态,并且从长期来看,它们还展现出共同的变化趋势。这一发现从侧面反映出,经过多年的发展与完善,中国大豆期货市场与美国大豆期货市场之间的联系已经变得日益紧密,并且逐渐形成了一种价格自我约束的机制。

(二) 国内大豆期货价格向大豆现货价格单向传导

根据全时段数据的实证结果可以得出,国内大豆期货价格向大豆现货价格单向传导。国内大豆现货价格短期波动偏离长期均衡状态时,自身调整速度较快。经过波动响应分析,发现国内大豆现货价格受自身冲击的影响,且随着响应期数的推移而变得越来越小。同时,响应时间越长,国内大豆现货价格受大连商品交易所大豆期货价格和国际大豆期现货价格冲击的反应会更加剧烈。从方差分解结果中亦可以得出相同的结论。另外,通过方差分解结果预测出国内大豆现货价格对自身的影响长期来看会被国内外大豆期货价格的影响所侵蚀。大连商品交易所大豆期货价格短期波动偏离长期均衡状态时,自身调整速度较慢。波动响应分析的结果显示,芝加哥期货交易所大豆期货价格的波动在短期内会对大连商品交易所大豆期货价格产生较为显著的影响。同时,大连商品交易所大豆期货价格对于国内外大豆现货价格的波动表现出相对微弱的响应。进一步地,方差分解的结果也支持了这一发现,即大连商品交易所大豆期货价格主要受其自身以及芝加哥期货交易所大豆期货价格的影响,而几乎不受国内外大豆现货价格的显著影响。

(三) 国际期现货市场传导方向未发生变化

根据对分时段数据的实证分析结果,我们可以得出以下结论:国际期现货市场的传导方向保持一致,但值得注意的是,国际大豆现货价格对芝加哥期货交易所大豆期货价格变动的敏感性有所增强。具体而言,国际大豆市场呈现出从期货价格向现货价格单向传导的特征。在新冠疫情前,国际大豆现货价格主要受到其自身因素的驱动;而新冠疫情暴发后,国际大豆现货价格则更多地受到芝加哥期货交易所大豆期货价格的影响,且这两者的影响力趋于均衡。然而,脉冲响应函数的分析进一步揭示,由于新冠疫情引发的国际金融市场动荡,加剧了国际化资本流动的不确定性,这导致新冠疫情期间,芝加哥期货交易所大豆期货价格的短期波动对国际大豆现货价格产生了更为剧烈的冲击效应。

(四) 疫情下国内期现货市场价格对芝加哥期货交易所期货价格变化的反应更灵敏

方差分解结果表明,在新冠疫情前后,大连商品交易所大豆期货价格均主要受到其自身价格变动的显著影响,同时,也受到了芝加哥期货交易所大豆期货价格较为微弱的影响。这表明两者之间存在一种单向的传导关系,即芝加哥期货交易所大豆期货价格向大连商品交易所大豆期货价格传导。脉冲响应函数的分析结果表明,新冠疫情下大连商品交易所大豆期货价格对芝加哥期货交易所大豆期货价格变化的响应相较疫情发生前更加剧烈。此外,方差分解结果发现,疫情前后国内大豆现货价格主要受自身价格变化的影响,在疫情发生前受到国际大豆现货价格的影响且几乎不受芝加哥期货交易所大豆期货价格的影响,在疫情下却几乎不受国际大豆现货价格的影响,但受芝加哥期货交易所大豆期货价格的微弱影响。脉冲响应结果也表明,国际大豆现货价格在疫情后受到芝加哥期货交易所价格波动影响的反应更加剧烈。

（五）疫情下国内大豆现货市场价格对大连商品交易所期货价格变化的反应更灵敏

国内市场中,大豆期货价格向大豆现货价格单向传导。方差分解结果表明,新冠疫情发生前后大连商品交易所大豆期货价格都几乎不受国内大豆现货价格的影响,而国内大豆价格都受到大连商品交易所大豆期货价格的微弱影响。在脉冲响应结果中二者的价格传递关系表现得较为明显,且在疫情发生前后存在较大的差异。疫情发生前,国内大豆现货价格对大连商品交易所大豆期货价格的响应为负值,而在疫情发生后,呈现国内大豆现货价格的波动造成大连商品交易所期货价格较为迅速的反应。同时,疫情发生后,国内大豆现货价格对大连商品交易所大豆期货价格的变化呈现非常迅速且剧烈的响应。

二、政策启示

（一）政策制定者强化期现货市场建设

1. 完善大豆相关市场的信息预警机制与信息发布体系显得尤为重要

本章揭示,国内外大豆期货与现货市场之间均存在着价格传导机制,并且当遭受外部事件冲击时,这种价格传导效应会发生相应的变化。因此,需要通过紧密关注期现货市场的大豆供求及价格变化强化大豆相关市场信息预警机制。还需要建立一个权威平台发布相关信息,以帮助企业和投资者进行市场分析并展开交易。由此确保在应对突如其来的外部冲击时,可以一定程度上抑制羊群效应的发生,并保证市场价格在一定程度上的稳定。

2. 优化大豆进口结构

中国的大豆在全球市场上还没有形成统一的定价体系,国内需求的满足仍然主要依靠进口。中国应扩大大豆进口渠道,特别是加强与共建"一带一路"国家的合作,并借助共建国家的农产品资源优势,扩大与各国的农产品贸易,缓解中国在重大危机情况下大豆的进口压力,化解"高垄断"型进口的风险。

3. 推动大豆期货市场的国际化发展

中国大豆期货市场的国际化发展主要可以从以下几个方面努力:一是产品的国际化,二是制度的国际化,三是参与者的国际化。中国农产品期货市场的活跃程度和成熟程度还比较有限,而且期货市场与现货市场之间的联系也不密切,这极大地制约了我们在国际价格中的话语权。所以,有关部门通过推动期货市场的国际化发展,让期货市场变得更接近现货市场,这样才能吸引更多的投资者参与进来,让期货市场的活力得到提升。

(二) 大豆产业链参与者主动依靠政策资源

根据前述实证研究结果,重大事件(如新冠疫情)对农业价格产生了显著波动,并且改变了不同市场价格间的传导机制。为有效应对和缓解突发事件所带来的冲击,大豆生产者应当依托科技进步,优化其生产与管理流程,提高效率,并主动利用期货市场进行风险管理,诸如实施套期保值策略,以实现对冲风险、减轻不可预见因素导致的损失。同时,大豆产业链中的各相关企业应积极响应国家科技创新政策的导向,不断推进符合政策导向的产业升级转型,提升大豆深加工行业的整体技术水平,旨在有限的大豆资源条件下实现最大化的利用效益。

(三) 大豆期货投资者多手理智投资降低风险

在期货市场中,参与者不仅包括了大豆产业链上的各相关主体,还涵盖了金融市场中的投机性投资者。毫无疑问,在期货市场中,风险与机会是共存的。投资者应该综合对期货市场与现货市场与国内外新闻动向等因素的全面分析,进行理性投资,避免盲目跟风。同时,为了减少类似像新冠疫情的具有持续性的、重大的意外事件所造成的损失,投资者可以在同一时间内做多个期货交易,以避免损失。在风险预警上,还应该及时关注国际上主要物价指数的动态,这样才能及早地捕捉到这些信号,进而采取相应的措施以降低投资风险。

第四章　玉米贸易的交易安全研究

——基于汇率路径的价格传导

国际粮价波动对粮食安全产生重要影响,因为国际粮食价格的变化会传导至国内的粮食市场(陶亚萍等,2023)①,而国内粮价的剧烈波动必然给粮食安全带来挑战。从国际层面看,国际谷物理事会的数据显示,国际玉米价格指数②从 2019 年 9 月 5 日的 157 上涨至 2022 年 3 月 11 日的 390,扩大了 1.48 倍。联合国粮食及农业组织与其他相关机构共同发布的《2024 年世界粮食安全和营养状况》报告③明确指出,2023 年全球约有 7.33 亿人口面临饥饿问题,相较于 2019 年,这一数字增加了约 1.52 亿;相当于全球每 11 人中就有 1 人食不果腹,非洲每 5 人中就有 1 人面临吃饭难问题。全球 39 个国家约 3500 万人处于严重饥饿状态(联合国粮食及农业组织等,2023)。④ 从国内层面看,

---

① 陶亚萍、顾雨辰、蒋海棠:《国际粮价对我国粮食贸易安全的影响路径及对策研究》,《农业经济问题》2023 年第 9 期。

② 国际谷物理事会的谷物和油籽价格指数(Grain and Oilseeds Index,GOI)(日度)以 2000 年 1 月为 100,数据来源于国际谷物理事会网站,见 https://www.igc.int/en/markets/marketinfo-goi.aspx。

③ 联合国粮食及农业组织(粮农组织)、国际农业发展基金(农发基金)、联合国儿童基金会(儿基会)、联合国世界粮食计划署(粮食署)和世界卫生组织(世卫组织)联合编写:《2024 年世界粮食安全和营养状况》,2024 年。

④ 联合国粮食及农业组织等:《2023 年世界粮食安全和营养状况:贯穿城乡连续体的城市化、农业粮食体系转型健康膳食——概要》,罗马:粮农组织,2023 年。

大连商品交易所和东方财富 Choice 数据库的资料表明,受国际粮价急速上涨的影响,国内玉米现货价格从 2019 年 12 月的 1810 元/吨上涨至 2022 年 8 月的 2828 元/吨,提高了 56.24%。

那么,国际玉米现货价格的波动如何传导至中国市场? 现有研究主要从贸易路径、期货路径、能源路径三个维度探讨国际粮价对国内粮价的传导机理。除此之外,是否还有其他传导路径? 本章聚焦于中国大规模进口的玉米产品,采用向量自回归模型作为分析框架,并结合格兰杰(Granger)因果关系检验、脉冲响应函数分析以及方差分解技术,系统性地探究国际玉米现货价格经由汇率渠道对国内玉米现货价格所产生的非对称性传导效应,从而廓清玉米价格从国际现货价格—进口价格—国内现货价格的传导机制,为国家对玉米价格进行宏观调控和风险防范提供依据,也为推进国内粮价稳定、保障国家粮食安全提供政策参考。

第一节　玉米价格传导的文献述评

近年来,国际粮价的剧烈波动引起了学术界的广泛关注,学者们采用多种实证方法,分别从不同的路径和表现形式入手,探讨国内外玉米等粮食产品价格的传导效应。

一、价格传导路径

(一) 贸易路径

李喜贵(2021)[①]指出,中国玉米等农产品进口激增,国内外玉米价格联动性增强,需警惕国际玉米市场价格波动对国内市场的传导。罗鹏飞和塔

---

① 李喜贵:《警惕国际玉米市场价格波动对国内的传导》,《粮食问题研究》2021 年第 4 期。

纳卡（Luo 和 Tanaka，2021）①认为，粮食的价格通过进口从国际市场传导至国内市场，国内粮食零售价格的波动与国际价格波动呈正相关关系。庄丽娟等（2020）②的研究表明，国际玉米价格通过进口直接渠道与进口产品成本渠道的传导效应并不显著。具体而言，国际玉米价格虽能影响玉米的进口价格，然而其对于国内玉米价格以及国内玉米淀粉价格的影响却相对微弱。此外，国际玉米价格经由进口替代路径的传导作用同样呈现出不充分的特点。

（二）期货路径

佩诺内等（Penone 等，2022）③通过考察玉米期货价格与现货价格之间的传递，发现芝加哥期货交易所或泛欧交易所的全球玉米期货价格与欧盟成员国的玉米现货价格之间存在长期的传导关系。赛义德和奥雷特（Sayed 和 Au-ret，2020）④针对南非期货市场的分析发现，南非地区白玉米、黄玉米等粮食期货价格之间存在显著的依赖性和波动性，且粮食期货与货币期货、股票期货之间的相互关系随着时间的推移而变化。刘璐和张帮正（2022）⑤认为，由金融化引致的国际农产品价格异动对国内价格具有重要影响，且该影响在不同产品、不同市场状态下及不同时期的差异显著。郁纪树和刘禹彤（2020）⑥的研

---

① Luo，P.，Tanaka，T.，"Food Import Dependency and National Food Security：A Price Transmission Analysis for the Wheat Sector"，*Foods*，Vol.10，No.8，2021.

② 郑旭芸、隋博文、庄丽娟：《进口贸易视域下国际粮价对国内粮价的传导路径——来自玉米和大豆的证据》，《中国流通经济》2020 年第 5 期。

③ Penone，C.，Giampietri，E.，Trestini，S.，"Futures-spot Price Transmission in EU corn Markets"，*Agribusiness*，Vol.38，No.3，2022，pp.679-709.

④ Sayed，A.，Auret，C.，"Volatility Transmission in the South African White Maize Futures Market"，*Eurasian Economic Review*，Vol.10，No.1，2020，pp.71-88.

⑤ 刘璐、张帮正：《金融化作用下国际农产品价格异动对中国农产品价格的影响——基于非线性视角的分析》，《农业经济问题》2022 年第 8 期。

⑥ 郁纪树、刘禹彤：《贸易战背景下中美两国农产品期货价格与波动传导机制研究——以玉米、大豆期货为例》，《时代金融》2020 年第 16 期。

究发现,中美玉米期货在短期内具有相互影响关系,玉米期货在中美贸易摩擦开始后由中国市场占据优势地位,但波动溢出效应有所减弱。

(三) 能源路径

刘新宇和王亚楠(Liu 和 Wang,2022)①运用多元线性回归分析,发现国际油价对玉米价格产生显著的影响。吴峰等(Wu 等,2011)②的研究认为,当乙醇—汽油消费率超过临界水平时,原油价格正向波动溢出传递到玉米价格,玉米价格的波动主要由能源驱动。卡特拉基利迪斯等(Katrakilidis 等,2018)③的研究表明,在长期和短期范围内,玉米价格与原油、乙醇、生物柴油价格之间存在强相关性。周金城和黄志天(2020)④的研究指出,在长期均衡条件下,国内玉米价格与能源产品(包括国际生物乙醇、国际石油及生物柴油等)的价格之间存在相关性;在短期内,国际石油价格对国际玉米价格的波动产生显著影响。

二、价格传导形式

(一) 传导的速度和程度

乐姣等(2021)⑤发现,国内外玉米价格存在长期稳定的均衡关系,长期内国际玉米价格对国内玉米价格进行持续稳定的正向传导,但短期内国内外玉

---

① Liu,X.,Wang,Y.,"Influence of Oil Price on Corn Price Based on Multiple Linear Regression Model",*Innovative Computing*,Vol.791,2022,pp.909-916.

② Wu,F.,Guan,Z.,Myers,J.R.,"Volatility Spillover Effects and Cross Hedging in Corn and Crude Oil Futures",*The Journal of Futures Markets*,Vol.31,No.11,2011.

③ Katrakilidis,C.,Kourti,K.,Athanasenas,A.,"The Dynamic Linkages between Energy, Biofuels and Agricultural Commodities' Prices",*Applied Economics Quarterly*,2018.

④ 周金城、黄志天:《国际石油、生物燃料价格波动对我国粮食价格的影响》,《农业经济》2020 年第 2 期。

⑤ 乐姣、曲春红、李辉尚:《国内外玉米价格传导关系影响研究——基于收购政策市场化改革背景》,《中国农业资源与区划》2021 年第 3 期。

米价格存在线性调整关系,国际玉米价格对国内玉米价格进行单向传导。福塞基斯等(Fousekis 等,2016)[①]提出,在农产品市场中,价格传导速度在短期内的非对称性较为常见,而价格传导程度在长期内的非对称性则更为突出。通过实证检验发现,农户零售价格对批发价格的传导存在长期非对称性;而批发价格对零售价格的传导则具有短期非对称性与长期非对称性,即传导的速度与程度都存在非对称性。

(二) 传导的空间和方向

金尼坎(Kinnucan,2022)[②]强调农产品价格传导在水平和垂直方向上都有可能发生,传导的效应可正可负,但不能排除贸易或营销成本在传导中的作用,否则容易产生偏误。阿拉姆和贾(Alam 和 Jha,2021)[③]针对孟加拉国粮食市场的垂直价格传导研究发现,下游价格对上游价格涨幅的反应速度远快于对上游价格跌幅的反应速度。斯瓦尼泽和格茨(Svanidze 和 Götz,2019)[④]对俄罗斯粮食市场进行研究表明,相对于美国玉米市场,俄罗斯粮食市场在交易环节中面临着较高的贸易成本,限制了市场中各地区商品价格的快速调整,导致空间市场效率的降低,市场整合程度亦受到制约。

综上,针对国内外玉米价格的传导,学者们从期货路径、能源路径角度的探究较多,而对金融路径,尤其是汇率路径的研究尚不充分。针对不同表现形式的玉米价格传导,理论框架和实证工具多基于垂直传导路径构建,对空间传导

[①] Fousekis,P.,Katrakilidis,C.,Trachanas,E.,"Vertical Price Transmission in the US Beef Sector:Evidence from the Nonlinear ARDL Model",*Economic Modelling*,Vol.52,2016,pp.499–506.

[②] Kinnucan,H.W.,"A Note on the Correspondence between Horizontal and Vertical Price Transmission",*Journal of Agricultural Economics*,Vol.73,No.3,2022.

[③] Alam,M.J.,Jha,R.,"Vertical Price Transmission in Wheat and Flour Markets in Bangladesh:An Application of Asymmetric Threshold Model",*Journal of the Asia Pacific Economy*,Vol.26,No.3,2021,pp.574–596.

[④] Svanidze,M.,Götz,L.,"Spatial Market Efficiency of Grain Markets in Russia:Implications of High Trade Costs for Export Potential",*Global Food Security*,Vol.21,2019,pp.60–68.

路径的研究较为薄弱(吴家治和郑宇,2022)①。考虑到国内外粮价的波动直接关乎国家粮食安全,玉米已构成中国农产品价格稳定中的"锚"产品(曾寅初等,2019)②,本章选用玉米价格数据构建了向量自回归模型,并运用格兰杰因果关系检验、脉冲响应函数分析以及方差分解等技术手段进行深入探讨,重点从汇率路径廓清国际玉米现货价格传导至玉米进口价格,进而传导至国内玉米现货价格的传导机制,为把握国内外玉米现货价格的传导规律、保障国家粮食安全提供参考。

第二节　国内外玉米价格波动状况

一、国际玉米价格波动

　　总体上,国际玉米价格呈现明显的波动特征。国际谷物理事会的谷物和油籽价格指数③显示,国际粮价总体上波动式上涨,尤其是进入 21 世纪以来,国际粮价出现了 3 次高峰(宋海英和姜长云,2023)④。国际玉米价格的峰值分别在 2008 年、2011 年和 2022 年。如果将价格的波动分为上升期和下降期,国际玉米价格的上升期有:2000 年 1 月—2008 年 6 月、2009 年 1 月—2011 年 6 月、2019 年 10 月—2022 年 3 月 3 个阶段;国际玉米价格的下降期有:2008 年 7 月—2008 年 12 月、2011 年 7 月—2019 年 9 月、2022 年 4 月至今 3 个阶段(见图 4-1)。当前阶段,国际玉米价格处于下降的过程之中,但仍不乏反弹式波动的可能。

---

　　①　吴家治、郑宇:《我国玉米价格波动及价格传导机制研究》,《中国林业经济》2022 年第 2 期。

　　②　全世文、毛学峰、曾寅初:《中国农产品中价格稳定的"锚"是什么?》,《中国农村经济》2019 年第 5 期。

　　③　国际谷物理事会的谷物和油籽价格指数(日度)以 2000 年 1 月为 100,数据来源于国际谷物理事会网站,见 https://www.igc.int/en/markets/marketinfo-goi.aspx。

　　④　宋海英、姜长云:《乌克兰危机对全球化肥供求格局的影响及中国的应对》,《农业经济问题》2023 年第 7 期。

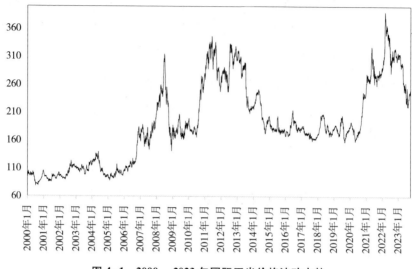

图 4-1 2000—2023 年国际玉米价格波动走势

注:国际谷物理事会的谷物和油籽价格指数日度数据以 2000 年 1 月为 100。
数据来源:国际谷物理事会数据库。

具体而言,国际玉米现货价格呈现"U"型波动特征。Wind 数据库的日度数据显示,2011 年以来,国际玉米现货价格的两个高点出现在 2012 年 7 月 23 日和 2022 年 4 月 19 日,价格峰值分别为 9.05 美元/蒲式耳和 9.06 美元/蒲式耳;国际玉米现货价格的低点出现在 2017 年 8 月 31 日,为 3.49 美元/蒲式耳(见图 4-2)。

二、国内玉米价格波动

首先,国内玉米价格呈现明显的上涨态势。联合国粮食及农业组织的粮食生产者价格(见图 4-3)表明,中国玉米的生产者价格表现出波动性上涨的特征。玉米的生产者价格从 1991 年的 80.8 美元/吨升高至 2021 年的 431.5 美元/吨[①],扩大了 4.34 倍。联合国粮食及农业组织以 2014—2016 年为 100

---

① 联合国粮食及农业组织数据库的生产者价格数据为年度数据,从 1991 年开始,截至 2023 年 10 月仅能查到 2022 年的数据。

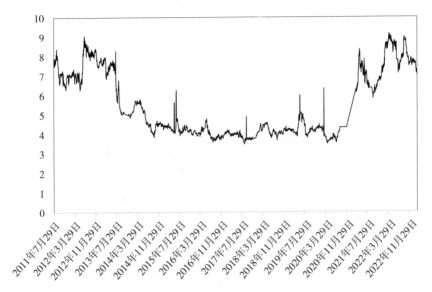

图 4-2　2011—2022 年国际玉米现货价格走势

注:价格单位为美元/蒲式耳。

数据来源:Wind 数据库。

的粮食生产价格指数显示,中国玉米的生产价格指数从 1991 年的 18.01 提高至 2022 年的 131.54①,扩大了 6 倍多(见图 4-3)。

以上年同期为 100 的国家统计局的数据(见图 4-4)同样显示,国内玉米的生产价格在上涨。虽然部分年份的部分季度,中国玉米的生产价格指数表现出低于 100 的特点,但在大部分年份的绝大多数季度,玉米的生产价格指数均在 100 以上,表明中国玉米的生产价格呈现上涨态势(见图 4-4)。

其次,国内玉米现货价格呈现"V"型波动特征。自 2011 年以来,中国玉米的现货价格经历了一个先下跌后反弹的过程(见图 4-5),整体趋势与国际玉米市场的现货价格波动相似。大连商品交易所的数据显示,中国玉米现货价格在 2017 年 2 月 21 日触底(仅有 1468.25 元/吨),之后逐渐反弹,至 2021

---

①　联合国粮食及农业组织数据库的生产价格指数数据为年度数据,从 1991 年开始,截至 2023 年 10 月仅能查到 2022 年的数据。

年 3 月 2 日达到 2925 元/吨的峰值,价格扩大了近 1 倍。

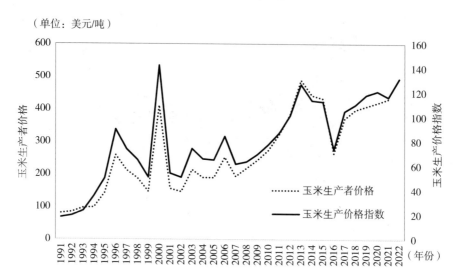

图 4-3　1991—2022 年中国玉米生产价格及价格指数

数据来源:联合国粮食及农业组织统计数据库。

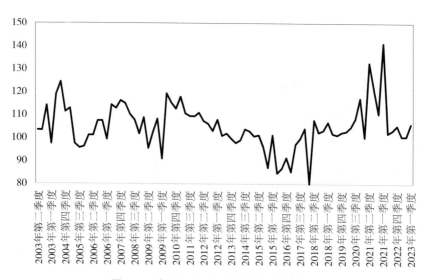

图 4-4　中国玉米生产价格指数波动态势

数据来源:国家统计局。

（单位：美元/吨）

图 4-5　2011—2022 年中国玉米现货价格走势

数据来源：大连商品交易所。

第三节　汇率路径下国内外玉米价格非对称传导机理

汇率路径的传导是指货币汇率的变化对国际市场的商品价格产生影响，从而对国内市场的商品价格产生传递效应。国内外粮价的变动会通过汇率的变化进行传导，当汇率升高时，国际粮价下降，导致国内粮价上升，进而导致国际市场的需求和供应发生变化。这样，国内外粮价通过汇率路径进行传导，最终形成一个非对称的传导过程。国内外粮价通过汇率路径的传导，涉及购买力平价理论和利率平价理论。

根据购买力平价理论，两个国家的货币汇率应与其物价的比率相符。也就是说，在同一时刻，当两国包含同样商品种类的商品相对价格不一致时，货币汇率就会发生变化，从而促进国际贸易的平衡与公正。在粮价的传导中，如果某国的粮食价格上涨,它的国际汇率也会提高。因为随着粮价的上涨,该国货币的购买力将下降,导致外资从该国撤离,汇率升值。

利率平价理论认为,同种货币的利率应该相等。在粮价传导过程中,如果某国的粮价上涨,它的货币利率也将上升。因为当粮价上涨时,该国的货币需求量会增加,而货币的供给量短期内不会发生变化,进而导致货币市场出现供需紧张,货币利率上升。

在购买力平价理论与利率平价理论中,尽管影响汇率的因素不同,但它们都认为货币汇率的变化主要是由物价水平和利率差异引起的。通过购买力平价和利率平价的作用,随着国际市场粮食价格的波动,汇率也会随之出现变动,从而达到国际市场粮价对于国内市场粮价变动的传导。这种汇率路径的传导方式是国际市场对国内市场粮价的一种非对称传导。汇率传导路径下国内外粮价的传导过程如下:

首先,影响国际市场:汇率波动直接关联货币的比价关系,进而影响商品的价格。当本币升值时,其能购买更多的外币,导致同样数量的贸易商品可以用更少的本币购买,进而导致国际市场上货币价格的变化。因此,货币汇率的变化对于国际市场的商品价格产生重要影响。

其次,影响进出口贸易:汇率的变化直接影响进出口贸易,因为商品的价格由货币汇率决定,当货币的汇率发生变化时,进口和出口商品的价格会上涨或下跌。当本币升值时,本国商品的价格相对于国外商品就会变高,导致本国的出口量下降,进口量上升,反之亦然。

最后,影响国内市场:汇率的变化不仅影响进出口贸易,还会间接影响国内市场。国际商品价格的变化直接影响国内同类商品价格的变化,从而影响商品的供给和需求。当国际市场商品的价格上涨时,国内市场同类商品的价格也将上涨,导致商品的供给量增加,需求量下降,从而影响国内市场的稳定。

第四节　国内外玉米价格非对称
传导实证检验

本书先考察国内外玉米现货价格的关联程度,再进行国内外玉米现货价格传导的实证分析。

一、国内外玉米价格波动的关联性分析

在 2011—2022 年间,国内外玉米现货价格存在一定的关联性,并且经历了较大幅度的波动过程。如图 4-6 所示,在 2011—2013 年期间,国内外玉米现货价格同步上涨。其中,2012 年美国玉米种植面积缩减,干旱致使玉米产量下降,导致国际玉米市场价格的急剧上涨,国内玉米市场价格也相应上涨;2013—2016 年期间,国际玉米市场逐渐恢复供给,加上中国玉米进口量的减

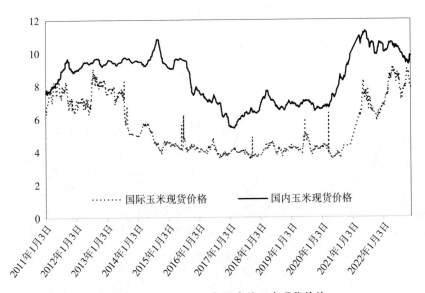

图 4-6　2011—2022 年国内外玉米现货价格

数据来源:Wind 数据库、大连商品交易所。

少,导致国际和国内玉米价格都呈下跌态势;进入 2018 年以来,由于中国玉米产量的降低,加上消费需求的增加,使得国内玉米价格不断上涨;2020—2022年,国内玉米的供给和需求出现矛盾,国内玉米价格不断攀升。

为了考察国际玉米现货价格与国内玉米现货价格的相关程度,笔者选取皮尔逊相关系数对国内外玉米现货价格进行测算,皮尔逊相关系数的公式(郭子雪等,2023)[1]如下:

$$r_{xy} = \frac{1}{n} \sum_{i=1}^{n} (z_x)_i (z_y)_i$$

$$= \frac{1}{n} \sum_{i=1}^{n} \frac{x_i - \bar{x}}{\sqrt{\frac{1}{n} \sum_{i=1}^{n} (x_i - \bar{x})^2}} \frac{y_i - \bar{y}}{\sqrt{\frac{1}{n} \sum_{i=1}^{n} (y_i - \bar{y})^2}} \quad (4-1)$$

式(4-1)中,r_{xy} 代表国际玉米现货价格(x)与国内玉米现货价格(y)之间的皮尔逊相关系数,而 $\bar{x}$ 和 $\bar{y}$ 则分别代表国际玉米现货价格与国内玉米现货价格的平均值,i 表示当期,n 表示所有的期数。

表 4-1　皮尔逊相关系数代表的相关程度及方向

序号	皮尔逊相关系数	相关方向	相关强度
1	$0.6 \leqslant r \leqslant 1$	正向	强相关
2	$0.4 \leqslant r < 0.6$	正向	中等相关
3	$0.2 \leqslant r < 0.4$	正向	弱相关
4	$-0.2 < r < 0.2$	/	极弱/不相关
5	$-0.4 < r \leqslant -0.2$	负向	弱相关
6	$-0.6 < r \leqslant -0.4$	负向	中等相关
7	$-1 \leqslant r \leqslant -0.6$	负向	强相关

资料来源:郭亮、郭子雪、贾洪涛、范若禹:《基于皮尔逊相关系数与 SVM 的居民窃电识别》,《河北大学学报(自然科学版)》2023 年第 4 期。

---

① 郭亮、郭子雪、贾洪涛、范若禹:《基于皮尔逊相关系数与 SVM 的居民窃电识别》,《河北大学学报(自然科学版)》2023 年第 4 期。

通过测算国际玉米现货价格与国内玉米现货价格的皮尔逊相关系数,并对照表4-1中的相关方向和相关强度,发现国内外玉米现货价格的皮尔逊相关系数值为0.71,说明国内与国际之间的玉米现货价格呈现出强相关特征。皮尔逊相关系数的计算结果体现出国内外玉米市场的连接程度较高,国际玉米市场价格的变化能够对国内玉米市场的价格走势产生重要的影响。

二、国内外玉米价格非对称传导实证分析

为了考察国内外玉米现货价格如何通过汇率路径进行非对称传导,笔者主要运用向量自回归模型展开实证检验。国内外玉米现货价格的数据为2011—2022年的时间序列数据,呈现出一定的时间趋势,这种数据被称为非平稳序列。经典的OLS回归分析在处理此类数据时可能发生伪回归现象。因此,本章采用Engle-Granger两步法(以下简称"EG两步法")对非平稳时间序列进行分析,旨在检验各变量间是否存在长期的均衡关系。进而,运用向量自回归模型制作脉冲响应图,研究冲击项对国内玉米现货价格当前和未来值的影响,并进行方差分解,以分析汇率传导路径对中国玉米现货价格波动的贡献度,通过比较分析更加清晰地了解汇率路径对中国玉米现货价格波动的贡献程度。

实证检验的变量涉及玉米的国际现货价格、汇率、进口价格和国内现货价格,各变量的符号和数据来源如表4-2所示。

表4-2　变量含义、符号和数据来源

变量含义	变量符号	变量选取与数据来源
国际玉米现货价格	WPC	玉米月度国际现货价格,来自Wind数据库,单位:美元/吨
汇率	R	美元兑人民币平均汇率,来自中国外汇交易中心
玉米进口价格	IPC	玉米当月进口额与进口量的比值,来自Wind数据库,单位:美元/吨
国内玉米现货价格	DPC	玉米月度集贸市场价格,来自国家统计局,单位:元/公斤

(一) 国际现货价格通过汇率传导至进口价格

为了缓解异方差对原始数据的影响,笔者使用对数转换法对变量进行预处理。对数化处理的好处在于通过将原始变量映射到对数尺度上,能够平稳序列的非稳定方差,同时还能保持序列的技术特征和信息含量。在对 WPC、IPC、R 进行对数化处理后,得到的数据分别标记为 $\text{Ln}WPC$、$\text{Ln}IPC$ 和 $\text{Ln}R$。

1. 单位根检验

为了检验变量国际玉米现货价格($\text{Ln}WPC$)、玉米进口价格($\text{Ln}IPC$)和汇率($\text{Ln}R$)的平稳性,笔者采用 ADF(Augmented Dickey-Fuller)单位根检验方法。检验时选取 5% 的显著性水平,检验结果如表 4-3 所示。

表 4-3　ADF 检验结果

变量	检验类型	ADF 值	1%水平	5%水平	10%水平	P 值	结果
$\text{Ln}WPC$	C,T,0	−6.7153	−4.0235	−3.4416	−3.1453	0.0000	平稳
$D(\text{Ln}WPC)$	C,0,0	−9.9775	−3.4775	−2.8821	−2.5778	0.0000	平稳
$\text{Ln}IPC$	C,T,0	−5.0306	−4.0235	−3.4416	−3.1453	0.0003	平稳
$D(\text{Ln}IPC)$	C,0,0	−11.2345	−3.4771	−2.8820	−2.5777	0.0000	平稳
$\text{Ln}R$	C,T,0	−2.9448	−4.0240	−3.4418	−3.1455	0.1519	不平稳
$D(\text{Ln}R)$	C,0,0	−7.0117	−3.4768	−2.8818	−2.5777	0.0000	平稳

在检验过程中,检验类型中的 C、T、K 分别代表常数项、时间趋势项以及滞后阶数。具体而言,若检验模型中未包含常数项、时间趋势项,或滞后阶数设定为 0,则相应地以 0 标记之。通过这样的方式对模型进行设置,使不同类型的测试得到不同的评估结果。在分析过程中,$D(\text{Ln}WPC)$ 和 $D(\text{Ln}IPC)$ 分别表示 $\text{Ln}WPC$ 和 $\text{Ln}IPC$ 的 1 阶差分序列。通过计算差分序列,可以为变量

的趋势和周期性波动提供详尽的观察和分析,有助于更好地理解数据的特征和规律。

检验结果显示,LnWPC 和 LnIPC 序列的 ADF 统计量均超出了5%显著性水平对应的临界值,且相应的 P 值大于 0.05,这表明无法拒绝序列存在单位根的原假设,因此,可以判定这两个序列均为非平稳序列。随后,对这两个序列进行一阶差分处理,处理后的序列 ADF 统计量均低于5%显著性水平对应的临界值,且 P 值小于 0.05,这意味着可以拒绝存在单位根的原假设,从而证实一阶差分后的序列已转变为平稳序列。通过综合考虑 AIC、SC 和 HQ 值的大小,选择将 LnWPC 和 LnIPC 序列进行一阶差分。因此,LnWPC、LnIPC 是同阶单整序列,拥有进行协整检验的条件。

2.协整检验

我们选用以残差为基础的 EG 法进行协整检验。首先,对 LnIPC 和 LnWPC 进行协整回归,结果如下:

$$LnIPC = 1.9640LnR - 0.3739 \qquad (4-2)$$

$$(18.2977) \quad (2.1902)$$

$$(0.0000) \quad (0.0301)$$

$$R^2 = 0.3268, F = 479.6760$$

$$LnIPC = 1.6422LnWPC + 0.0533 \qquad (4-3)$$

$$(48.2609) \quad (2.5734)$$

$$(0.0000) \quad (0.0111)$$

$$R^2 = 0.4456, F = 662.2288$$

可见,方程拟合度良好,且 P 值小于 0.05。令残差序列 $e_{c1} = LnIPC = 1.9640LnR1 - 0.3739$,$e_{c2} = LnIPC = 1.6422LnWPC + 0.0533$,接下来,我们对这两个由上述公式计算所得的残差序列 e_{c1}、e_{c2} 分别进行 ADF 检验,并将详细的检验结果整理展示如表4-4所示。

表4-4　残差序列的 ADF 检验结果

残差序列	检验类型	ADF 值	1%水平	5%水平	10%水平	P 值	结果
e_{c1}	0,0,0	−11.2597	−3.4785	−2.8826	−2.5781	0.0000	平稳
e_{c2}	0,0,0	−9.1703	−3.4793	−2.8829	−2.5782	0.0000	平稳

　　如表4-4可知,e_{c1}、e_{c2}在显著性水平为5%的情况下,ADF 检验的临界值为−1.9421。而经过上述检验后,笔者得到 e_{c1}、e_{c2} 的 ADF 值分别为−11.2597和−9.1703,这些值均低于5%显著性水平下的 ADF 检验临界值。因此,本章结果在5%的显著性水平下能够拒绝具有单位根的假设,表明这些变量所构成的序列都是平稳的。根据所得的结果,本章可以确信,玉米进口价格(LnIPC)和汇率(LnR),以及玉米进口价格(LnIPC),与国际玉米现货价格(LnWPC)之间均呈现出(1,1)阶协整关系,这一发现表明这些变量之间存在着一种稳定的长期均衡关联。

　　长期来看,汇率(LnR)每变动1%,玉米进口价格(LnIPC)同方向变动1.96%;同时,国际玉米现货价格(LnWPC)每变动1%,则玉米进口价格(LnIPC)以1.64%的幅度同方向变动。这表明,从长远看,玉米进口价格对汇率具有1.96的弹性系数,而对于国际玉米现货价格,则其弹性系数为1.64。这就意味着汇率与玉米进口价格之间存在显著的正向关系,并且存在非对称传导现象。

3. 向量自回归模型的建立

　　我们采用国际现货价格、进口价格、汇率3个变量组成的系统构建玉米的向量自回归模型,本章采用多准则综合判定方法来确定模型的滞后阶数 P,具体结合了似然比检验(LR)、最终预测误差(FPE)、赤池信息准则(AIC)、施瓦茨准则(SC)以及汉南-奎因准则(HQ)等多个统计准则进行综合评估。经过严谨分析,玉米的向量自回归模型选定滞后阶数 P=2。模型的具体结果展示如表4-5所示。

表 4-5　向量自回归模型滞后阶数 P 的选择结果

滞后期数	LogL 值	LR 值	FPE 值	AIC 值	SC 值	HQ 值
0	183.0698	NA	1.34e-05	-2.7078	-2.6426	-2.6813
1	507.6474	629.6319	1.16e-07	-7.4533	-7.1926	-7.3474
2	537.8286	57.1854*	8.46e-08*	-7.7719*	-7.3155*	-7.5864*
3	543.6855	10.8329	8.88e-08	-7.7246	-7.0726	-7.4597
4	548.1448	8.0469	9.51e-08	-7.6563	-6.8088	-7.3119
5	554.3763	10.9637	9.93e-08	-7.6147	-6.5715	-7.1908

从表 4-5 的结果可见,玉米向量自回归模型选择滞后阶数 P=2。这一结果可以为进一步了解玉米价格的动态变化和即将到来的市场波动提供重要的支持和参考。

关于向量自回归模型的稳定性评估,当设定的滞后期长度为 2 且内生变量数量为 3 时,模型的特征根多项式产生了 6 个特征根。经检验,所有这些特征根的倒数模值均落在单位圆内部,未出现任何特征根超出单位圆边界的情况。据此,可以确认该向量自回归模型成功通过了稳定性检验(见图 4-7)。

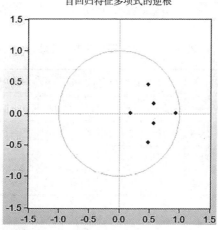

自回归特征多项式的逆根

图 4-7　向量自回归模型稳定性检验

数据来源:笔者根据 Wind 数据库、大连商品交易所、国家统计局的玉米价格数据,以及中国外汇交易中心的汇率数据整理绘制。

因此,我们获得了玉米向量自回归模型的估计结果,具体如下:

$$\mathrm{Ln}IPC = 0.7493 \times \mathrm{Ln}IPC(-1) - 0.1393 \times \mathrm{Ln}IPC(-2) - 0.1731 \times \mathrm{Ln}R(-1) -$$
$$0.0240 \times \mathrm{Ln}R(-2) + 0.0169 \times \mathrm{Ln}WPC(-1) + 0.0181 \times \mathrm{Ln}WPC(-2) + 0.7390$$

$$(4-4)$$

$$\mathrm{Ln}R = 0.0098 \times \mathrm{Ln}IPC(-1) - 0.0214 \times \mathrm{Ln}IPC(-2) + 1.4493 \times \mathrm{Ln}R(-1) -$$
$$0.4898 \times \mathrm{Ln}R(-2) - 0.0001 \times \mathrm{Ln}WPC(-1) + 0.0003 \times \mathrm{Ln}WPC(-2) + 0.0463$$

$$(4-5)$$

$$\mathrm{Ln}WPC = -0.0023 \times \mathrm{Ln}IPC(-1) + 0.3148 \times \mathrm{Ln}IPC(-2) + 1.3957 \times \mathrm{Ln}R(-1) -$$
$$1.6592 \times \mathrm{Ln}R(-2) + 1.0329 \times \mathrm{Ln}WPC(-1) - 0.4507 \times \mathrm{Ln}WPC(-2) + 0.3010$$

$$(4-6)$$

4.格兰杰因果关系检验

尽管先前的协整检验已经证实了玉米进口价格(LnIPC)与汇率(LnR),以及玉米进口价格(LnIPC)与国际玉米现货价格(LnWPC)之间存在着长期且稳定的均衡关联,然而,为了确立这些关系在统计学上是否具有因果关系,仍需进行更为深入的检验分析。为此,笔者基于此前的向量自回归模型,运用格兰杰因果关系检验,深入探讨变量之间的因果关系(见表4-6)。

表4-6 格兰杰因果关系检验结果

被解释变量:LnIPC				被解释变量:LnR				被解释变量:LnWPC			
Excluded	Chi-sq	df	Prob.	Excluded	Chi-sq	df	Prob.	Excluded	Chi-sq	df	Prob.
LnWPC	4.0735	2	0.2536	LnIPC	4.1072	2	0.2501	LnIPC	7.8782	2	0.0486
LnR	11.4532	2	0.0095	LnWPC	0.4284	2	0.9343	LnR	4.3800	2	0.2232
All	17.8629	4	0.0066	All	4.2776	4	0.6392	All	12.5039	4	0.0516

针对被解释变量玉米进口价格(LnIPC),对于解释变量国际玉米现货价格(LnWPC)和汇率(LnR)的格兰杰因果关系进行了检验。具体而言,当汇率

(LnR)作为解释变量时,汇率(LnR)与玉米进口价格(LnIPC)的联合统计量值为 11.4532,在 2% 的显著性水平下构成对于玉米进口价格(LnIPC)的格兰杰因果关系。然而,在汇率(LnR)的方程中,结果显示玉米进口价格(LnIPC)的概率值为 0.2501,这表明在该模型中,玉米进口价格(LnIPC)与汇率(LnR)不能构成显著的格兰杰因果关系。这进一步证明,汇率的滞后期不仅可以显著地解释或预测玉米进口价格,也在"汇率(LnR)每变动 1%,玉米进口价格(LnIPC)会同方向变动 1.96%"的协整关系中体现出显著性和重要性。

5. 脉冲响应函数

笔者基于构建的向量自回归模型,使用脉冲响应函数对汇率(LnR)与玉米进口价格(LnIPC)之间的短期动态关系进行分析。

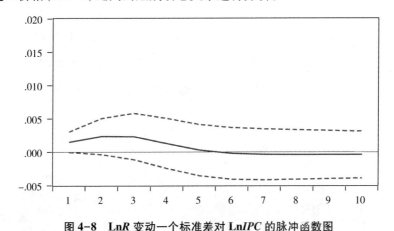

图 4-8　LnR 变动一个标准差对 LnIPC 的脉冲函数图

数据来源:笔者根据 Wind 数据库、大连商品交易所、国家统计局的玉米价格数据,以及中国外汇交易中心的汇率数据整理绘制。

通过脉冲响应函数图(见图 4-8、图 4-9),可以判断汇率(LnR)对玉米进口价格(LnIPC)的冲击呈现先升后降的趋势,而玉米进口价格(LnIPC)对汇率(LnR)的后期冲击回落大,作用不突出。这一结果与前述的格兰杰因果关系检验结果保持一致,意味着汇率(LnR)的变动显著地影响玉米进口价格(LnIPC)的变动。

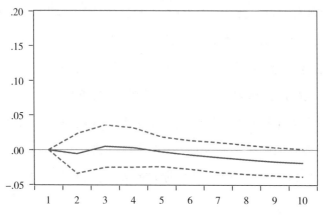

图 4-9 Ln*IPC* 变动一个标准差对 Ln*R* 的脉冲函数图

数据来源:笔者根据 Wind 数据库、大连商品交易所、国家统计局的玉米价格数据,以及中国外汇交易中
      心的汇率数据整理绘制。

6.方差分解

笔者采用方差分解方法,通过量化每个变量的变动影响向量自回归系统
内变量的贡献度综合评估该模型。笔者采用基于向量自回归模型的方差分解
方法,以全面深入地研究模型内在机制和因果关系,结果如表4-7 所示。

表 4-7 方差分解结果

LnIPC 的方差分解			
Period	S.E.	Ln*IPC*	Ln*WPC*	Ln*R*
1	0.1582	100.0000	0.0000	0.0000
2	0.1847	99.2973	0.0924	0.6103
3	0.1869	98.4905	0.1589	1.3506
4	0.1900	95.5088	0.1838	4.3074
5	0.1947	91.2660	0.1952	8.5387
6	0.1988	87.8478	0.3302	11.8220
7	0.2015	85.8456	0.6193	13.5351
8	0.2031	84.7367	1.1038	14.1595
9	0.2043	83.9534	1.7939	14.2527
10	0.2054	83.1958	2.6435	14.1607

续表

LnR 的方差分解			
Period	S.E.	LnIPC	LnR	LnWPC
1	0. 1582	2. 6351	97. 3649	0. 0000
2	0. 1847	2. 8912	97. 1087	0. 0001
3	0. 1869	2. 7464	97. 2492	0. 0044
4	0. 1900	2. 1738	97. 7865	0. 0397
5	0. 1947	1. 7201	98. 1637	0. 1162
6	0. 1988	1. 4507	98. 3357	0. 2136
7	0. 2015	1. 2841	98. 4289	0. 2870
8	0. 2031	1. 1717	98. 5138	0. 3145
9	0. 2043	1. 0915	98. 6000	0. 3085
10	0. 2054	1. 0332	98. 6757	0. 2911
LnWPC 的方差分解			
Period	S.E.	LnIPC	LnR	LnWPC
1	0. 1582	2. 2888	0. 0096	97. 7016
2	0. 1847	2. 1050	1. 3620	96. 5330
3	0. 1869	3. 1895	2. 1041	94. 7064
4	0. 1900	5. 4117	2. 2683	92. 3201
5	0. 1947	7. 3265	2. 1763	90. 4972
6	0. 1988	8. 3884	2. 1647	89. 4469
7	0. 2015	8. 8059	2. 4001	88. 7940
8	0. 2031	8. 8979	2. 9021	88. 2000
9	0. 2043	8. 8675	3. 5869	87. 5456
10	0. 2054	8. 8040	4. 3480	86. 8480

可见,在考虑玉米进口价格(LnIPC)的波动性时,在不考虑其自身贡献的情况下,汇率(LnR)对玉米进口价格(LnIPC)的贡献度在第一期为0,但其后逐渐上升,最终可达到14%以上。同时,在第一期,玉米进口价格(LnIPC)对于汇率(LnR)也已产生影响,并随后逐渐上升,最高可达2.6%以上。这一结果表明,汇率(LnR)对于玉米进口价格(LnIPC)具有相当显著的影响,同时,

除了受玉米进口价格(LnIPC)的影响外,汇率(LnR)的整体波动还受其他因素(这些因素贡献更大)的影响。

(二) 进口价格通过汇率传导至国内现货价格

笔者继续使用对数转换法对变量进行预处理,以便缓解异方差对原始数据的影响。IPC、DPC、R 进行对数化处理后,得到 LnIPC、LnDPC、LnR。

1. 单位根检验

为了验证变量的平稳性,我们采用 ADF 单位根检验方法。在设定的 5%显著性水平条件下,具体的检验结果如表 4-8 所示。

表 4-8　变量的 ADF 检验结果

变量	检验类型	ADF 值	1%水平	5%水平	10%水平	P 值	结果
LnIPC	C,T,0	−4.9958	−4.0245	−3.4420	−3.1456	0.0004	平稳
D(LnIPC)	C,0,0	−10.9088	−3.4785	−2.8826	−2.5781	0.0000	平稳
LnDPC	C,T,0	−1.0735	−4.0240	−3.4118	−3.1455	0.9290	不平稳
D(LnDPC)	C,0,0	−7.0669	−3.4768	−2.8818	−2.5777	0.0000	平稳
LnR	C,T,0	−2.9448	−4.0240	−3.4118	−3.1455	0.1519	不平稳
D(LnR)	C,0,0	−7.0117	−3.4768	−2.8818	−2.5777	0.0000	平稳

在检验过程中,所采用的检验类型 C、T、K 分别对应于模型中的常数项、时间趋势项以及滞后阶数。具体而言,若检验模型中未包含常数项、时间趋势项,或设定的滞后阶数为 0 时,则相应地以 0 来标记。在表述中,D(LnIPC)、D(LnDPC)、D(LnR)分别表示 LnIPC、LnDPC、LnR 的 1 阶差分序列。

检验结果表明,LnDPC 与 LnR 序列的 ADF 统计量均超出了 5%显著性水平对应的临界值,且 P 值大于 0.05,这表明我们无法拒绝序列存在单位根的原假设,因此,可以判定这些序列为非平稳序列。然而,当对这些序列实施一阶差分处理后,其 ADF 统计量均低于 5%显著性水平对应的临界值,同时 P 值也小于 0.05,这意味着我们可以拒绝序列存在单位根的原假设,从而确认一阶差分后的序列已达到平稳状态。通过综合考虑 AIC、SC 和 HQ 值的大小,将 $\mathrm{Ln}IPC$、$\mathrm{Ln}DPC$、$\mathrm{Ln}R$ 序列进行一阶差分。因此,$\mathrm{Ln}IPC$、$\mathrm{Ln}DPC$、$\mathrm{Ln}R$ 是同阶单整序列,拥有进行协整检验的条件。

2. 协整检验

笔者选用以残差为基础的 EG 法进行协整检验。对国内玉米现货价格($\mathrm{Ln}DPC$)、汇率($\mathrm{Ln}R$)进行协整回归的结果如下:

$$\mathrm{Ln}DPC = 1.5288\mathrm{Ln}R - 2.7444 \tag{4-7}$$
$$(4.9813) \quad (-5.6210)$$
$$(0.0002) \quad (0.0000)$$
$$\mathrm{R}^2 = 0.9820, \mathrm{F} = 3159.619$$
$$\mathrm{Ln}DPC = 0.9246\mathrm{Ln}IPC - 1.7920 \tag{4-8}$$
$$(3.7708) \quad (-4.2247)$$
$$(0.0002) \quad (0.0000)$$
$$\mathrm{R}^2 = 0.9160, \mathrm{F} = 1421.855$$

可见,方程的拟合度良好。令残差序列 $e_{c1} = \mathrm{Ln}DPC = 1.5288\mathrm{Ln}R - 2.7444$,$e_{c2} = \mathrm{Ln}DPC = 0.9246\mathrm{Ln}IPC - 1.7920$,并对通过上述公式计算所得的残差序列 e_{c1}、e_{c2} 进行 ADF 检验,具体的检验结果如表4-9所示。

表 4-9 残差序列的 ADF 检验结果

残差序列	检验类型	ADF 值	1%水平	5%水平	10%水平	P 值	结果
e_{c1}	0,0,0	-7.2119	-3.4768	-2.8818	-2.5777	0.0000	平稳
e_{c2}	0,0,0	-6.9827	-3.4778	-2.8823	-2.5779	0.0000	平稳

根据协整检验临界值表,得知在 5% 显著性水平下,e_{c1}、e_{c2} 协整的 ADF 检验临界值为-1.9421。通过对比计算得出的 ADF 值,我们发现残差序列 e_{c1}、

e_{c2} 的 ADF 值分别为 -7.2119 和 -6.9827,这些值显著低于 5% 显著性水平下 ADF 检验的临界值。因此,我们有足够的依据拒绝序列存在单位根的假设,这表明上述残差序列均为平稳序列。综合以上分析,我们可以得出结论:国内玉米现货价格(LnDPC)与汇率(LnR),以及国内玉米现货价格(LnDPC)与玉米进口价格(LnIPC)之间,均存在(1,1)阶的协整关系,这进一步证实了这两组变量之间存在着长期且稳定的均衡关系。

在长期内,汇率(LnR)每变动 1%,国内玉米现货价格(LnDPC)同方向变动 1.53%,玉米进口价格(LnIPC)每变动 1%,国内玉米现货价格(LnDPC)同方向变动 0.92%;即从长期来看,汇率对国内玉米现货价格的弹性系数为 1.53,玉米进口价格对国内玉米现货价格的弹性系数估计值为 0.92,这一结果揭示了两者之间存在着显著的正相关关系,并表明了一种非对称的传导效应。

3. 向量自回归模型的建立

笔者旨在研究玉米的向量自回归模型,并采用进口价格、汇率和国内现货价格 3 个变量来构建系统。在构建向量自回归模型时,为了确定滞后阶数 P,避免模型的过拟合或欠拟合,我们采用多准则联合确定的方法。此方法通过 LR、FPE、AIC、SC、HQ 准则的综合运用,以选择最适宜的滞后阶数 P。表 4-10 的结果说明,玉米向量自回归模型选择滞后阶数 P=2。

表 4-10　向量自回归模型滞后阶数 P 的选择结果

滞后期数	LogL 值	LR 值	FPE 值	AIC 值	SC 值	HQ 值
0	637.3949	NA	1.44e-08	-9.5398	-9.4746	-9.5133
1	1127.5780	950.8821	1.04e-11	-16.7756	-16.5148	-16.6696
2	1163.6470	68.3415*	6.92e-12*	-17.1827*	-16.7263*	-16.9972*
3	1169.4020	10.6429	7.27e-12	-17.1339	-16.4819	-16.8689
4	1173.0080	6.5078	7.90e-12	-17.0528	-16.2052	-16.7083
5	1178.1360	9.0229	8.38e-12	-16.9945	-15.9514	-16.5706

在构建的玉米向量自回归模型中,当设定的滞后期数为 2 且内生变量数

量为3时,所得特征根多项式共产生了6个特征根。经检验,所有这些特征根的倒数模值均位于单位圆内部,未出现任何特征根超出单位圆边界的情况(如图4-10所示)。据此,可以确认该模型已成功通过稳定性检验。

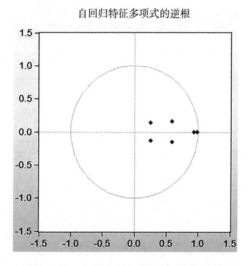

图 4-10　向量自回归模型稳定性检验

数据来源:笔者根据 Wind 数据库、大连商品交易所、国家统计局的玉米价格数据,以及中国外汇交易中心的汇率数据整理绘制。

由此得出玉米向量自回归模型的估计结果如下:

$$\mathrm{Ln}DPC = 1.4719 \times \mathrm{Ln}DPC(-1) - 0.4798 \times \mathrm{Ln}DPC(-2) + 0.0570 \times \mathrm{Ln}IPC$$
$$(-1) - 0.0041 \times \mathrm{Ln}IPC(-2) - 0.4996 \times \mathrm{Ln}R(-1) + 0.5653 \times \mathrm{Ln}R(-2) - 0.1330$$

$$(4-9)$$

$$\mathrm{Ln}IPC = -0.1430 \times \mathrm{Ln}DPC(-1) + 0.1986 \times \mathrm{Ln}DPC(-2) + 0.7050 \times \mathrm{Ln}IPC$$
$$(-1) - 0.1099 \times \mathrm{Ln}IPC(-2) - 0.2387 \times \mathrm{Ln}R(-1) + 0.2084 \times \mathrm{Ln}R(-2) + 0.7290$$

$$(4-10)$$

$$\mathrm{Ln}R = -0.0210 \times \mathrm{Ln}DPC(-1) + 0.0195 \times \mathrm{Ln}DPC(-2) + 0.0082 \times \mathrm{Ln}IPC(-1) -$$
$$0.0194 \times \mathrm{Ln}IPC(-2) + 1.4423 \times \mathrm{Ln}R(-1) - 0.4829 \times \mathrm{Ln}R(-2) + 0.0447$$

$$(4-11)$$

4.格兰杰因果关系检验

尽管先前的协整检验已经揭示了国内玉米现货价格(LnDPC)与汇率(LnR),以及国内玉米现货价格(LnDPC)与玉米进口价格(LnIPC)之间存在着长期且稳定的均衡关系,然而,这种关系是否构成统计学意义上的因果关系仍需进一步的验证。为此,本章基于已建立的向量自回归模型,采用格兰杰因果关系检验方法,对变量间的因果关系进行了深入而细致的分析。通过此检验,我们可以更加准确地判定变量间的因果方向,进一步明确其相互依存关系。

表4-11 格兰杰因果关系检验结果

被解释变量:LnDPC				被解释变量:LnR				被解释变量:LnIPC			
Excluded	Chi-sq	df	Prob.	Excluded	Chi-sq	df	Prob.	Excluded	Chi-sq	df	Prob.
LnR	9.5191	2	0.0086	LnDPC	1.5972	2	0.4500	LnDPC	2.0372	2	0.3611
LnIPC	0.3337	2	0.8463	LnIPC	2.9720	2	0.2263	LnR	2.9558	2	0.2281
All	12.6686	4	0.0130	All	5.3705	4	0.2514	All	4.4313	4	0.3508

笔者对国内玉米现货价格(LnDPC)方程中的被解释变量国内玉米现货价格(LnDPC),以及对解释变量玉米进口价格(LnIPC)和汇率(LnR)进行格兰杰因果检验。通过统计分析(见表4-11),发现在2%的显著性水平下,汇率(LnR)对国内玉米现货价格(LnDPC)存在格兰杰因果关系,其联合统计量值为9.5191;而在汇率(LnR)方程中,得出的国内玉米现货价格(LnDPC)的概率值为0.45,这表明没有存在对国内玉米现货价格(LnDPC)的格兰杰因果关系。这说明汇率的滞后期能够有效地解释或者预测国内玉米现货价格,从而印证了前述提出的"当汇率(LnR)每变动1%,国内玉米现货价格(LnDPC)同方向变动1.53%"的协整关系。

5.脉冲响应函数

笔者基于构建的向量自回归模型,使用脉冲响应函数对汇率(LnR)与国内玉米现货价格(LnDPC)之间的短期动态关系进行深入分析。

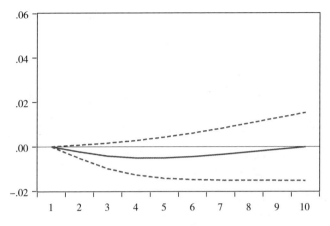

图 4-11 Ln*R* 变动一个标准差对 Ln*DPC* 的脉冲函数图

数据来源:笔者根据 Wind 数据库、大连商品交易所、国家统计局的玉米价格数据,以及中国外汇交易中心的汇率数据整理绘制。

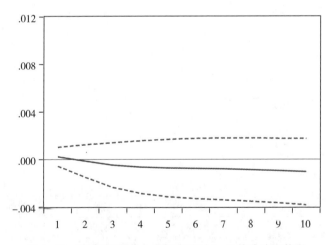

图 4-12 Ln*DPC* 变动一个标准差对 Ln*R* 的脉冲函数图

数据来源:笔者根据 Wind 数据库、大连商品交易所、国家统计局的玉米价格数据,以及中国外汇交易中心的汇率数据整理绘制。

通过脉冲响应函数图的观察发现(见图 4-11、图 4-12),汇率(Ln*R*)对国内玉米现货价格(Ln*DPC*)具有持续的正向冲击作用,而国内玉米现货价格(Ln*DPC*)对汇率(Ln*R*)也呈现出持续的正向冲击作用,总体而言,汇率(Ln*R*)的波动表现得相对微弱,其响应值处于较低水平。这一发现与先前的格兰杰因果关系检验结论相吻合,即国内玉米现货价格(LnDPC)的变动并不会对汇率(LnR)的变动造成显著影响。

6. 方差分解

我们采用方差分解方法,通过量化每个变量的变动综合评估向量自回归系统内变量影响该模型的贡献度,借助基于向量自回归模型的方差分解方法,研究汇率与国内玉米现货价格的内在影响机制和因果关系。

表 4-12　方差分解结果

LnDPC 的方差分解				
Period	S.E.	LnDPC	LnR	LnIPC
1	0.0197	100.0000	0.0000	0.0000
2	0.0348	99.4438	0.1149	0.4413
3	0.0479	98.6713	0.3310	0.9977
4	0.0591	97.9892	0.6270	1.3838
5	0.0689	97.4706	0.9738	1.5556
6	0.0775	97.1058	1.3352	1.5590
7	0.0851	96.8599	1.6806	1.4595
8	0.0921	96.6950	1.9910	1.3140
9	0.0985	96.5781	2.2583	1.1636
10	0.1045	96.4842	2.4819	1.0339
LnR 的方差分解				
Period	S.E.	LnDPC	LnIPC	LnR
1	0.0197	0.2184	2.9417	96.8399
2	0.0348	0.0963	3.7674	96.1364
3	0.0479	0.2326	3.2311	96.5363
4	0.0591	0.3956	2.5225	97.0819
5	0.0689	0.5311	1.9875	97.4815
6	0.0775	0.6471	1.6484	97.7045
7	0.0851	0.7622	1.4510	97.7868
8	0.0921	0.8920	1.3428	97.7652
9	0.0985	1.0479	1.2878	97.6642
10	0.1045	1.2380	1.2642	97.4977

LnIPC 的方差分解			
Period	S.E.	LnDPC	LnIPC	LnR
1	0.0197	2.6429	97.3571	0.0000
2	0.0348	4.8136	95.0851	0.1013
3	0.0479	5.5143	94.3064	0.1794
4	0.0591	5.4739	94.2928	0.2333
5	0.0689	5.5815	94.1317	0.2869
6	0.0775	6.1671	93.4793	0.3536
7	0.0851	7.1698	92.3957	0.4345
8	0.0921	8.4229	91.0567	0.5204
9	0.0985	9.7882	89.6127	0.5991
10	0.1045	11.1814	88.1573	0.6614

从表4-12结果可见,在国内玉米现货价格(LnDPC)的波动过程中,当不考虑其自身的影响时,汇率(LnR)对国内玉米现货价格(LnDPC)的影响贡献度在第1期为0,之后呈逐渐上升的趋势,最终可达2.48%以上。同时,国内玉米现货价格(LnDPC)对于汇率(LnR)的影响在第一期即已存在,而其影响力随后也呈现上升趋势,最高可达1.24%以上。这一结果表明,汇率(LnR)对国内玉米现货价格(LnDPC)的影响具有显著的作用,但除此之外,国内玉米现货价格(LnDPC)的波动还受到其他更为重要因素的影响。

第五章 粮食贸易的供应链安全研究

——基于国际海运的视角

第一节 中国粮食贸易的国际海运网络

国内外学者借助各种方法对粮食贸易的网络结构展开研究。马赫迪等（Mahdi 等，2022）[1]考察新冠疫情在中东国家的网络结构及其产生的相互依赖效应与影响。陈秧分等（2019）[2]在 2002 年和 2017 年全球豆油、豆粕、大豆进口贸易数据的基础上分别构建了无权贸易网络和加权贸易网络。韩冬和李光泗（2020）[3]对 2012—2017 年共建"一带一路"国家的粮食贸易数据构建粮食贸易网络，研究发现"一带一路"倡议中，中国提升了区域粮食贸易中的话语权和参与度。和聪贤和李秀香（2021）[4]基于 1996—2018 年世界各国的粮

---

① Mahdi, B.S., et al., "Minimum Spanning Tree Application in Covid-19 Network Structure A-nalysis in the Countries of the Middle East", *Journal of Discrete Mathematical Sciences and Cryptography*, Vol.25, No.8, 2022, pp.2723-2728.

② 卢昱嘉、陈秧分、韩一军：《全球大豆贸易网络演化特征与政策启示》，《农业现代化研究》2019 年第 4 期。

③ 韩冬、李光泗：《中国与"一带一路"沿线国家粮食贸易格局演变与影响机制——基于社会网络学视角》，《农业经济问题》2020 年第 8 期。

④ 和聪贤、李秀香：《世界粮食贸易网络结构特征与中国地位变迁研究》，《世界农业》2021 年第 5 期。

食贸易数据,通过社会网络分析模型构建节点数大于 50 的贸易拓扑结构图,研究了全球粮食贸易状况。管靖等(2022)①基于 1988—2018 年全球 238 个国家或地区的小麦、玉米的面板数据,采用社会网络分析法(SNA)、引力模型和零膨胀模型探究了全球粮食贸易,并结合弦图、流线图等可视化工具,深入探究全球粮食贸易网络的演变态势。韩建军等(2022)②选取联合国粮食及农业组织 1990—2022 年玉米、小麦和大豆的贸易数据,运用复杂网络分析法构建世界粮食贸易网络结构。

综上,在结构维度上,现有研究主要从供应链的内部因素,比如跨国企业之间关于供应链的合作、关键的供应链海峡路线节点、供应链的追溯、供应链信息整合等;外部因素,比如自然灾害、政治冲突等,研究粮食贸易供应链存在的问题,并提出粮食供应链安全的保障措施,但是学者们往往侧重于针对内、外部的某一个方面进行详细地阐释,从而缺乏多维度的综合分析。

在研究对象上,现有文献多侧重于对中观尺度的"一带一路"共建国家等的粮食贸易网络分析,以及宏观尺度的全球粮食贸易网络研究,但是更加聚焦于中国的粮食贸易网络的研究却不多见。

在研究方法上,社会网络分析法常见于近几年的粮食贸易问题分析之中,根据所选取的研究视角不同分别搭建粮食国际贸易网络和区域贸易网络,采用社会网络、复杂网络、无权贸易网络、加权贸易网络等,并结合引力模型、二次指派程序 QAP(Quadratic Assignment Procedure)回归等方法来分析粮食贸易网络,同时,还增加了贸易网络的可视化,比如引入弦图、流线图等。考虑到中国粮食贸易的复杂性,笔者选取社会网络分析方法,并利用可视化工具 Gephi,从大豆、玉米、小麦、稻谷(大米)四大主要粮食品种出发,全面刻画中国粮

---

①　管靖、宋周莺、刘卫东:《全球粮食贸易网络演变及其驱动因素解析》,《地理科学进展》2022 年第 5 期。

②　韩建军、侯婧祎、郭志涛、郭妍妍、杨雅冰、张梦琪:《复杂网络视角下的世界主粮贸易格局与趋势分析》,《河南农业大学学报》2022 年第 12 期。

食进口的网络结构特征。

一、社会网络贸易结构分析法

社会网络分析方法通过构建贸易网络有助于对多边贸易关系的分析,在该网络内不同国家贸易之间的关系得以清晰可见(钟钰等,2021)①。笔者利用数据可视化与分析软件 Gephi0.10.绘制有向加权粮食贸易网络(见图5-1)。为了简便起见,图5-1 中仅标注部分国家或地区的名称。图5-1 中的网络节点是参与粮食贸易的国家或地区,边代表两个贸易伙伴之间的贸易联系,边的

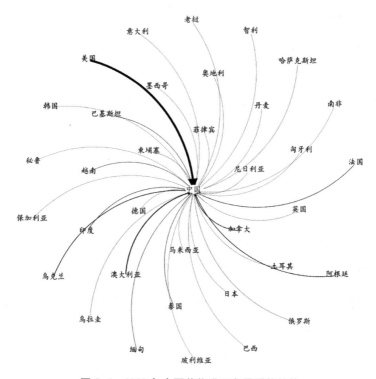

图 5-1　2022 年中国谷物进口贸易网络结构

数据来源:联合国国际贸易中心 Trademap 数据库,并经笔者绘制。

---

① 韩冬、李光泗、钟钰:《"一带一路"沿线国家粮食贸易网络核心结构演变及中国的粮食政策响应》,《农村经济》2021 年第 5 期。

箭头指向的国家为粮食的进口国(中国),箭头发出的国家为粮食的出口国或地区,边的粗细表示贸易额的相对大小,边和箭头越粗表示该出口国家或地区的粮食出口占中国粮食总进口的比重越高。

笔者选取联合国国际贸易中心的 Trademap 数据库中大豆、玉米、小麦、稻谷(大米)四大种类的所有国家或地区的进口贸易数据(进口金额单位:千美元),其中由于中国香港、澳门、台湾与大陆分开统计,因此,笔者研究的中国粮食进口仅涉及中国大陆,不包含中国香港、澳门、台湾 3 个地区。

二、中国粮食贸易的国际海运网络分析

(一) 大豆贸易的国际海运网络

从图 5-2 可见,2023 年,中国大豆进口国家或地区中,巴西是中国大豆进口第一大来源国,占领了全国 67.85%的市场份额;美国和阿根廷分别位列第

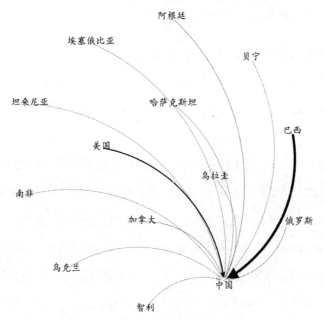

图 5-2　2023 年中国大豆进口网络结构

数据来源:联合国国际贸易中心 Trademap 数据库,并经笔者绘制。

二和第三,占 26.87% 和 2.06% 的市场份额(见表 5-1)。

表 5-1　近年来中国大豆进口的国别结构

(单位:亿美元,%)

来源国	2012 年		2017 年		2023 年	
	贸易额	占比	贸易额	占比	贸易额	占比
世界	349.77	100	396.27	100	604.63	100
巴西	142.60	40.77	209.10	52.77	410.25	67.85
美国	153.81	43.98	139.34	35.16	162.47	26.87
阿根廷	36.85	10.54	26.83	6.77	12.45	2.06
乌拉圭	12.12	3.47	10.30	2.60	0.22	0.04
加拿大	4.02	1.15	8.86	2.24	9.22	1.53
俄罗斯	0.36	0.10	1.64	0.41	6.86	1.14
CR3		95.28		94.70		96.78

注:CR3 为市场集中度的指标之一,指前三大市场占比之和。

数据来源:联合国国际贸易中心 Trademap 数据库。

　　需要指出的是,中国大豆进口的市场集中度非常高。巴西、美国和阿根廷是中国大豆进口的前 3 大来源国,中国从这 3 大来源国进口的大豆长期占据中国大豆进口总额的 90% 以上,2023 年的市场份额达到 96.78%(见表 5-1),显然,中国在大豆进口方面面临着较高的市场风险,并且进口量呈现出较大的波动性。历史数据显示,美国作为全球最大的大豆生产国,曾长期占据中国大豆进口的首位(宋海英和姜长云,2021)[①]。然而,自 2013 年起,这一地位被巴西所取代,巴西成为中国大豆进口的最大来源国,并且这一趋势一直延续至最新的 2023 年数据。美国在中国大豆进口中地位的下降与中美经贸摩擦升级、国内围绕大豆摆脱对美国进口依赖的呼声越来越高涨存在密切的联系。

　　从海运航线上看,中国大豆进口主要走 8 条航线。

---

　　①　宋海英、姜长云:《中国拓展大豆进口来源的可能性分析》,《农业经济问题》2021 年第 6 期。

1. 美西—中国华东

中国自美国进口大豆,大豆从美国太平洋西南岸的港口(包括西雅图港、塔科马港、波特兰港)上船,横跨太平洋,到达中国华东的港口。

2. 美湾(墨西哥湾)—巴拿马运河—中国华东

中国自美国进口大豆,大豆上驳船经密西西比河,在休斯顿港、新奥尔良港上船,进入墨西哥湾,途经巴拿马运河,再横跨太平洋,到达中国华东的港口。

3. 巴西—巴拿马运河—中国华东

中国自巴西进口大豆,大豆从巴西的港口(包括马卡帕港、贝伦港、圣路易斯港)上船,途经巴拿马运河,再横跨太平洋,到达中国华东的港口。

4. 阿根廷—合恩角—中国华东

中国自阿根廷进口大豆,大豆从阿根廷的港口(包括布宜诺斯艾利斯)上船,途经合恩角,再穿过太平洋,到达中国华东的港口。

5. 巴西—合恩角—中国华东

中国自巴西进口大豆,大豆从巴西的港口(包括巴拉纳瓜港、桑托斯港、里约热内卢港)上船,途经合恩角,再穿过太平洋,到达中国华东的港口。

6. 美国—好望角—中国华东

中国自美国进口大豆,大豆从美国墨西哥湾的港口(如休斯顿港、新奥尔良港等)上船,跨越大西洋,途经好望角,再穿过印度洋,到达中国华东的港口。

7. 巴西—好望角—中国华东

中国自巴西进口大豆,大豆从巴西的港口(如里约热内卢港、桑托斯港、巴拉纳瓜港等)上船,跨越大西洋,途经好望角,再通过马六甲海峡,到达中国华东的港口。

8. 阿根廷—好望角—中国华东

中国自阿根廷进口大豆,大豆从阿根廷的港口(如布宜诺斯艾利斯港、罗萨里奥港等)上船,跨越大西洋,途经好望角,再通过马六甲海峡,到达中国华东的港口。

(二) 玉米贸易的国际海运网络

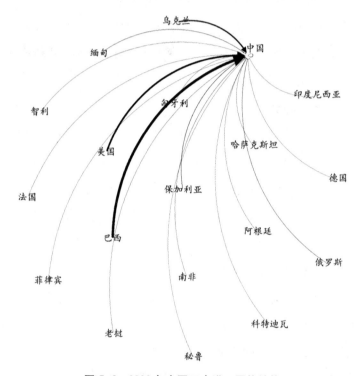

图 5-3　2023 年中国玉米进口网络结构

数据来源:联合国国际贸易中心 Trademap 数据库,并经笔者绘制。

2023 年中国玉米进口网络结构图显示(见图 5-3),中国主要从全球 18 个国家进口玉米,按进口额从大到小的顺序,排前 8 位的进口来源国分别为:巴西、美国、乌克兰、保加利亚、缅甸、俄罗斯、南非、老挝。其中巴西、美国和乌克兰是中国玉米进口的重要来源国,2023 年这 3 个国家合计占中国玉米总进口的 93.89%(见表 5-2)。

表 5-2　近年来中国玉米进口的国别结构

（单位:亿美元,%）

排序	2012 年			2017 年			2023 年		
	国家	贸易额	占比	国家	贸易额	占比	国家	贸易额	占比
	世界	16.89	100	世界	6.02	100	世界	90.20	100
1	美国	16.58	98.19	乌克兰	3.70	61.36	巴西	40.46	44.86
2	老挝	0.13	0.78	美国	1.60	26.55	美国	26.11	28.95
3	泰国	0.06	0.35	老挝	0.45	7.50	乌克兰	18.11	20.08
4	缅甸	0.05	0.28	缅甸	0.24	4.05	保加利亚	2.45	2.71
5	德国	0.04	0.26	德国	0.01	0.23	缅甸	1.30	1.44
6	俄罗斯	0.01	0.06	秘鲁	0.01	0.09	俄罗斯	0.92	1.02

注:CR3 为市场集中度的指标之一,指前三大市场占比之和。
数据来源:联合国国际贸易中心 Trademap 数据库。

除了进口来源国的市场集中度较高之外,中国玉米进口网络的波动性也较大。以巴西为例,联合国国际贸易中心的数据显示,2023 年中国自巴西进口玉米 40.46 亿美元,占中国玉米进口总额的 44.86%,但在此前的 20 年里,中国几乎尚未从巴西进口玉米,仅在 2013 年进口了 15.2 万美元。同时,包括乌克兰、保加利亚、俄罗斯、南非等贸易伙伴都是在 2013 年左右才发展起来的玉米进口来源国。与此同时,也与部分贸易伙伴玉米贸易减少,如澳大利亚、菲律宾等国,在 2010 年之前的年份中国还有自这些国家的玉米进口,但此后就逐渐销声匿迹,或贸易额变得非常少。

从海运航线上看,中国玉米进口除了走与大豆进口相同的航线外,还有一条自乌克兰到中国口岸的重要航线(于庆贺、徐迪,2023)①。

中国自乌克兰进口玉米,玉米从乌克兰的港口(敖德萨港)上船,跨越黑海,途经土耳其海峡、苏伊士运河,再通过马六甲海峡,到达中国的港口。

---

① 于庆贺、徐迪:《我国粮食海上运输形势分析》,《珠江水运》2023 年第 1 期。

（三）小麦贸易的国际海运网络

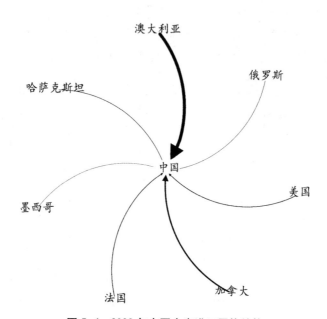

图 5-4　2023 年中国小麦进口网络结构

数据来源：联合国国际贸易中心 Trademap 数据库，并经笔者绘制。

结合图 5-4 可见，中国小麦进口的国家数目较少。2023 年，中国仅从澳大利亚、加拿大、美国、法国、哈萨克斯坦、俄罗斯、墨西哥 7 个国家进口玉米。其中，澳大利亚是最大的小麦进口来源国，长期占据中国小麦进口的半壁江山（见表 5-3）。

表 5-3　近年来中国小麦进口的国别结构

（单位：亿美元，%）

排序	国家	2012 年		2017 年		2023 年	
		贸易额	占比	贸易额	占比	贸易额	占比
	世界	11.01	100	10.31	100	43.05	100
1	澳大利亚	6.65	60.36	4.21	40.86	25.07	58.22
2	加拿大	1.54	14.01	1.58	15.30	9.85	22.88

排序	国家	2012 年		2017 年		2023 年	
		贸易额	占比	贸易额	占比	贸易额	占比
3	美国	2.33	21.20	3.91	37.90	3.19	7.42
4	法国	0.05	0.42	0.00	0.00	3.09	7.17
5	哈萨克斯坦	0.44	4.00	0.57	5.49	1.51	3.51
6	俄罗斯	0.00	0.00	0.05	0.44	0.35	0.81
	CR3		95.57		94.07		88.51

注:CR3 为市场集中度的指标之一,指前三大市场占比之和。

数据来源:联合国国际贸易中心 Trademap 数据库。

需要指出的是,中国小麦进口的市场集中度存在下降趋势。从前 3 大来源国(澳大利亚、加拿大、美国)进口额占小麦进口总额的比重看,中国小麦进口的 CR3 从 2012 年的 95.57% 逐渐下降至 2017 年的 94.07%,进一步降低至 2023 年的 88.51%。这与中美贸易摩擦发生以来,中国自美国的小麦进口有所减少不无关系。

从海运航线上看,中国自澳大利亚、加拿大进口小麦的航线如下:

1. 澳大利亚—中国华东

中国自澳大利亚进口小麦,小麦从澳大利亚的港口(包括布里斯班港、墨尔本港、悉尼港等)上船,经过珊瑚海,穿越太平洋,再经过南海或东海,到达中国华东的港口。

2. 加拿大—中国华东

中国自加拿大进口小麦,小麦从加拿大的港口(包括温哥华港、丘吉尔港、蒙特利尔港、维多利亚港等)上船,进入北太平洋,穿越津轻海峡,经过日本海后进入中国黄海、东海,到达中国华东的港口。

中国从美国进口小麦与自美进口大豆走相同的航线。

（四）稻谷（大米）贸易的国际海运网络

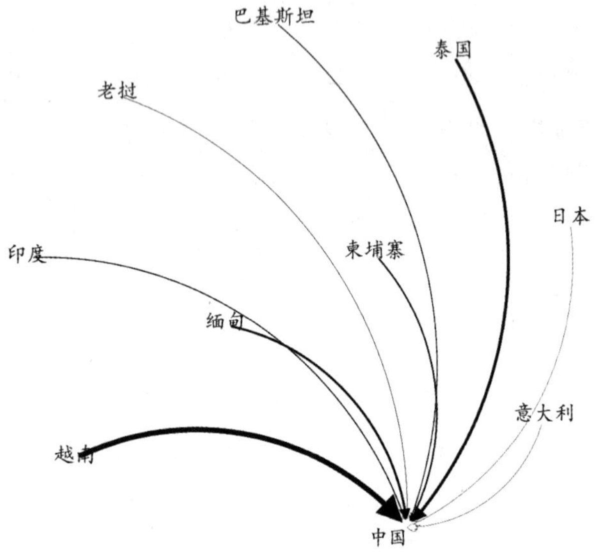

图 5-5 2023 年中国稻谷（大米）进口网络结构

数据来源：联合国国际贸易中心 Trademap 数据库，并经笔者绘制。

如图 5-5 所示，2023 年中国主要从全球 10 多个国家或地区进口稻谷（大米），其中，越南长期占据中国稻谷（大米）进口第一大来源国，但贸易额和占比均呈现向下滑落的趋势；泰国则长期蝉联中国第二大或第三大稻谷（大米）进口来源国地位；缅甸和柬埔寨成为中国稻谷（大米）进口越来越重要的贸易伙伴，贸易额和占比都呈逐渐提高的态势（见表 5-4）。

表 5-4 近年来中国稻谷（大米）进口的国别结构

（单位：百万美元，%）

排序	2012 年			2017 年			2023 年		
	国家	贸易额	占比	国家	贸易额	占比	国家	贸易额	占比
	世界	1125.60	100	世界	1827.84	100	世界	1407.46	100
1	越南	682.13	60.60	越南	1021.69	55.90	越南	543.21	38.59

续表

排序	2012 年			2017 年			2023 年		
	国家	贸易额	占比	国家	贸易额	占比	国家	贸易额	占比
2	巴基斯坦	268.78	23.88	泰国	544.10	29.77	泰国	298.38	21.20
3	泰国	155.24	13.79	柬埔寨	101.13	5.53	缅甸	224.78	15.97
4	乌拉圭	6.46	0.57	巴基斯坦	93.64	5.12	柬埔寨	145.37	10.33
5	老挝	6.43	0.57	老挝	32.76	1.79	印度	93.82	6.67
6	柬埔寨	3.01	0.27	缅甸	31.77	1.74	巴基斯坦	80.57	5.72
7	缅甸	1.77	0.16	日本	1.12	0.06	老挝	19.98	1.42
	CR3		98.27			91.20			75.76

注:CR3 为市场集中度的指标之一,指前三大市场占比之和。
数据来源:联合国国际贸易中心 Trademap 数据库。

值得提及的是,中国稻谷(大米)进口的贸易集中度在逐渐减弱,表明贸易的风险有所降低。从前三大贸易伙伴占全国稻谷(大米)进口总额的比重来看,2012 年,中国稻谷(大米)进口的 CR3 高达 98.27%,2017 年降低至91.20%,2023 年进一步下降为 75.76%(见表5-4)。贸易集中度的下降表明中国稻谷(大米)进口的贸易风险在逐渐减弱,这对于国内稻谷(大米)进口需求的满足是有利的。

从运输网络上看,中国稻谷(大米)进口主要走陆路,不走海运,因此,不加以赘述。

第二节　中国粮食贸易网络存在的问题

一、大豆进口对外依赖性过强

粮食自给率是反映一个国家(或地区)是否依靠自己解决本国粮食问题的指标,如果一个国家(或地区)的粮食自给率在 90%—95%,则为正常的粮食安全水平,能达到基本自给的要求,但粮食自给率如果低于90%则处于危险状态,100%以上是完全自给,属于安全状态(钟钰等,2021)[1]。狭义的粮食自给率的计算公式为:粮食自给率=自产粮食总产量/粮食消费量×100,其中,粮食消费量=自产粮食总产量+净进口,结合国家统计局和海关统计的数据,我们计算出中国小麦的自给率在2011年为98.99%,2016年为97.54%,2021年为93.38%,2023年为92.01%,可见,近10多年来中国小麦的自给率呈现下降趋势,并且2021年起已经低于95%的安全线;玉米在2011年、2016年、2021年和2023年的自给率分别为99.24%、98.81%、90.58%和91.41%,说明近年来中国玉米的自给率也呈现一定的下降趋势,2021年起也低于95%的标准;中国稻谷(大米)的自给率比较高,均处于安全线以上(见表5-5)。

表5-5　近年来中国四大主粮自给率

（单位:%）

年份 粮食	2011	2016	2021	2023
大豆	21.60	14.06	14.53	17.20
玉米	99.24	98.81	90.58	91.41
小麦	98.99	97.54	93.38	92.01
稻谷(大米)	99.97	98.53	98.85	99.53

数据来源:国家统计局、中国海关总署。

需要注意的是,中国大豆的自给率极低。尽管2011年中国大豆的自给率高达21.60%,但在2016年、2021年和2023年已经分别降低至14.06%、14.53%和17.20%。可见,近年来中国大豆的自给率大幅低于安全线标准之下。

---

①　韩冬、李光泗、钟钰:《"一带一路"沿线国家粮食贸易网络核心结构演变及中国的粮食政策响应》,《农村经济》2021年第5期。

综合来看,中国大豆的自给率问题非常突出,对国外大豆的依赖性强,粮食风险非常大,而小麦和玉米也需要适度的关注,稻谷(大米)基本能维持自给,相对稳定。

二、四大主粮进口集中度过高

笔者选取市场集中度指标 CRn,也就是整个市场的前 n 家占整个市场的比率,绝对集中度反映一个行业的垄断程度。我们用中国四大主粮的进口额排名前三的国家占该类粮食当年总进口额的比重来计算 CR3 的结果(见表 5-6)。

表 5-6　近年来中国四大主粮进口集中度

年份 粮食	2019	2020	2021	2022
大豆	0.941	0.972	0.976	0.961
玉米	0.953	0.956	0.994	0.985
小麦	0.793	0.773	0.883	0.925
稻谷(大米)	0.655	0.698	0.598	0.637

数据来源:中国海关总署。

根据表 5-6 所示的计算结果可以清晰地看出,近年来中国大豆的进口集中度持续维持在约95%的高位水平,进口市场主要在巴西、美国以及阿根廷这 3 个国家。其中,从巴西进口额占中国大豆进口总额的比重一直在60%以上;其次是美国,进口额占比从 2019 年到 2022 年上升了 12.3%,而阿根廷的占比下降了将近6%。

近年来中国玉米的进口集中度已经超过95%,美国在中国玉米进口中的地位大幅攀升,在 2022 年为中国玉米进口额最大的来源国。2019 年,中国玉米进口排前三位的国家分别为乌克兰(84.5%)、美国(6.98%)和老挝(3.81%),2022 年中国玉米进口前三大进口来源国分别为美国(74.4%)、乌克兰

（23.2%）、缅甸（0.9%）。

近年来中国稻谷（大米）进口的集中度基本维持不变，这与中国稻谷（大米）以自给自足为主有关，中国稻谷（大米）进口国主要聚集在东南亚地区。2019年中国稻谷（大米）进口排前位的来源国分别为泰国（27.6%）、越南（19.2%）、巴基斯坦（18.7%）；2022年稻谷（大米）进口前三国分别为印度（29.6%）、巴基斯坦（17.4%）、越南（16.7%）。

近年来中国小麦的进口集中度呈现上升趋势。当前，中国小麦进口最主要的来源国是澳大利亚。2019年中国小麦进口前三国分别为加拿大（54.9%）、法国（14.5%）、哈萨克斯坦（10.0%）；2022年中国小麦进口的前三大来源国分别为澳大利亚（55.9%）、加拿大（20.91%）和法国（16.9%）。

三、供应链关键海峡点风险大

中国四大主粮的进口大多数使用传统海运方式运输，因为海运的载量大并且运费也相对较低，但是粮食跨国贸易一旦涉及海运，海峡节点就成为必须面对的关键问题。孙红霞和赵予新（2020）[1]的研究指出，中国90%的进口粮食需要跨越太平洋才能到达国内的各个港口，同时，有43%的进口粮食需要途经马六甲海峡才能到达中国口岸，而需要同时经过马六甲海峡与巴拿马运河的进口粮食占比将近40%，此外，还有7%的进口粮食需要跨过土耳其海峡，经苏伊士运河和霍尔木兹海峡、马六甲海峡才能进入中国。这些关键海峡节点很容易受到附近国家的政治或经济冲突的影响，所以一旦遇到这种问题，海运势必要延期，耽搁交易的时间，影响交易的达成，如果运输的是粮食的种子，甚至还可能会错过合适的播种时间。而且，如果长时间在海上停留也可能会影响到所运粮食的质量，比如出现受潮发芽等现象，导致交易的粮食无

---

① 孙红霞、赵予新：《基于危机应对的我国跨国粮食供应链优化研究》，《经济学家》2020年第12期。

法食用,不仅造成浪费,贸易也无法顺利完成。另外,由于海峡节点的容量
有限,而携带全球贸易货物的船只若为了赶交货时间,行驶仓促,在经过相
对狭窄的海峡时也可能会出现碰撞翻船等现象,进而加大粮食跨国供应的
风险。

四、供应链对海运依赖度过高

中国粮食进口很大程度上依赖传统的海运模式。克拉克森研究统计,
2021 年,中国海运粮食进口量达到创纪录的 1.56 亿吨,2022 年中国通过海运
进口粮食 1.37 亿吨,占全球海运粮食贸易量的 26.5%[①],2023 年上半年同比
增长 6%,达到 7890 万吨。[②] 2020—2023 年的数据表明,海运是中国粮食进
口的最主要方式,海洋运输长期占据中国粮食进口总量的 90% 以上(见表
5-7),这与其粮食承载量大、成本低有直接的关系。

表 5-7　中国海运进口粮食占比

年份	海运量(亿吨)	粮食进口总量(亿吨)	海运占比(%)
2020	1.30	1.39	93.53
2021	1.56	1.62	96.42
2022	1.37	1.44	95.32
2023	1.44	1.53	94.56

数据来源:国家统计局、联合国国际贸易中心 Trademap 数据库。

但是,粮食进口对海运的过度依赖,给国内粮食消费需求的满足带来较高
的风险。供应链的运输如果大幅度依靠海运,加入粮食出口国关闭海运港口

---

①　资料来源:克拉克森研究:《中国海运粮食进口构建多元化进口格局》,见 https://news.
soship.com/show/259898/。

②　资料来源:《中国粮食进口贸易对巴拿马型船市场影响几何》,见 https://finance.sina.
com.cn/money/future/wemedia/2023-09-05/doc-imzkshkv8307959.shtml。

或者关键的海峡节点受到战争或地缘政治等原因的限制,那么粮食的进口将受到相当大的影响。2023 年年底以来,受巴以冲突外溢的影响,胡塞武装持续对美国、英国和以色列的船只实施袭击,导致红海危机不断升级,受其影响,中国自乌克兰的玉米进口直接受到影响,使得粮食的运输成本提高、运输风险加大。

五、缺少强大的跨国粮食企业

中国是粮食消费的大国,对粮食的进口需求旺盛,随着人民生活品质的提高,老百姓对粮食多样性的需求也日益增长。同时,由于中国是全球最大的生猪养殖和消费国,牲畜对饲料粮的需求也非常大。但国际上的粮食贸易很大程度上受到美国阿彻丹尼尔斯米德兰、邦吉、嘉吉和法国路易达孚四大国际粮商的垄断性影响,其中有三家是美国的粮食企业。根据 2023 年《经济日报》的报道(刘慧,2023)[1],四大国际粮商已经垄断了全球 80% 以上的粮食贸易量,在农业原料、粮食生产、加工和供应等各个环节都有绝对的主导权与定价权。四大国际粮商不仅在全球各地拥有成熟的粮食产业链和物流枢纽,控制种源、农资、加工流通、销售等环节,同时还掌握全球粮食价格。从中国来看,中国的优秀粮食企业有中粮集团有限公司,其在 2023 年《财富》世界 500 强排名中排第 87 位,比 2022 年上升了 4 个位次。但是,与已经在全球粮食贸易中站稳脚跟的四大国际粮商相比,中粮集团仍存在不小的距离。一流的大型粮食企业可以帮助中国更好地探查国际粮食种植和收获信息,更加便利地参与粮食采购和销售,为满足国家的粮食需求提供坚实的保障。但中国目前仍然缺少这样的一流跨国粮食企业,同时中国也需要鼓励更多的跨国和国内粮食企业的发展,为满足国内粮食需求提供助力。

---

① 刘慧:《国际大粮商撤离俄罗斯的警示》,《经济日报》2023 年 4 月 13 日。

第三节　中国粮食贸易供应链的脆弱性
——以乌克兰危机为例

一、粮食贸易供应链风险划分

（一）粮食贸易供应链定义

粮食贸易供应链是指粮食从供应方到需求方的贸易流通过程中所形成的网链结构，是从粮食生产种植、粮食加工、仓储运输到销售的上下游环节中根据消费者需求进行协调运作的全过程。

（二）粮食贸易供应链风险定义

粮食贸易供应链具有动态性、复杂性或脆弱性。粮食的生产种植具有地域性，但粮食的消费需求却是全域性的，同时粮食消费需求的稳定性也与粮食生产的季节性存在矛盾。从粮种种植到粮食销售的过程中涉及的主体众多而且供应链各个环节相互关联，具有一定的交叉性，外部干预因素，例如市场需求的变化、粮食价格的涨跌、天气环境的转变等，都会对粮食贸易供应链中的功能环节产生影响，但具体因素还需具体分析。因此，我们将限制粮食贸易供应链各个环节中协调运行甚至导致供应链中断的因素定义为粮食贸易供应链风险。

（三）粮食贸易供应链风险分类

从粮食贸易供应链的不同环节来看，中国粮食贸易供应链风险包括：供应链供给风险、供应链物流风险、供应链需求风险以及供应链外部风险。

供给风险主要涉及供应方主体，包含粮食种植生产过程中所遭遇的农资产品短缺、出口限制政策、种植环境恶劣等种种风险，供应方的粮源保证是粮食贸易供应链正常运作的开始；物流风险主要关系到运输方的运输工作能否有效展开,运输成本、运输通道都是影响粮食运输的因素;需求风险则考虑粮食需求的扩张导致的对进口粮食过度依赖等带来的风险;外部风险则更多考虑粮食金融化以及国际粮食市场竞争对于需求方产生的粮价波动。

二、乌克兰危机下中国粮食贸易供应链风险

(一) 乌克兰危机扩大中国粮食供给风险

1. 生产种植受阻

供应方即出口国的生产种植环节是中国粮食贸易供应链上游环节重要的一部分,贸易双方的供需关系是形成合作的基础。

乌克兰危机背景下的全球粮食供应趋于紧张。乌克兰和俄罗斯是全球粮食供应大国,2022 年俄罗斯粮食生产总量高达 1.507 亿吨,创历史新高,2022—2023 年度(截至 2 月)俄罗斯小麦的出口量位居世界第一,占全球小麦出口总量的 20.43%;乌克兰生产的 60%—80% 的玉米出口至全球各地,数量约占全球市场份额的 14%。① 目前中国与俄罗斯的粮食贸易程度不高,2021 年中国自俄罗斯进口的玉米、大麦、大豆、小麦等粮食均不足各个品种进口总量的 1%。但是乌克兰的玉米和大麦却是中国重要的粮食进口来源。2018—2021 年期间,中国自乌克兰进口的大麦总量激增,年平均进口增速达到 69.84%,2019 年和 2020 年进口总量增长均超 100%,2021 年中国进口乌克兰大麦达到 321.26 万吨,约占全部大麦进口总量的 25.74%。② 而由前文中可知中国自乌克兰进口的玉米总量仅次于美国,2021 年中国进口乌克兰玉米占进口玉米总量的 29.05%。

乌克兰危机的军事冲突会直接影响到乌克兰的种植生产环节,在粮食生产环境和条件遭到破坏的情况下,俄乌的粮食出口会直接受到影响,减少粮食

---

① 数据来源:美国农业部数据 PSD Online,见 http://apps.fas.usda.gov/psdonline/psdHome. aspx。

② 数据来源:联合国国际贸易中心数据库,见 Trade Map-List of supplying markets for a product imported by China。

产量成为必然,从而导致中国自乌克兰的部分粮食进口量下降。在乌克兰的土地面积中,有68.5%的土地为农业用地以及肥沃黑土地,其中黑土地约占世界的3/10,对乌克兰的农作物生长十分有利。在乌克兰危机爆发前仍有700万公吨小麦和1200万公吨玉米未出口,如果以联合国粮食及农业组织2015年至2021年统计的人均每年消费粮食131公斤,那么乌克兰还有足够维持3年全国平均消费水平的贮存粮食,但是对外的粮食出口并没有如此好的预期,双方冲突持续的时间仍旧无法预估,战争危害对乌克兰的农业生产是不可避免的。

作物生长的环境是粮食能够顺利获取的重要条件之一,俄乌战场主要集中于乌克兰境内的东南部,大部分与乌克兰小麦耕种的区域重合,这就导致交战区域的春小麦无法正常播种。并且,战争破坏了乌克兰境内的铁路运输设备、港口基础设施以及能源基础设施,加大了粮种收运输和干燥谷物存储的难度。乌克兰以大型农业企业为主,多采用先进的农业机械和存储设施,所以燃料需求高,而乌克兰的汽油和柴油约有70%进口自俄罗斯联邦以及白俄罗斯,因此燃料短缺可能成为乌克兰粮食生产的阻碍之一。此外,农业劳动力的减少也会延迟粮食耕种与收割的进程。乌克兰农业政策和粮食部已将2022年的农作物种植面积减少至1344万公顷,较2021年缩减了约两成。根据美国农业部的估计,截至2022年11月,乌克兰只有27%的玉米种植面积被收获,而相较2021年玉米种植地收获面积降低了34%。2022年冬小麦预计收获约400万公顷,较2021年减少250万公顷左右。①

农资产品也是粮食作物生长的重要必需品之一。乌克兰危机下,中国贸易供应链中的化肥进口存在较高的风险,进而影响到中国的粮食生产。首先是化肥的供应风险,全球化肥生产和出口多集中在俄罗斯、白俄罗斯、美国、加拿大、印度等国。俄罗斯是世界化肥出口大国,2021年俄罗斯联邦化肥出口

---

① 《燃料肥料短缺　粮食面临大幅减产》,《经济参考报》2022年4月15日。

占全球化肥出口的15%,位居世界第一(宋海英和姜长云,2023)①。俄罗斯是中国化肥进口的重要来源国之一,2021年中国自俄罗斯进口化肥占总进口量的27.9%②,其中以钾肥居多。如图5-6可见,自2022年2月乌克兰危机爆发以来的6个月内,中国与俄罗斯的化肥贸易依旧较为稳定,且相较于同期,2022年1—8月中国自俄罗斯进口的化肥总金额整体有明显的提高。此外据海关数据统计,2022年中国进口白俄罗斯肥料总金额较同期增长了116.49%。受乌克兰危机的影响,全球化肥价格上涨,中国自白俄罗斯和俄罗斯两国进口化肥的金额都有了显著的提升。

（单位：百万美元）

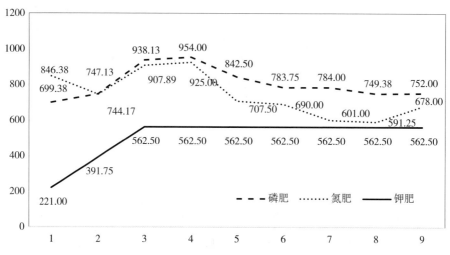

图5-6　2022年1—8月中国自俄罗斯进口化肥的金额

数据来源：中国海关总署。

乌克兰危机期间,欧美国家对俄罗斯采取了贸易、金融等制裁措施,通过取消最惠国待遇、限制关键农业设备与技术出口等手段提高俄罗斯出口产品税额,限制俄罗斯粮食、天然气、化肥等产品的出口,不仅限制俄罗斯,白俄罗

---

① 宋海英、姜长云:《乌克兰危机对全球化肥供求格局的影响及中国的应对》,《农业经济问题》2023年第7期。

② 资料来源:联合国Trademap数据库。

斯也被欧美等国制约了化肥的出口。其次是化肥价格危机,化肥供应紧张对
化肥价格带来的直接影响就是化肥价格的上涨。俄罗斯化肥出口量的锐减导
致众多依赖俄罗斯化肥进口的国家和地区化肥无法及时获得肥料的补充,全
球化肥价格快速上涨。据世界银行的统计,全球化肥价格在 2022 年 2 月快速
上涨,2022 年 3 月氮肥、磷肥、钾肥的价格较 2 月分别增长了 18.03%、
20.36%、30.36%,磷肥、氮肥、钾肥的化肥价格在 4 月达到历史新高,分别为
954 美元/公吨、925 美元/公吨、562.5 美元/公吨。

（单位：美元/公吨）

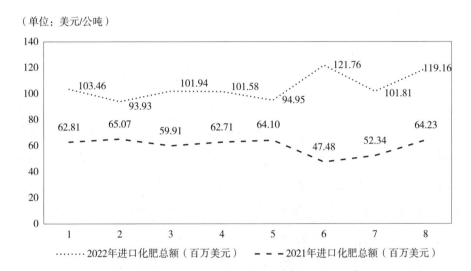

图 5-7　全球化肥价格月度变化

数据来源:世界银行。

　　化肥生产成本的上升直接提高了化肥价格,俄罗斯通过制定"对俄不友
好国家和地区"名单采取反击,限制了与乌克兰、美国、欧盟成员国等 48 个国
家(或地区)的贸易往来。俄罗斯的天然气和原油出口在全球范围内占有十
分重要的地位,而且天然气和原油是化肥、杀虫剂等重要的生产原料,化肥生
产投入成本的增加推动了国际化肥价格飙升,农产品生产成本的提高也会挫
伤农民的生产积极性。各国化肥供不应求的局面进一步影响农作物的生产,
化肥是保证粮食作物产量和品质的重要因素之一,化肥量不足会导致作物生

产的减少,全球粮食也会随之陷入供应不足的状态。乌克兰敖德萨港、切尔诺莫斯克港等重要海港的封锁使得化肥以及其他种植所需的产品无法正常进口,进而延误粮种的病虫害预防工作,降低粮食产量和质量。乌克兰的进口氮肥多从白俄罗斯以及俄罗斯联邦进口,乌克兰危机致使双方贸易通道关闭,乌克兰的化肥进口更加困难,乌克兰的粮食出口也因此而下降。

联合国粮食及农业组织的统计显示,2022 年全球粮食进口支出达到 1.8 万亿美元,较 2021 年增加 510 亿美元,其中大部分增长是由于农业投入成本的提高以及粮食供应链中断导致的结果。

2.粮食出口限制

考虑到国际粮食供应减少、种粮成本提高等趋势,诸多国家为保障本国国内的粮食安全,颁布了粮食出口限制政策。如表 5-8 可见,2022 年 3 月以来有多个国家通过颁布实际出口禁令、签发出口许可证、征收出口税等政策限制或禁止本国粮食的出口。例如,占全球市场份额 39.91%的阿根廷豆油、豆粕出口停滞引致大豆加工产品行业受到影响;埃及为在全球粮食市场动荡中支持国内供应,发布了禁止多种粮食商品出口的决定;俄罗斯受国际制裁以及保护国内市场的考虑禁止谷物和食糖出口至欧亚经济联盟的成员国;乌克兰政府对小麦的出口禁止政策也对国际粮食供应局势造成冲击。政策性的干预使得对进口粮食依赖度较高的国家容易产生粮食危机,国际粮食市场供不应求的局面也会导致国际粮价的攀升。

表 5-8　乌克兰危机以来各国农业出口限制政策

国家	出口限制措施	日期	出口限制产品	受限产品的全球市场份额(%)
阿根廷	禁止出口	2022 年 3 月 13 日—2022 年 3 月 20 日	豆粉、豆油	39.91
	出口税	2022 年 3 月 19 日—2022 年 12 月 31 日	豆油、豆粕	39.91

国家	出口限制措施	日期	出口限制产品	受限产品的全球市场份额（%）
埃及	禁止出口	2022 年 3 月 12 日—2022 年 6 月 12 日	植物油、玉米	0.14
	禁止出口	2022 年 3 月 10 日—2022 年 9 月 14 日	小麦、面粉、油、扁豆、意大利面、豆类	0.45
俄罗斯	禁止出口	2022 年 3 月 14 日—2022 年 8 月 31 日	食糖	0.36
	禁止出口	2022 年 3 月 14 日—2022 年 6 月 30 日	小麦、黑麦、大麦、玉米、食糖	13.11
土耳其	禁止出口	2022 年 3 月 19 日—2022 年 12 月 31 日	牛肉、绵羊肉、山羊肉	0.03
	禁止出口	2022 年 3 月 4 日—2022 年 6 月 30 日	食用油	2.28
	出口许可	2022 年 3 月 4 日—2022 年 12 月 31 日	谷物、油籽、食用油	0.77
乌克兰	禁止出口	2022 年 3 月 9 日—2022 年 5 月 10 日	小麦、燕麦、小米、食糖	5.86
	出口许可	2022 年 3 月 6 日—2022 年 5 月 10 日	家禽、鸡蛋、葵花籽油、牛肉、黑麦、玉米	10.27
摩洛哥	出口许可	2022 年 3 月 12 日—2022 年 4 月 30 日	番茄	15.50
白俄罗斯	出口许可	2022 年 3 月 25 日—2022 年 6 月 15 日	大米、全麦面粉、黑麦面粉、大麦、意大利面	0.05

数据来源：国际食物政策研究所。

（二）乌克兰危机增大中国粮食物流风险

1. 海陆运输通道堵塞

中国进口粮食大部分来自美国、巴西、乌克兰、加拿大等国，进口来源国多集中于南北美洲、欧洲等地区，运输里程远、进口量大，因此中国粮食进口运输主要依赖海洋运输。除自然因素导致的海运风险外，地缘政治以及其他冲突事件也在增大航运压力,一旦海上运输的关键节点——通常是运输路线上的重要峡口,出现堵塞或者中断,就可能引发后续一系列的运输延误或是运输成本上升(丁存振和徐宣国,2022)①。2022年2月底乌克兰深水港暂停运作,同时俄罗斯的航运受到国际制裁,这使贸易进口国的粮食采购难以进行,部分大宗商品贸易流向将转移至美洲、澳大利亚和南非等相对较长的航线,干散货行业整体供应也趋于紧张,因此干散货船(大宗粮食运输主要以干散货船为主)尤其是海峡型和巴拿马型船只的运输时间和路程增加,关键道路拥堵概率也在提高,导致海洋运输价格上涨。

乌克兰危机加剧了中国粮食进口的海运风险。中国进口乌克兰的海运路径大多经过"乌克兰港口—土耳其海峡—苏伊士运河—马六甲海峡"到达中国。乌克兰危机导致乌克兰东南部地区的港口无法进行运作,限制了乌克兰玉米、小麦等粮食的出口,对中国的玉米进口直接造成影响,也进一步加剧了国际粮食供应短缺的紧张格局。此外,连接黑海与地中海的重要咽喉——土耳其海峡也受到一定程度的影响,欧盟在2022年12月颁布了对俄罗斯石油的限价令后,要求每桶原油的售价低于62美元,否则欧盟将不再为俄罗斯提供相关的原油运输保险、金融等服务。土耳其政府考虑到俄罗斯原油价格上限,要求所有途经土耳其海峡的船只提供新的保险证明,俄油限价令生效的第一天就有众多油轮滞留在土耳其海峡造成交通拥堵。土耳其海峡航运条件优越,是欧洲的交通要塞,每年的船流量约为4万艘,土耳其海峡油轮堵塞不仅影响国际石油贸易,如果海运堵塞现象长期保持还会阻碍其他船只的正常通行,影响巨大。这两个重要运输节点的中断和堵塞使黑海地区至中国的粮食运输无法达到通常的水平,粮食运输总量必然下降。

除海运外,中欧班列运输路线是中国跨国贸易陆路运输的重要通道。中欧班列加强了"一带一路"的建设,其运输路线经过或到达与中国粮食贸易密

---

① 丁存振、徐宣国:《国际粮食供应链安全风险与应对研究》,《经济学家》2022年第6期。

切的国家,如乌克兰、法国、哈萨克斯坦以及俄罗斯等,创造了更多与"一带一路"共建国家长远合作的机会。但是乌克兰危机对中欧班列的正常运行造成了一定的冲击,中欧班列部分路线受乌克兰危机的影响被迫停运或更换线路,中国贸易供应链中的陆路运输环节受到影响。乌克兰和俄罗斯两国是中欧班列规划路线中重要的组成部分,中欧班列货运途中需经过俄罗斯、乌克兰大部分领土地域。对于与乌克兰相关的运输路线而言,由于乌克兰境内的交通运输设施遭到了一定程度的损坏,以及出于对贸易货物的安全考虑,中欧班列经过或直达乌克兰的班次已全面暂停,其中只有不到3%的中欧班列还会途经乌克兰(颜少君,2022)[1]。

2. 能源价格波动剧烈

能源供应的中断以及持续高价是高风险之一。乌克兰危机打破了国际能源市场的平衡,全球能源价格波动剧烈。俄罗斯是能源生产大国,天然气、原油和煤炭的出口供应在全球能源市场中都占有巨大份额。由于生产和出口受限,2022年第三季度俄罗斯的原油产量比预期减少近约30万桶/天。俄罗斯能源出口的限制给国际能源市场造成了巨大的缺口,各国能源贸易往来也不再稳定,中国与俄罗斯能源贸易的风险也有所增高。

原油的价格在2022年3—7月保持高水平状态,国际原油平均价格高达每桶110美元,据世界银行统计,布伦特原油的价格波动剧烈,从2020年开始原油价格持续上涨,至2022年年初受俄乌局势影响,原油价格达到了历史上的相似高价,约每桶120美元(见图5-8),是2021年国际平均原油价格69美元/桶的1.7倍。波罗的海交易所数据显示,TD6黑海至地中海航线以及TD17波罗的海至英国航线邮轮费用率大幅度上涨,达到日均10万美元的水平。原油是海陆运输的重要燃料,全球油价的上涨意味着国际货物运输成本的上升,中国粮食贸易的运输成本必然上升。而且全球能源市场价格的波动

---

① 颜少君:《乌克兰危机对"一带一路"的影响及中国的应对》,《全球化》2022年第5期。

拔高了能源进口的平均价格,中国能源进口成本也会提高。此外,国际局势动荡还造成了货币贬值,虽然从 2022 年 8 月开始,布伦特原油价格开始出现下跌趋势,但是据世界银行统计,以各国国内货币计算,新兴市场和发展中经济体的石油进口价格仍有平均 3% 的上涨,其中中国的布伦特原油进口价格上涨了 4.2%。

（单位：美元/桶）

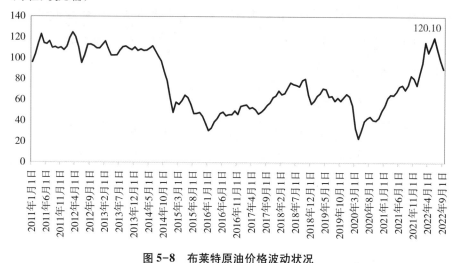

图 5-8 布莱特原油价格波动状况

数据来源:世界银行。

全球能源价格上涨势必抬高运输成本,进而加大运输风险。如图 5-9 可见,2022 年 2—5 月各个港口的运费指数整体上都有明显的上升,主要原因在于全球石油价格的上涨导致的海运成本上升,此外粮食供应链中断和运输道路的堵塞也间接加长了运输的时间成本和路程。

欧洲国家对俄罗斯能源进口高度依赖,在其限制俄罗斯能源出口的同时也将面临短期内无法找到能源进口替代的风险,2022 年第三季度俄罗斯减少了对欧洲天然气的供应。欧洲国家对于天然气的需求旺盛,因此天然气价格飙升。至 2022 年 8 月,欧洲天然气的价格相较 1 月增长了约 2.5 倍,达到 70 美元/百万英热（＄/mmbtu）。联合国粮食及农业组织的数据显示,2022 年

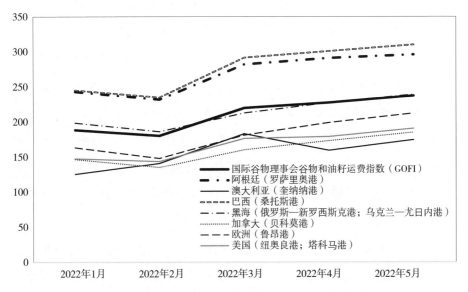

图 5-9 国际谷物理事会谷物和油籽运费指数和分项指数

注：指数基准，GOFI（2013.01.01）= 100；各个分项指数比重：阿根廷 13.8%、澳大利亚 2.1%、巴西 30.3%、黑海 15.8%、加拿大 4.9%、欧洲 6.5%、美国 26.5%。

数据来源：国际谷物理事会。

1—9 月南非出口至欧盟的煤炭同比增加了约 6 倍，全球煤炭贸易也已恢复到新冠疫情暴发前的水平，这也从侧面说明了由于能源价格飙升，替代能源需求高涨。天然气作为化肥生产的重要原料，其价格的上涨提高了化肥生产的成本，粮食生产种植的成本也会提高，进而影响欧洲各国的粮食生产以及出口。

（三）乌克兰危机增大中国粮食进口风险

1. 进口依赖程度高

海关数据显示，2022 年中国进口粮食总量约 1.47 亿吨，同比下降 10.7%，占中国粮食总产量的 21.4%。

从粮食进口品种来看，中国大豆进口对外依赖程度远超谷物，虽然玉米、小麦、稻谷（大米）也有进口，但是国内产量并不低于进口量。2022 年中国大豆进口量减少，谷物进口量增多，总体的对外进口依存度仍未发生较大的改变。据海关统计,2022 年中国粮食进口量占比最大的依旧是大豆,大豆进口占粮食进口总量的 62%。中国进口大豆主要来自巴西,2021 年中国约进口5814 万吨巴西大豆,占中国大豆进口总量的 60.25%,玉米进口主要来源于美国和乌克兰,玉米进口量合计 2806 万吨,其中美国占比达到 69.94%,乌克兰占比 29.05%。但是乌克兰危机引发了一系列的连锁反应,导致大豆和玉米的进口数量较往年有所减少。俄罗斯化肥出口的减少导致巴西种植大豆所需的化肥进口成本提高,大豆出口量也受到影响,而乌克兰的玉米受军事行动带来的外界种植环境和因素的种种变化,导致 2022 年中国进口乌克兰玉米的数量同 2021 年相比较减少了 27.3%。

从进口国家来看,过度依赖个别国家的粮食出口是中国粮食进口集中度高的表现,进而导致粮食进口风险。在双方贸易过程中,粮食进口的高度集中会使出口国对进口国的粮食贸易形成一定的控制权,一旦出口国的粮食供应

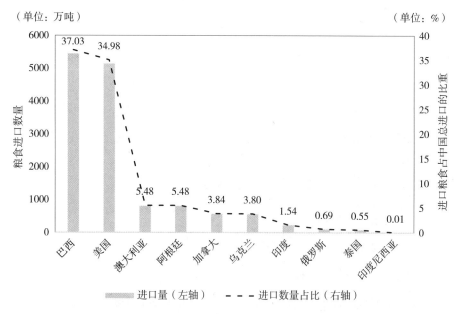

图 5-10　2022 年中国粮食进口主要来源国

数据来源:中国海关总署。

减少或是突发事件爆发,进口国可能在短时间内无法找到出口国的替代,从而延误甚至造成国内需求得不到满足。与中国进行粮食贸易的国家中,美国、巴西、澳大利亚、加拿大、法国、乌克兰等国在全球粮食供应中都占有较大的市场份额,其中美国和巴西出口到中国的粮食占中国粮食进口总量的比重约为72.01%。粮食进口的高度集中导致中国粮食贸易供应链存在一定的脆弱性。

2.产业需求量扩大

随着中国国内人口基数的扩大和对良好饮食生活的追求,中国国内粮食需求量扩大,除满足温饱的口粮外,粮食进口中的饲料用粮和工业用粮量占比逐渐扩大。

2001年以来,中国经济不断发展,居民生活水平得到改善,饮食消费结构的变化体现最为明显。2000—2021年,中国口粮谷物等消费总量呈现先上升后缓慢下降趋于平稳的变化,而中国居民对动物性食物的消费量则快速上升,肉类、蛋类和奶类的人均消费量分别增长了45.4%、41.5%、515%(徐海泉等,2023)[1]。然而,平均每生产1千克的牛肉、猪肉、鸡肉和牛奶就分别需要提供27千克、5千克、3.5千克和2.1千克的饲料(柏兆海,2015)[2]。畜产品大量生产需要畜牧行业中饲料粮的充足保障,其中富含蛋白质的大豆和玉米是饲料用粮的主力军。一方面,受限于农业资源以及生态环境保护,国内大面积种植所需饲料作物的要求无法实现;另一方面,进口粮的价格具有优势,因此中国的大豆和玉米饲料粮都以进口为主,其他进口饲料粮则是可作为玉米替代品的大麦、小麦、高粱和干玉米酒糟。中国主要的饲料用粮进口市场具有垄断性,进口渠道单一导致贸易风险性高,一旦饲料粮进口受冲击,就会影响到畜牧行业的发展,进而影响国内居民的饮食消费,危及国内粮食安全。

---

① 侯明慧、白晋睿、李夏清、陈淏玉、张璇斐、蔡少伦、乌日娜、徐海泉:《1980—2021年中国居民食物消费结构变化趋势及优化建议》,《中国食物与营养》2023年第3期。
② 柏兆海:《我国主要畜禽养殖体系资源需求、氮磷利用和损失研究》,中国农业大学博士学位论文,2015年。

粮食能源化的走向使能源价格与粮食价格相联系。以玉米、小麦作为生物质能源生产的主要原料技术已经较为成熟，乌克兰危机背景下的全球能源价格上涨可能会导致各国关注生物质能源的开发。修阳(2020)[①]的研究表明，当石油价格达到每桶80美元时，利用玉米等作物生产的乙醇燃料更具有优势。生物质能源的研发推动工业用粮的需求，不仅与口粮需求相冲突，还会减少各大出口国的粮食数量，进而影响国际粮食安全。例如，2003—2006年，美国为生产本国的生物质能源，粮食出口减产了4%(Bailey 和 Wellesley，2017)[②]，作为世界粮食供应大国的美国粮食出口下降，必定会影响到中国的粮食进口。

（四） 乌克兰危机扩大中国粮食外部风险

1.粮食金融化程度加深

随着世界经济一体化的加速推进，跨国粮食贸易日益频繁，国际金融体系机制的完善也为粮食投资、投机创造了便利的条件，粮食金融化的程度呈现不断深化的趋势。除传统的粮食贸易外还涌现出粮食期货、期权等相关的粮食金融衍生产品，而且粮食价格的变化不仅只与粮食市场本身的供需关系挂钩，受金融市场投资因素的影响也逐渐增大。

粮食作为具有良好风险分散性的大宗商品，为粮食市场的投机行为提供了条件。粮食期货市场不再只是传统的规避市场风险的场所，市场主体除了贸易供需方外，更有套利赚取差价的投机商，还出现了金融机构银行、商品指数基金以及对冲基金等主体或产品(陈植，2022)[③]。乌克兰危机背景下粮食贸易保护主义国家采取的粮食出口限制政策加大了粮食供应压力，吸引了众

---

① 修阳:《浅析粮食金融化实质》,《中国饲料》2020年第1期。

② Bailey, R., Wellesley, L., *Chokepoints and Vulnerabilities in Global Food Trade*, London: Chatham House,2017.

③ 陈植:《全球粮食供应市场"风雨欲来"对冲基金涌入农产品期货买涨牟利》,《21世纪经济报道》2022年第3期。

多的对冲投资者加入对粮食等农产品的买涨套利行列,美国芝加哥期货交易所小麦、大豆期货价格在短时间内突破新高,小麦超过 1000 美分/蒲式耳,大豆涨至 1700 美分/蒲式耳。

高利润驱动下部分对冲基金的能源与农产品投资比重在 2022 年年初提高到了 30%(陈植,2022)①;也有部分对冲基金开始计划粮食仓储基地的购入,控制粮食流通量可以帮助对冲基金期现套利降低风险性,同时也可以在一定程度上规避投机监管风险。

粮食金融投资者的投机获利行为对各国粮食进口构成一定的威胁性。一方面,众多投机者买涨粮食期货抬高了国际粮价;另一方面,进口国因进口粮食的减少可能导致国内粮价上涨以及恶性通货膨胀,给对冲基金可乘之机,对国家货币采取相同的套利机会。

中国对粮食进口依赖程度高,国内粮食市场与国际粮食市场连接紧密,国内粮食价格受国际粮食市场波动的影响程度加深。期货市场与现货市场联系紧密,粮食期货市场的价格波动会通过价格传导机制影响到粮食现货市场(本书第三章已经详细阐明),粮食生产商会根据期货合同中的价格判断粮食期货价格,进而调整投入的生产成本,判断合适的供应量。

2. 国际粮食市场竞争激烈

国际粮食市场上的粮食企业竞争不断加剧,粮食企业间的竞争合作已经不仅仅局限于粮食产量和质量的较量,而逐渐转变为粮食供应链整合能力的竞争(李凤廷和侯云先,2014)②。具有强大竞争优势的粮食企业已经具备成熟的供应链,可以完成粮食从农场到消费者餐桌的一系列流程,例如美国嘉吉、邦吉、阿彻丹尼尔斯米德兰和法国路易达孚等国际大型粮食企业。其中四

---

① 陈植:《全球粮食供应市场"风雨欲来"对冲基金涌入农产品期货买涨牟利》,《21 世纪经济报道》2022 年第 3 期。

② 李凤廷、侯云先:《粮食供应链整合研究——基于链内、链间交互整合的概念框架》,《商业经济与管理》2014 年第 1 期。

大国际粮商在粮食贸易市场占据市场份额大,具有一定的垄断能力,2020 年四大粮食的大豆贸易份额之和超过全球的 60%,玉米和小麦的份额超过 70%,而当时中国大豆进口也超过世界贸易总量的 60%,但是大豆定价权和加工贸易渠道大多掌握在四大国际粮商手中,中国进口大豆价格完全处于被动状态(李喜贵,2021)①。国际粮商的产业链发展可以追溯到 20 世纪 90 年代,先发优势是中国粮食企业难以追击的,此外粮商企业大多是在全面纵向协调发展供应链上下游业务能力的前提下,通过兼并收购、与竞争对手合作等手段横向延伸产业链。中国龙头企业以中粮集团有限公司、中国储备粮管理总公司为第一梯队发展迅速,但是中国的大型国际粮商数量较少,众多的中国粮食企业还仅仅发展到集中生产、粮食初加工等环节。

第四节　中国粮食贸易供应链的风险应对

一、保障国内粮食供给数量

在乌克兰危机背景下,逆全球化思潮蔓延,国际局势仍未有清晰的定局。在如今复杂的国际格局下,突发事件的爆发对现下紧张的国际粮食供应带来更大的不确定性,为避免进口粮食危机,从中国粮食贸易供应链的供应环节看,应制定粮食可持续生产计划,组建专业的科研团队培育良种,优化有限耕种资源的生产潜力,提供对大豆、玉米等进口需求量大的粮食品种的生产补贴,及时调整粮食最低收购价以提高种粮农民的生产积极性,在节约资源保护环境的前提下提高国内粮食产量。而从供应链的需求环节看,饲料和工业用粮需求不断增大,为避免粮食产需错配导致资源浪费,政府应加强市场监管,预防部分企业在能源价格不断攀升的背景下无限制进口粮食用以生物能源的

---

① 李喜贵:《国际粮商发展经验对培育我国大粮商的启示》,《中国经贸导刊(中)》2021 年第 4 期。

生产,避免保障粮食安全和发展生物质能源之间产生冲突。然而,国内各行各业用粮需求多以市场需求为导向,消费者注重生活品质的追求推动了饲料用粮和工业用粮的需求,因此粮食储备也要通过市场需求和消费结构的变动及时掌握饲料用粮、工业用粮的需求态势。

二、拓展粮食进口多元渠道

优化粮食进口的渠道结构,改善粮食进口的贸易布局,降低粮食进口的对外集中度和依存度,提高粮食进口安全性。2022 年 5 月 23 日,中国与巴西签订了《巴西玉米输华植物检疫要求议定书》,中巴玉米交易逐渐提上日程,这也意味着中国过度依赖美国和乌克兰的玉米进口结构正在改善,多元化的粮食进口渠道可以分散粮食贸易供应链中的风险,降低突发事件以及地缘政治冲突对粮食进口带来的负面影响。此外,中国可以制定关于粮食进口备选国的方案,在粮食紧缺的情况下,可向备选合作国家收购粮食。例如巴拉圭、乌拉圭、加拿大、乌克兰等国的大豆出口虽不及美国和巴西大豆产量多,但是2021 年四国大豆出口总量达 1377.2 万吨,占世界大豆出口总量的 8.5%;乌克兰、法国、德国、罗马尼亚的小麦出口量,法国、匈牙利、罗马尼亚的玉米出口量,法国、俄罗斯、乌克兰的大麦出口量也较为可观。中国可以借助地理与政策优势,加强与"一带一路"共建国家或地区的农产品贸易合作,开展多边贸易,充分运用投资、技术援助等方式与国外的农产品生产商形成合作联动机制,稳定粮食进口渠道。

三、完善粮食运输基础设施

为保障跨国粮食运输安全,既要加强港口铁路仓储等运输基础设备的建设,也要拓展新的运输线路和通道。海峡通道阻塞以及大部分中欧班列的停运都对中国粮食进口产生消极的影响,考虑到未来中国粮食运输的安全性,可以采取分散单一海洋运输通道的压力,与地理位置相近的国家构建水路联运机制,比如加强与符拉迪沃斯托克海港的联系,降低对部分通道如太平洋海运路线的依赖,开发北极圈航线,掌握海洋运输的主动权。利用"一带一路"建设的合作关系推进共建国家基础运输设施的统一规范性,提高中欧班列的运输效率,进而形成贯通亚欧大陆的交通运输网络,为粮食运输提供更多的运输渠道。

大豆、玉米等粮食在未来依旧是中国主要的粮食进口品种,且进口来源在一段时间内依旧集中于美国、巴西、阿根廷等地,因此政府可以鼓励国内大型企业通过投资新建、合作或并购等方式,以主要粮食出口国及地区的港口、码头为中心形成跨国粮食仓储物流基地,实现跨国粮食在进出口物流基地的干燥处理、加工、包装以及仓储转运等环节(丁博,2021)[①],为粮食进口提供运输安全保障。

四、培育扶持跨国粮食企业

相较于跨国粮商,中国粮食企业起步较慢,未能占到市场先机,但是中国粮食企业可以借鉴嘉吉、邦基等大型粮食企业的经验做法,加强仓储建设投资,积极参与国外粮食产业链的分工,探索流通和深加工等高价值环节,同时加强与国际企业的合作,并通过兼并收购等手段扩大企业规模,完善粮食贸易供应链。在"走出去"的过程中,还要提升企业的风险管理能力。当前国际局势动荡,粮食价格波动剧烈,粮食金融化、能源化程度加深,企业应建立粮食价格波动监测机制,时刻预警风险危机的波及,并利用期货现货合同、货币汇率等金融工具抵御风险。粮食金融化使得国际粮食企业能够利用金融市场进行投资投机获得资金,中国政府和国家金融机构可以在中国粮食企业"走出去"的过程中提供支持,鼓励企业探索国际粮食市场,壮大培养出中国的国际性龙头企业。但是培育本土化的跨国粮商需要结合中国的实际情况,明确中国的

---

① 丁博:《跨国粮食进出口物流通道的探讨》,《粮油与饲料科技》2021 年第 1 期。

跨国粮商要以保障本国粮食安全为首要任务,自觉承担与企业地位对应的社会责任,形成良好的市场氛围。

五、提高国际粮食市场地位

粮食金融化使粮食期货、期权贸易扩大,进一步增大了国内粮食期货市场贸易的规模,加强国内外粮食金融市场的关联可以吸引更多的国际投资,进而提高中国粮食期货市场在国际市场的影响力。一方面,通过建立更多如大连和郑州期货交易市场等体系成熟完善的大型期货交易市场,巩固国内粮食期货交易的影响力;另一方面,开设更多粮食品种的期货交易,适当降低期货市场的门槛吸引更多粮食生产商、采购商和加工商的加入。

随着中国融入世界经济体系程度的加深,人民币的国际影响力也在不断提高。加快人民币国际化进程,推进国内货币政策改革,可以有效应对国际价格传导机制对国内粮价的影响。汇率的调整可以在国内企业大量进口具有价格优势的国际粮食时抑制其进口积极性,降低国际粮食价格波动对国内粮价的影响(李俊茹,2021)[1]。

---

① 李俊茹:《粮食金融化问题研究述评》,《农业农村部管理干部学院学报》2021年第4期。

第六章　跨国粮食供应链协同治理机制研究

　　2014 年,国务院正式颁布了《关于建立健全粮食安全省长责任制的若干意见》,明确各省级政府的粮食安全责任,包括生产、储备和流通等诸多环节,全面承担起相应的责任,以确保粮食安全的各项措施得到有效落实。2019 年发布的《中国的粮食安全白皮书》指出,对内要保障国家口粮的绝对安全,以防止谷贱伤农作为底线;对外要积极鼓励中国粮食市场的开放,参与国际粮食贸易合作,积极开展国际农业投资,向世界推广粮食生产、加工、仓储、物流、贸易等粮食供应链相关的技术和经验,积极参与世界的粮食安全治理。2022 年,中央一号文件指出,要全面立足于新发展阶段,稳住农业基本盘,保障农产品供给,建设现代粮食流通体系。党的二十大报告明确指出,必须坚守十八亿亩耕地红线,确保国家粮食安全牢牢掌握在中国人民自己手中。同时,报告倡导树立大食物观,致力于构建一个多元化、全面覆盖的粮食供给体系。根据国家统计局发布的权威数据,2023 年中国粮食总产量达到了 69540.99 万吨,其中,小麦产量 13659.01 万吨、玉米产量 28884.23 万吨、稻谷(大米)产量20660.32 万吨、大豆产量 2384.10 万吨,再创历史新高,有效地保障了国家的粮食安全。

　　随着生活水平的不断提高,中国人民对于粮食的需求不再满足于吃得饱,更重要的是吃得好,老百姓对粮食供给的多元化需求不断增加。为满足粮食的多元化需求,中国积极开放粮食进口渠道,鼓励粮食进口,加强国际粮食贸易合作,不断完善粮食跨国供应链建设,在保障粮食进口安全的同时,满足人们对于粮食多元化的需求。

然而,由于气候变化、极端天气事件频发、自然灾害肆虐、地缘政治局势紧张以及国际冲突等多重因素的相互交织与叠加,全球粮食供应链的稳定性正面临着前所未有的严峻威胁。联合国粮食及农业组织指出,乌克兰危机导致全球粮食供应七类风险的加大和爆发:贸易风险、价格风险、物流风险、生产风险、人道主义风险、能源风险、外汇、债务和增长风险(周密,2022)①。这七大风险严重影响跨国粮食供应链的生产端、运输端、贸易端、消费端四大环节。中国外交部也指出,当前全球面临的粮食能源危机并非生产和需求的问题,而是国际合作受到干扰导致的供应链的问题;粮食能源问题政治化、工具化、武器化,严重威胁了跨国粮食供应链的稳定。建设良好的跨国粮食供应链环境,构建跨国粮食供应链的协同治理机制,实现跨国粮食供应链的协同治理,保障跨国粮食供应链的有效供给非常有必要。

第一节 跨国粮食供应链的现状

一、全球粮食供应现状

进入 21 世纪以来,全球粮食产量得到极大提升,整体上全球粮食安全较为乐观。联合国粮食及农业组织的数据显示,2023/2024 年度,全世界谷物播种面积达到 7.56 亿公顷,较上年度增加 0.38%;总产量达 32.34 亿吨,每公顷单产为 4277 公斤,较上年度分别增长了 2.86% 和 3.26%。其中,三种主要粮

---

① 周密:《粮农组织提醒防范全球粮食供应风险》,中国商务新闻网,2022 年 3 月 24 日。

食作物小麦、玉米、稻谷（大米）在 2023—2024 年播种面积较上年度下降 0.56%，为 6.02 亿公顷；总产量较上年度增长 1.71%，达到 27.90 亿吨，单产较上年度增长 2.28%，为每公顷 4638 公斤。联合国粮食及农业组织发布的谷物供需平衡表显示，2024 年全球谷物产量达创纪录的 27.92 亿吨，同比增长 1.6%。小麦产量预计增长 1.8%，玉米产量预计增长 1.7%。全球谷物消费量增长 1.3%，达到 27.86 亿吨，中国和美国需求旺盛。联合国粮食及农业组织指出，2024 年谷物库存量将达 8.57 亿吨，可以满足未来消费的需求。

表 6-1　2014—2023 年度全球稻谷（大米）产量

（单位：吨）

年度 国家	2014/ 2015	2016/ 2017	2017/ 2018	2018/ 2019	2019/ 2020	2020/ 2021	2021/ 2022	2022/ 2023
中国	146726	147766	148873	148490	146730	148300	148990	145946
印度	105482	109698	112910	111000	118870	124368	129471	135755
印度尼西亚	35560	36858	37000	37300	34700	34500	34400	34000
越南	28166	27400	28471	29069	27100	27381	26670	26940
泰国	18750	19200	20370	20700	17655	18863	19878	20909
菲律宾	11914	11686	12235	12150	11927	12416	12540	12625
缅甸	12600	12650	13200	13120	12650	12600	12400	11800
巴基斯坦	7003	6849	7450	7400	7206	8420	9323	5500
巴西	8465	8383	8208	7752	7602	8001	7337	7004
日本	8079	7929	7787	7787	7611	7570	7636	7480
美国	7106	7117	5695	6579	5877	7224	6083	5092
韩国	4241	4197	3972	3868	3744	3507	3882	3764
其他	41740	43480	42913	41881	45460	46854	45959	45302
全球总计	482229	495069	491139	495867	498336	509491	514345	513355

资料来源：联合国粮食及农业组织。

尽管全球粮食总体供应处于高位，但局部地区和个别品种的供应紧张局势仍然较为突出。以稻谷（大米）为例，由表6-1和表6-2的数据可以看出，在2014—2023年间，全球的稻谷（大米）产量和消费量都呈现波动增长的态势，从总体上看，亚洲是稻谷（大米）的主要消费地区，中国一直以来都是稻谷（大米）的生产大国和消费大国，韩国和日本的稻谷（大米）产量无法满足其消费量。近年来，全球粮食系统面临极端天气、地区冲突、经济衰退、化肥短缺等多重因素的干扰，一定程度上影响了全球粮食安全，如泰国和菲律宾。根据联合国粮食及农业组织的《灾害对农业和粮食安全的影响》报告，在1993—2023年间，各类灾害对农牧业生产造成的经济损失累计约达3.8万亿美元，折合年均损失约为1230亿美元，这一数字相当于全球农业年总产值的5%。

表6-2　2014—2023年度全球稻谷（大米）消费量

（单位：吨）

年度\国家	2014/2015	2016/2017	2017/2018	2018/2019	2019/2020	2020/2021	2021/2022	2022/2023
中国	141000	141761	142782	143790	145230	150293	156360	154994
印度	98244	95776	98660	100000	101950	101052	110446	114510
印度尼西亚	38300	37800	38100	38100	36000	35400	35300	35700
越南	22000	22000	22000	22000	21250	21350	21400	21400
泰国	10000	12000	10600	10500	12300	12700	12700	12700
菲律宾	13000	12900	13250	13500	14400	14800	15400	16000
缅甸	10500	10000	10100	10200	10400	10400	10500	10200
巴西	7925	8000	7800	7750	7300	7350	7150	6900
日本	8830	8730	8655	8600	8350	8150	8200	8200
美国	4284	4230	4279	4323	4586	4860	4758	4617
韩国	4197	4651	4883	4673	4100	4000	3950	3950
其他	61589	65995	67053	68882	70929	71833	73961	74855
全球总计	474845	482727	489560	490266	493588	503710	519035	521386

资料来源：联合国粮食及农业组织。

二、中国粮食供应现状

中国的粮食供应总体呈现出积极且稳定的态势,整体运行平稳,粮食安全保障水平得到显著提升。

(一) 中国粮食供给与需求

2023 年,中国粮食总产量实现了 69541 万吨(折合 13908.2 亿斤)的显著成就,相较于 2022 年增长了 888 万吨(即 177.6 亿斤),增幅达到 1.3%,再次刷新了历史纪录,并且连续第九年稳定保持在 1.3 万亿斤以上的水平。具体而言,谷物产量达到了 64143 万吨(折合 12829 亿斤),比 2022 年增加了 819 万吨(即 164 亿斤),同样实现了 1.3% 的增长。此外,中国的人均粮食占有量约为 500 公斤,远超国际公认的 400 公斤粮食安全线,彰显了粮食自给自足的坚实基础。在粮食储备方面,中国保持着高水平的粮食库存,其规模几乎占据全球粮食库存总量的一半。特别是小麦、稻谷(大米)这两大主要口粮品种的库存量尤为充足,足以满足全国一年以上口粮消费需求,从而确保了“口粮绝对安全”的战略目标得以实现。

(二) 中国粮食进口贸易

中国虽然做到了谷物基本自给、口粮绝对安全,但粮食供给与需求之间仍处于紧平衡的状态。一方面,粮食进口量大,对外依存度高。为了弥补国内粮食供需的缺口,中国通过进口粮食来满足国内市场的需求。海关总署发布的数据显示,2023 年,中国进口粮食总量为 16196 万吨,同比增长 11.7%,同年粮食对外依存度约为 18.9%,这一数值虽然低于 2021 年,但总体上仍然处于历史高位。另一方面,粮食的结构性矛盾日益突出。在中国,部分粮食作物如饲料粮和工业用粮的自给率呈现相对较低的水平。特别是作为饲料粮与工业用粮关键原料的玉米及部分大豆品种,其产需之间存在较大的缺口。尤为突出的是,中国的大豆进口量稳居全球首位,年消费量持续超过 1 亿吨的水平,而自给率却不足 20%。这些进口的大豆主要用于榨取油脂以及生产豆粕作为饲料原料。

表 6-3　2014—2023 年中国小麦、玉米进口规模与增速

(单位:吨,%)

品种 年份	小麦		玉米	
	进口量	增速	进口量	增速
2014	300	-45.7	260	-20.4
2015	301	0.1	473	82.0
2016	341	13.5	317	-33.0
2017	442	29.6	283	-10.8
2018	310	-29.9	352	24.7
2019	349	12.5	283	36.0
2020	838	140.2	1130	135.7
2021	977	16.9	2834	151.0
2022	996	1.9	2062	-27.2
2023	1210	21.5	2713	32.0

资料来源:中国海关总署。

　　2020 年是中国粮食进口中的一个重要历史转折点。在 2020 年之前,中国针对小麦、玉米、稻谷(大米)这三大主要粮食作物的进口配额一直保持充裕状态,几乎未出现配额超用的现象。然而,自 2020 年起,中国对于小麦、玉米、稻谷(大米),以及高粱、大麦等其他谷物的进口量开始呈现显著增长的态势(见表 6-4),不断突破原有的配额限制。由表 6-3 和表 6-4 的数据可知,2023 年,中国主要谷物进口中,小麦、玉米和大麦进口规模有着显著增长,而高粱的进口规模则出现了下滑。谷物进口量的激增,导致部分品种对外部市场的依赖程度显著攀升,尤其是大豆,作为长期以来中国对外依存度最高的粮食产品,其进口量占全球大豆贸易的份额高达 60%。这表明中国大豆的对外

依存度大,依赖性强,且存在潜在的风险。

表6-4 2014—2023年中国高粱、大麦进口规模与增速

(单位:吨,%)

品种 年份	高粱		大麦	
	进口量	增速	进口量	增速
2014	/	/	541	131.8
2015	/	/	1073	98.3
2016	665	−37.9	500	−53.4
2017	506	−23.9	886	77.1
2018	365	−27.8	682	−23.1
2019	83	−77.2	593	−13
2020	481	478.6	808	36.3
2021	944	95.9	1249	54.8
2022	1014	7.4	576	53.9
2023	487	−51.5	1132	96.6

资料来源:中国海关总署。

第二节 跨国粮食供应链存在的问题

一、生产端

(一) 进口来源国过于集中

近年来,中国不断通过进口粮食的方式来提高粮食储备、满足国内粮食多元化需求,四大主粮的进口总量不断增加。根据联合国商品贸易数据库的统计,2023年,中国四大主粮进口总量高达1.42亿吨,其中,大豆进口量为1.00亿吨,玉米进口0.27亿吨,小麦进口0.12亿吨,稻谷(大米)进口0.03亿吨(见表6-5);中国四大主粮的进口规模总体上不断扩大,部分品种进口数量

持续增加,进口的粮食来源国也越来越集中。

表 6-5　2015—2023 年中国主要粮食品种进口量

（单位:亿吨）

年份\品种	2015	2017	2019	2020	2021	2022	2023
大豆	0.8174	0.9554	0.8851	1.0031	0.9652	0.9108	1.0042
玉米	0.0473	0.0283	0.0479	0.1124	0.2835	0.2062	0.2714
小麦	0.0297	0.0430	0.0320	0.0815	0.0971	0.0987	0.1188
稻谷（大米）	0.0335	0.0399	0.0250	0.0291	0.0492	0.0616	0.0260
合计	0.9279	1.0665	0.9901	1.2262	1.3950	1.2773	1.4203

数据来源:联合国商品贸易统计数据库。

在大豆进口方面,2015—2023 年,中国从巴西、美国、阿根廷进口的大豆占中国大豆总进口量的 90% 以上,其中,中国从巴西和美国进口的大豆总和保持在 84%—90% 之间。从表 6-6 数据可以看出,中国对巴西、美国、阿根廷的大豆进口依赖度极高,其中,自 2015 年起中国对巴西大豆的进口占比不断提高,从 49% 上升为 70%;对美国大豆的进口占比却持续降低,从 34% 下降至 25%。

表 6-6　2015—2023 年中国大豆进口来源及其占比

（单位:%）

年份\国家	2015	2017	2019	2020	2021	2022	2023
巴西	49.09	53.31	65.16	64.08	60.25	59.72	69.66
美国	34.76	34.39	19.14	25.79	33.46	32.42	25.08
阿根廷	11.55	6.89	9.93	7.43	3.88	4.01	1.98
合计	95.40	94.59	94.23	97.30	97.59	96.15	96.72

数据来源:联合国商品贸易统计数据库。

在玉米进口方面,2015—2023 年间,中国自巴西、美国及乌克兰三国的玉米进口总量,占据了中国玉米总进口量的 93.88%。其中,乌克兰是中国长期稳定的玉米进口来源国,2015—2023 年间中国从乌克兰进口的玉米平均占比为 51.82%,美国为 35.74%;同时,中国对美国玉米进口的波动性较大,2015—2023 年,中国从美国进口的玉米,最大占比值为 2022 年的 72.09%,最小占比值为 2019 年的 6.63%。需要提及的是巴西,在 2022 年之前,中国尚未从巴西进口玉米,但 2023 年中国自巴西的玉米进口量高达 12.81 百万吨,占中国玉米进口总量的比重高达 47.19%(见表 6-7)。可见,中国对美国大豆和玉米的进口依赖度极高,如果发生贸易摩擦或地缘政治冲突,对中国大豆和玉米进口的稳定性可能造成较大的冲击。

表 6-7　2015—2023 年中国玉米进口来源及其占比

（单位:%）

年份 国家	2015	2017	2019	2020	2021	2022	2023
巴西	0.00	0.00	0.00	0.00	0.00	0.00	47.19
美国	9.76	26.78	6.63	38.63	69.94	72.09	26.32
乌克兰	81.44	64.47	86.36	55.55	29.05	25.53	20.37
合计	91.20	91.25	92.99	94.18	98.99	97.62	93.88

数据来源:联合国商品贸易统计数据库。

在小麦进口方面,2015—2023 年,中国小麦的主要进口来源国为澳大利亚、加拿大、美国。中国从这三个国家进口的小麦占比在 2015 年、2016 年两年内高达 90% 以上,为 2015—2020 年间的最高峰。直至 2021—2023 年,中国从这三个国家进口的小麦占比才有所减少,达到最低值 67%。由此可见,中国不断减少对美国、加拿大小麦的进口数量,不断增加从其他国家的小麦进口,如法国、哈萨克斯坦、俄罗斯等。根据表 6-8 的数据可以看出,中国对法国小麦的进口量由 2015 年的 0.17%,增加至 2020 年的 29.24%,成为中国小麦的重要进口来源国之一。虽然中国不断丰富小麦的进口国,但在进口数量上,对澳大利亚、美国、加拿大小麦的进口量依旧占比非常高。

表6-8 2015—2023年中国小麦进口来源及其占比

（单位:%）

年份 国家	2015	2017	2019	2020	2021	2022	2023
澳大利亚	42.22	44.21	5.70	14.99	28.17	57.93	58.40
加拿大	33.37	12.17	51.89	28.18	26.15	18.13	21.45
美国	20.28	36.20	7.37	20.26	28.08	6.34	7.79
法国	0.17	0.00	15.01	29.24	14.58	17.20	6.86
合计	96.03	92.57	79.97	92.67	96.98	99.59	94.50

数据来源:联合国商品贸易统计数据库。

在稻谷(大米)进口方面,2015—2023年,中国稻谷(大米)进口国集中在东南亚地区,越南、缅甸、泰国、巴基斯坦等是中国稻谷(大米)进口占比最大的国家。根据表6-9的数据可以看出,中国对越南和泰国的稻谷(大米)进口数量逐渐减少,对缅甸、柬埔寨的稻谷(大米)进口数量有所增加:2015—2022年,越南稻谷(大米)占中国稻谷(大米)进口总量的比重由53.56%下降至13.93%;泰国稻谷(大米)的占比由27.80%下降至12.46%;缅甸稻谷(大米)的占比由0.40%上升至2023年的20.83%;柬埔寨稻谷(大米)的占比由3.34%上升至2023年的8.06%。中国从东南亚国家进口的稻谷(大米)占比相对均匀,稻谷(大米)进口国不断往多元化方向发展,进口依赖程度相对较低。

表6-9 2015—2023年中国稻谷(大米)进口来源及其占比

（单位:%）

年份 国家	2015	2017	2019	2020	2021	2022	2023
越南	53.56	56.73	19.14	27.06	21.86	13.93	36.01
缅甸	0.40	2.05	21.80	31.28	16.15	12.97	20.83

续表

年份\国家	2015	2017	2019	2020	2021	2022	2023
泰国	27.80	27.97	21.02	11.15	12.19	12.46	17.77
印度	0.00	0.00	0.04	0.13	22.13	35.41	9.32
柬埔寨	3.34	4.48	8.98	8.00	6.12	4.74	8.06
巴基斯坦	13.21	6.83	24.11	16.31	19.54	19.44	6.95
合计	98.31	98.06	95.10	93.93	97.98	98.95	98.94

数据来源:联合国商品贸易统计数据库。

根据上述进口国占比的数据分析可知,中国粮食进口国相对集中,中国大豆进口来源国集中在美洲地区的美国、巴西和阿根廷;玉米进口国集中在巴西、美国和乌克兰;小麦进口国集中在澳大利亚、加拿大和美国;稻谷(大米)进口国集中在东南亚国家。虽然中国农业对外投资不断发展,但部分农业对外投资生产国的发展规模尚未完善,四大主粮对主要粮食进口国的依赖度仍然偏高。由于国际局势严峻,当前国际粮食安全面临最大的危机是粮食的能源化、金融化、武器化,中国粮食生产国集中,非常容易受到生产国意识形态、多边贸易政策和地缘政治等因素的影响。根据国际食物政策研究所的统计[1](截至2024年6月2日),乌克兰危机期间,全球有38个粮食出口国或地区对89种农产品实施了粮食出口贸易措施,涉及的贸易额高达748.6亿美元,极大阻碍了全球粮食市场的正常供应,如若发生冲突,粮食生产国将采取粮食禁运的措施,进一步制约粮食进口国(朱晶等,2021)[2],对中国跨国粮食供应链的粮食正常供应产生巨大威胁,直接或间接影响国际粮食的正常供应。

(二) 各国生产能力差异大

中国四大粮食产品的主要进口来源国分布广泛,既包括美国、加拿大、澳

---

[1] 资料来源:国际食物政策研究所。

[2] 朱晶、臧星月、李天祥:《新发展格局下中国粮食安全风险及其防范》,《中国农村经济》2021年第9期。

大利亚、法国等发达国家,也涵盖越南、缅甸、泰国、巴基斯坦等发展中国家。这些进口国在农业现代化生产水平上呈现出显著的差异性。

发达国家的农业现代化程度较高,多为大规模机械化作业,从优质基因品种研发、耕种区域带选择、耕种模式、成熟期收割、装卸运输等各个环节,全方位体现了专业化和精细化的管理,高度的现代化和科学化管理全面覆盖了农业生产、收获、运输等各个环节,农业基础设施建设非常完备。

发展中国家的农业现代化水平普遍较低,农业收获产量大多依赖得天独厚的自然条件,农业生产配套设施不够完善,农业生产所需的化肥、农产品的加工、运输、仓储等基础设施建设起步较晚,发展较慢,技术和设备不足;部分中亚和中南亚等国家农业对劳动力的需求尚且较高,生产效率较低,农业生产方式粗放,农业机械化水平不高(赵予新,2016)①。根据发达国家和发展中国家的单位面积产量对比可以看出(见表6-10),农业机械化水平较高的国家,单位面积产量较高,农业机械化水平较低的国家,单位面积产量较低。由此可见,发展中国家的农业机械化水平仍有很大的提升空间。

表6-10　2020—2022年中国主要粮食进口来源国的粮食单产

(单位:百克/每公顷)

品种	国家	发展程度	2020年	2021年	2022年	平均产量	对比结果
大豆	巴西	发展中	32755	34452	29515	32241	
	美国	发达	34327	34792	33308	34142	较高
玉米	巴西	发展中	56953	46497	52012	51821	
	美国	发达	107605	110895	108800	109100	较高
	乌克兰	发展中	56175	76818	63491	65495	

---

① 赵予新:《"一带一路"框架下中国参与区域粮食合作的机遇与对策》,《农村经济》2016年第1期。

续表

品种	国家	发展程度	2020年	2021年	2022年	平均产量	对比结果
小麦	澳大利亚	发达	14681	25249	28470	22800	
	加拿大		35374	24375	34056	31268	
	美国		33417	29805	31273	31498	
	法国		66776	69284	69967	68676	较高
稻谷（大米）	越南	发展中	59212	60740	60195	60049	较高
	缅甸		38652	38957	35772	37794	
	泰国		28997	29538	29882	29472	
	巴基斯坦		37863	39532	36903	38099	

数据来源：联合国粮食及农业组织。

（三）生产受自然环境影响

中国主要粮食生产国的粮食生产受自然环境因素的影响较大。极端天气和自然灾害等因素，对粮食的生产造成很大的影响，极大地制约着中国主要粮食生产国粮食生产的稳定性。2021—2022年，美国西部地区和密西西比河地区旱情蔓延，导致美国玉米、小麦、大豆等农作物生产受损。[1] 根据美国农业部（USDA）的报告，此次旱情导致2022年美国玉米产量同比下降7.82%，大豆产量下降3.4%，小麦产量下降5.72%；2022年，欧洲的"倒春寒"给欧洲农业生产造成了严重的威胁，严重的春旱导致欧洲大部分地区降水量下降，欧洲粮食产量大幅度减少，2022年欧盟的玉米产量为5194吨，同比去年下降26%，法国玉米产量也同比下降25%；南美洲等地区受到了拉尼诺现象的影响，使得巴西、阿根廷、巴拉圭的大豆产量减少，2022年，巴西、阿根廷、巴拉圭等地的大豆产量下降了将近2260万吨，减产将近11.8%[2]；东南亚等地区则

---

[1] 乡村振兴工作委员会：《我国粮食安全面临的风险及应对措施建议》，2022年11月2日，见 http://www.zgxczx.org.cn/article/xiangcunzhenxing/2512.html。

[2] 乡村振兴工作委员会：《我国粮食安全面临的风险及应对措施建议》，2022年11月2日，见 http://www.zgxczx.org.cn/article/xiangcunzhenxing/2512.html。

受到极端天气的影响,2022年2月,受厄尔尼诺现象的影响,东南亚等地区出现了严重的干旱天气,影响了粮食作物的生产(孙红霞和赵予新,2020)[1]。除了极端的干旱和洪涝等自然天气之外,自然界当中的病虫害等因素也会对粮食生产的产量造成极大的影响,如2020年肆虐全球的蝗虫灾害,使得非洲和南亚等国家的庄稼受到了大面积的破坏,受灾面积达1600万平方公里,粮食产量大大减少(丁存振和徐宣国,2022)[2]。由此可见,极端的自然环境会严重危害生产国的生产,粮食生产国的生产环境受自然因素的制约较大。

二、交易端

(一)粮食价格波动显著

近几年来,由于新冠疫情、乌克兰危机、自然灾害等因素的叠加影响,国际粮食供给不稳定,国际粮食价格市场震荡,出现粮食价格增长的趋势。2022年,美国大豆出口价格高达601.58美元/吨,乌克兰的玉米出口价格高达238.02美元/吨,澳大利亚小麦出口价格高达347.74美元/吨,泰国稻谷(大米)的出口价格高达514.51美元/吨。全球极端天气多发、生产国农业生产受损、地缘冲突外溢、多国出口限制、农产品供应链受阻、农产品市场流通不畅等因素,都对国际粮价的上涨产生影响。

表6-11　2017—2022年中国主要贸易伙伴的粮食出口价格

(单位:美元/吨)

品种	年份 国家	2017	2018	2019	2020	2021	2022
大豆	巴西	377.34	396.99	352.05	344.26	448.71	591.20
	美国	388.80	369.77	357.41	400.36	518.80	601.58

---

① 孙红霞、赵予新:《基于危机应对的我国跨国粮食供应链优化研究》,《经济学家》2020年第12期。

② 丁存振、徐宣国:《国际粮食供应链安全风险与应对研究》,《经济学家》2022年第6期。

续表

品种 \ 年份 国家	2017	2018	2019	2020	2021	2022
玉米 乌克兰	154.12	163.52	161.33	174.77	238.58	238.02
玉米 美国	180.25	184.41	192.80	184.71	272.87	324.80
小麦 加拿大	236.31	249.69	235.88	241.97	307.99	428.34
小麦 澳大利亚	211.51	245.78	258.86	259.46	277.96	347.74
小麦 法国	196.06	217.10	215.41	228.80	278.67	365.14
小麦 美国	223.20	242.60	231.48	241.78	303.42	407.45
稻谷（大米）泰国	442.54	503.41	554.95	648.43	551.74	514.51
稻谷（大米）越南	448.95	452.64	906.41	445.26	495.51	526.34

数据来源：国际粮食及农业组织数据库。

2023 年，新冠疫情得到有效控制，全球农业生产、物流运输和贸易资产稳步回升，但不稳定、不确定因素仍然存在，影响着国际粮价的波动。[①] 联合国粮食及农业组织报告显示，2023 年 2 月，国际谷物价格指数为 147.3 点，环比上涨 1%，同比上涨 4.8%；其中，国际小麦价格环比回升 0.3%，玉米价格环比上涨 0.1%，大米价格下降 1%。美国小麦产区出现了持续干旱的状态和澳大利亚小麦供应强劲态势互相补充，导致小麦市场震荡相对较小；阿根廷玉米生长条件恶劣，巴西玉米供应延迟，美国玉米供应需求低迷，导致玉米价格上行；东南亚出口国贸易活动放缓，本币相对美元贬值，导致国际大米价格下降；阿根廷和巴西南部，干旱积聚，促使国际大豆价格上涨。由此可见，国际粮价由于受到多种因素的影响，呈现大趋势总体上涨、短期局部震荡的局面。

---

① 资料来源：农业农村部农业贸易预警救济专家委员会：《国际农产品市场与贸易形势 2023 年（春季）报告》，农业农村部国际合作司，2023 年 3 月 10 日，见 http://www.gjs.moa.gov.cn/ncpmy/202303/t20230310_6422824.htm。

（二）粮食贸易限制频繁

乌克兰危机进一步加剧了国际粮食供应的不稳定性。部分国家为了保障国内粮食供给,控制国内的通货膨胀,采取粮食出口限制等贸易保护措施,极大影响了国际粮食供应链的稳定性和国际粮食市场价格的波动。粮食生产国的粮食出口限令的颁布,导致粮食供应链交易端供需不平衡、粮食交易端供不应求、粮价飙升等问题,从而进一步导致粮食供应链的中断。根据各国实施的食品出口限制清单(见表6-12)可知,2022 年7 月,孟加拉国禁止大米出口;2022 年9 月8 日,印度由于干旱导致国内种植业萎缩,于2022 年9 月9 日对国内未经研磨的大米、去皮糙米、精米或半精米征收20% 的出口关税;2023 年1 月16 日,墨西哥以确保国内供应和稳定国内粮食价格为由,对玉米出口征收50% 的临时税。各国采取的粮食贸易出口限制措施,严重威胁到了国际粮食供应链的正常供应。

表6-12　2022—2023 年食物出口限制清单

限制政策	国家	产品	开始时间	结束时间
实际禁令	阿富汗	小麦	2022 年5 月20 日	2023 年12 月31 日
	阿尔及利亚	面食、小麦衍生物、植物油	2022 年3 月13 日	2023 年12 月31 日
	阿根廷	牛肉	2022 年1 月1 日	2023 年12 月31 日
	阿塞拜疆	洋葱	2023 年2 月3 日	2023 年12 月31 日
	孟加拉国	大米	2022 年6 月29 日	2023 年12 月31 日
	白俄罗斯	苹果、卷心菜、洋葱	2023 年2 月5 日	2023 年12 月31 日
	布基纳法索	小米粉、玉米粉、高粱粉	2022 年2 月23 日	2023 年12 月31 日
	喀麦隆	谷物、植物油	2021 年12 月27 日	2023 年12 月31 日
	中国	玉米淀粉	2022 年10 月2 日	2023 年12 月31 日
	格鲁吉亚	小麦、大麦	2022 年7 月4 日	2023 年7 月1 日

限制政策	国家	产品	开始时间	结束时间
实际禁令	印度	糖	2022 年 6 月 1 日	2023 年 10 月 31 日
	印度	小麦	2022 年 5 月 13 日	2023 年 12 月 31 日
	印度	小麦粉、粗面粉	2022 年 8 月 25 日	2023 年 12 月 31 日
	哈萨克斯坦	洋葱	2023 年 2 月 8 日	2023 年 5 月 8 日
	科索沃	小麦、玉米、面粉、植物油、盐	2022 年 4 月 15 日	2023 年 12 月 31 日
	科威特	鸡肉	2022 年 3 月 23 日	2023 年 12 月 31 日
	科威特	谷物、植物油	2022 年 3 月 20 日	2023 年 12 月 31 日
	吉尔吉斯斯坦	洋葱	2023 年 1 月 31 日	2023 年 4 月 30 日
	黎巴嫩	加工水果和蔬菜、磨碎	2022 年 3 月 18 日	2023 年 12 月 31 日
	摩洛哥	西红柿、洋葱、土豆	2023 年 2 月 8 日	2023 年 12 月 31 日
	巴基斯坦	糖	2022 年 4 月 15 日	2023 年 12 月 31 日
	俄罗斯	大米	2022 年 6 月 30 日	2023 年 12 月 31 日
	塞尔维亚	玉米、葵花籽油	2022 年 4 月 20 日	2023 年 12 月 31 日
	突尼斯	水果和蔬菜	2022 年 4 月 12 日	2023 年 12 月 31 日
	土耳其	牛肉、羊肉、山羊肉	2022 年 3 月 19 日	2023 年 12 月 31 日
	土耳其	食用油	2022 年 3 月 4 日	2023 年 12 月 31 日
出口许可证	土耳其	红扁豆和豆类	2022 年 1 月 27 日	2023 年 12 月 31 日
	乌兹别克斯坦	洋葱	2023 年 1 月 20 日	2023 年 5 月 20 日
	阿根廷	牛肉	2022 年 1 月 1 日	2023 年 12 月 31 日
	阿塞拜疆	磨粉工业产品、淀粉	2022 年 3 月 19 日	2023 年 12 月 31 日
	白俄罗斯	小麦、黑麦、大麦、燕麦、玉米、荞麦	2022 年 4 月 13 日	2023 年 12 月 31 日
	印度	小麦粉	2022 年 7 月 12 日	2023 年 12 月 31 日
	土耳其	谷物、油籽、食用油	2022 年 3 月 4 日	2023 年 12 月 31 日
	土耳其	禽肉、鸡蛋、蔬菜、水果	2022 年 1 月 27 日	2023 年 12 月 31 日

续表

限制政策	国家	产品	开始时间	结束时间
出口关税	阿根廷	豆油、豆粕	2022 年 3 月 19 日	2023 年 12 月 31 日
	印度	大米	2022 年 9 月 9 日	2023 年 12 月 31 日
	墨西哥	玉米	2023 年 1 月 16 日	2023 年 6 月 30 日
	俄罗斯	大豆	2022 年 4 月 15 日	2024 年 8 月 31 日
	俄罗斯	葵花籽油、葵花籽粉	2022 年 4 月 15 日	2023 年 12 月 31 日
	俄罗斯	小麦、大麦、玉米	2022 年 4 月 13 日	2023 年 12 月 31 日
	乌干达	玉米、大米、大豆	2022 年 2 月 6 日	2023 年 12 月 31 日

资料来源:国际食物政策研究所—食物出口限制追踪器(IFPRI-Food Export Restrictions Tracker)。

三、运输端

(一) 运输渠道不够丰富

现阶段,中国主要粮食品种的运输渠道以海运和陆运为主。其中,海运在总运输渠道中占比非常高,只有少部分中亚和中南亚等地区采用集装箱铁路、公路陆运,以及内河河运的运输方式进行粮食的运输。即便如此,粮食运输渠道的丰富度仍不够高,且大部分中亚和中南亚等地区运输基础设施老旧,仓储运输配套措施尚不完备。除中亚地区以外,中南亚等地区的物流运输仓储设施建设相对缓慢,与发达国家完善的配套运输设备相比,极大地降低了运输效率。受自然环境和地理位置的影响,海运依旧是中国粮食进口的主要运输渠道,空运的效率虽高,考虑到运输成本和运输量大的问题,难以采用空运的方式运输四大主粮,四大主粮运输渠道的丰富度大大降低。

(二) 运输中断风险犹存

由于中国粮食运输主要采用海上运输方式,海上运输具有运输时间长、运输距离跨度大等特点,海上运输关键节点多为国家政治军事战略要地,如苏伊士运河、马六甲海峡、土耳其海峡等,容易受到地缘政治因素的影响,造成运输的中断。除了地缘政治之外,自然环境、社会环境,以及其他突发事件,也极易造成海上运输通道的中断,形成严重的粮食运输停滞问题。

1. 自然环境

自然环境等因素造成的运输中断。例如据美国有线电视新闻网(CNN)的报道①,2022 年严重的干旱天气,导致美国内陆农作物运输重要通道密西西比河水位下降,降至十年最低水平,有 8 艘船舶搁浅,144 艘船只和 2253 艘驳船停运,严重影响到粮食航运的运输;2023 年,土耳其地震导致伊斯肯德伦港港口部分坍塌,港口发生集装箱火灾,导致港口所有业务暂停(徐芸茜,2023)②,土耳其作为全球航运运输要塞,其港口业务暂停严重影响到了国际供应链的正常运行,给海峡航运带来极大的不确定性。

2. 社会环境

社会环境等因素造成的运输中断。例如乌克兰危机,导致大量谷物滞留在了乌克兰南部港口,作为全球小麦和玉米的出口大国,大量谷物的滞留严重扰乱了港口的运转,阻碍粮食运输,全球粮食危机加剧。2021 年 3 月,巨轮"长赐号"搁浅苏伊士运河,导致 300 多艘大型集装箱船和邮轮堵在了运河两岸,长达 6 天的搁浅严重影响了全球航运的正常运转。③ 除此之外,各国由于新冠疫情或贸易保护政策下的贸易禁令,也严重影响到粮食的进出口。

3. 其他突发事件

其他突发事件导致的运输中断。例如船舵失灵导致的停运、航运船员不

---

① 《美国中西部干旱严重　密西西比河处于十年来最低水位》,《湖南日报》2022 年 10 月 9 日。

② 徐芸茜:《地震致土耳其伊斯肯德伦港停摆:集装箱倒塌、大量船舶等待,全球贸易影响几何》,《华夏时报》2023 年 2 月 8 日。

③ 严瑜:《"世界大堵船"对全球影响多大》,《人民日报》海外版 2021 年 4 月 6 日。

足、海盗偷袭运粮船只等导致航运中断。2022 年 9 月,一艘运输 3000 多吨玉米的粮船由于船舵失灵,在土耳其伊斯坦布尔东部的博斯普鲁斯海峡搁浅[①],作为联通黑海和地中海的必经之路,严重阻碍了航线的正常通行,增加了航运的时间成本;2021 年,由于印度疫情恶化,新加坡禁止大量印度船员入境,导致新加坡航运枢纽的大量船员无法及时在短期内轮换,影响国际海上航运的正常运作[②],进一步导致供应链的运输中断。根据国际海事局[③]统计,2021 年全球发生的海盗和武装抢劫事件共有 132 起,2022 年共有 115 起,由于任何船只都有海盗想要非法获取的物资,所以任何类型的船只都可能成为海盗袭击的对象,除了散装货船、油船,集装箱船也是海盗的袭击目标之一(王勇,2023)[④],而海上粮食运输大部分采用集装箱运输,由于粮食运输量大,非常容易成为海盗的袭击目标,由此可见,海盗袭击事件对跨国粮食供应链的海上运输威胁十分严重。

四、消费端

近年来,中国粮食生产总量不断上升。国家统计局的数据显示,2023 年中国粮食总产量达 69540.99 万吨,同比增长 1.29%。中国粮食产量已连续 9 年稳定在 1.3 万亿斤以上。其中,稻谷(大米)产量为 20660.32 万吨、小麦产量为 13659.01 万吨、玉米产量为 28884.23 万吨、豆类产量为 2384.10 万吨。国内粮食产量已经可以满足广大人民群众的温饱需求,但是人民越来越注重粮食供给的多元化、品质化、营养化。为此,我们要逐渐突破"粮食都来自耕地"的传统思维模式,通过拓展粮食进口渠道,从国际市场上进口更多高质

---

① 顾玉婷:《一艘来自乌克兰的运粮船在伊斯坦布尔发生故障并搁浅》,环球网,2022 年 9 月 2 日。

② 《印度疫情恶化,或冲击航运业！全球 160 万海员,24 万来自印度》,新浪财经,2021 年 5 月 21 日。

③ 国际海事局:《2021 年海盗和武装抢劫报告》,《保护和赔偿俱乐部》2022 年 1 月 26 日。

④ 王勇:《IMB 2022 年全球海盗事件报告》,中国船东互保协会网站,2023 年 2 月 3 日。

量、高品质的粮食(朱晶,2022)[1]。以小麦为例,中国进口的小麦品种有强筋小麦、弱筋小麦;其中,进口的强筋小麦有澳大利亚的硬麦、加拿大的红皮春小麦、美国的硬红春麦;弱筋小麦有美国的软红冬麦和澳大利亚的标准白麦(赵霞和韩一军,2020)[2]。此外,中国最大的进口品种——大豆,进口品种有非转基因大豆和转基因大豆,用以满足国人对压榨食用油的需求,如经过对豆油的精炼加工,还可制作成酱油、豆酱和各类豆制品等,不断满足广大消费者的多元化消费需求。

第三节 跨国粮食供应链协同
治理的演化博弈分析

一、研究前提

跨国粮食供应链的协同治理涉及多个主体(见图6-1),不同的主体在供应链的各个环节中发挥着不同的作用。

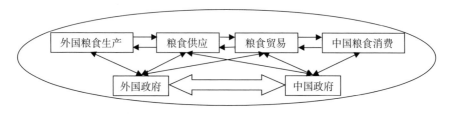

图6-1 跨国粮食供应链的相关利益主体

笔者选择中国政府、中国跨国粮商和东道国粮食供应商,作为跨国粮食供应链协同治理的研究主体。原因主要基于以下几点:

---

① 朱晶:《树立大食物观,构建多元食物供给体系》,《农业经济与管理》2022年第6期。

② 赵霞,韩一军:《小麦多元化进口:让群众从"吃得饱"到"吃得好"》,光明网,2020年12月16日。

首先,政府是跨国粮食供应链协同治理的重要主体之一,拥有政策制定和执行能力。在跨国粮食供应链协同治理中,中国政府可以通过制定相关法规和政策,规范和引导跨国粮食供应链的发展,确保供应链的安全性和稳定性。同时,政府还可以通过提供税收优惠、资金补贴等政策措施推动跨国粮商"走出去",进而促进粮食贸易的扩大和深化。

其次,跨国粮商在跨国粮食供应链中起到桥梁和纽带作用。跨国粮商一般拥有广泛的全球贸易网络和极高的资源配置能力,能够利用其国际化优势,与不同国家和地区的供应商建立合作关系,促进国际贸易和投资。跨国粮商在整合全球粮食资源,推动粮食进口的多元化,增强粮食供应链韧性等方面都具有重要作用。

最后,东道国粮食供应商在跨国粮食供应链中具有基础性的作用,是供应链的开端。他们直接参与粮食的生产和供给过程,影响粮食的稳定供应和品质保障。跨国粮商与东道国粮食供应商建立紧密的合作关系,可以提高粮食供应链的安全性和抗风险能力。

二、演化博弈模型的构建

粮食安全是"国之大者"。党的十八大以来,以习近平同志为核心的党中央高度重视粮食安全问题,鼓励中国农业企业实施"走出去"战略,参与国际合作,拓展国际市场,同时引进先进的农业技术和管理经验。最典型的例子就是中粮集团有限公司,中粮集团因粮而生、因粮而兴,是农粮"国家队"和首批国有资本投资公司改革试点企业,从外贸保粮、实业兴粮到产业强粮、海外谋粮,中粮集团致力于成为世界一流大粮商。在这样的背景下,为了更好地探索粮食供应链的协同治理模式,笔者构建了以下演化博弈模型,并依据实际情况设定了相关前提,以中国政府支持中国跨国粮商"走出去"寻求协同合作,并给予政策和资金支持为前提,重点对中国跨国粮商和东道国粮食供应商之间的博弈关系进行分析,探索粮食供应链的协同治理模式。

（一）模型假设

在跨国粮食供应链的协同治理中，利益分配是不同主体博弈的关键问题。

1. 参与主体

选取中国跨国粮商和东道国粮食供应商，这两个在粮食供应链中具有代表性的主体作为博弈的参与主体。中国跨国粮商在中国政府给予支持的前提下，为了追求利润最大化，会通过提供技术、资金等方面的支持与东道国粮食供应商达成合作；东道国粮食供应商主要负责粮食资源的输出。同时，博弈的参与者在进行博弈时均展现出有限理性的特征，并通过多次博弈的迭代过程，最终收敛于最优策略。

2. 协同合作策略

在跨国粮食供应链的协同治理中，中国跨国粮商和东道国粮食供应商可依据各自需求，自主决定是否采取协同合作策略，其策略选择集构成为（合作，不合作），中国跨国粮商和东道国粮食供应商的策略集合分别可以表示为(A_1, A_2)和(B_1, B_2)。

3. 合作成本

在粮食贸易中，存在很多其他跨国粮商想要与东道国粮食供应商达成合作的情形，而中国的跨国粮商为了能达成跨国粮食供应链的协同合作，必然需要通过投入一定的人力、财力和物力来与其他国家竞争，将与其他国家竞争的竞争成本记为C_1。在政府所提供的优惠政策支持下，以及双方协同合作中的资源共享、技术优化等情况，会使东道国粮食供应商在协同合作过程中投入的成本减少，东道国粮食供应商减少的成本用S表示（见表6-13）。

表6-13　主要参数及其含义

参数	含义
G_1	政府对积极参与协同合作的中国跨国粮商给予的资金补贴

续表

参数	含义
R_1	中国跨国粮商不进行协同合作的收益
R_2	中国跨国粮商进行协同合作的收益
R_3	东道国粮食供应商不进行协同合作的收益
R_4	东道国粮食供应商进行协同合作的收益
C_1	中国跨国粮商为了达成协同合作投入的竞争成本
S	东道国粮食供应商在协同合作下减少的成本

4.合作收益

用 R_1、R_3 分别表示中国跨国粮商和东道国粮食供应商不进行协同合作的收益;当中国跨国粮商和东道国粮食供应商都选择协同合作时,协同合作为中国跨国粮商和东道国粮食供应商带来的收益分别记为 R_2、R_4。此外,中国政府对积极参与协同合作的中国跨国粮商会给予一定的资金补贴 G_1。

5.行为策略采取的概率

在协同治理的模型中,中国跨国粮商和东道国粮食供应商根据自身意愿进行策略选择,假设中国跨国粮商选择协同合作的概率为 x,那么选择不协同合作的概率则为 $1-x$;东道国粮食供应商选择协同合作的概率为 y,那么选择不协同合作的概率则为 $1-y$。其中,$0 \leqslant x \leqslant 1,0 \leqslant y \leqslant 1$。

(二) 模型建构

1.策略组合及收益矩阵

依据中国跨国粮商和东道国粮食供应商的行为策略,两者之间有四种博弈组合,即(A_1 合作,B_1 合作)、(A_1 合作,B_2 不合作)、(A_2 不合作,B_1 合作)、(A_2 不合作,B_2 不合作)。

当策略组合为(A_1 合作,B_1 合作)时,中国政府会对积极参与协同合作的中国跨国粮商提供资金补贴 G_1;在协同合作中,中国跨国粮商会获得协同合作所带来的收益 R_2,同时也需要支付为达成协同合作所产生的竞争成本 C_1。同理,可以得出东道国粮食供应商在协同合作下的收益和两个参与主体在其他策略组合下的收益,具体如表6-14所示。

表6-14　行为策略组合及其收益矩阵

策略组合	跨国粮商收益	粮食供应商收益
(合作 A_1,合作 B_1)	$R_2 - C_1 + G_1$	$R_4 + S$
(合作 A_1,不合作 B_2)	$R_1 - C_1 + G_1$	R_3
(不合作 A_2,合作 B_1)	$R_1 + G_1$	R_3
(不合作 A_2,不合作 B_2)	$R_1 + G_1$	R_3

2.收益期望函数构建

设中国跨国粮商在博弈过程中,若选择"合作"策略,其期望收益记作 VA_1;若选择"不合作"策略,则其期望收益记作 VA_2;而中国跨国粮商的平均期望收益表示为 VA,则有:

$$VA_1 = y \times (R_2 - C_1 + G_1) + (1-y) \times (R_1 - C_1 + G_1) \tag{6-1}$$

$$VA_2 = y \times (R_1 + G_1) + (1-y) \times (R_1 + G_1) \tag{6-2}$$

$$VA = x \times VA_1 + (1-x) \times VA_2 \tag{6-3}$$

设东道国粮食供应商在博弈过程中,若选择"合作"策略,其期望收益记作 VB_1;若选择"不合作"策略,则其期望收益记作 VB_2;而东道国供应商的平均期望收益表示为 VB,则有:

$$VB_1 = x \times (R_4 + S) + (1-x) \times (R_3) \tag{6-4}$$

$$VB_2 = x \times (R_3) + (1-x) \times (R_3) \tag{6-5}$$

$$VB = y \times VB_1 + (1-y) \times VB_2 \tag{6-6}$$

三、演化路径及稳定性分析

(一) 演化稳定策略求解

演化博弈理论中的两大核心概念分别为"复制动态"(Replicator Dynamics)与"演化稳定策略"(Evolutionarily Stable Strategy,ESS)。其中,"复制动态"是对具备有限理性特征的参与者在策略调整过程中行为演变的一种动态描述与分析框架。接下来,笔者分别构造中国跨国粮商、东道国粮食供应商的行为策略的复制动态方程。

中国跨国粮商行为策略的复制动态方程为:

$$F(x) = dx/dt = x \times (x-1) \times (C_1 + R_1 \times y - R_2 \times y) \tag{6-7}$$

东道国粮食供应商行为策略的复制动态方程为:

$$F(y) = dy/dt = x \times y \times (y-1) \times (R_3 - R_4 - S) \tag{6-8}$$

为了最大化自身利益,参与主体会不断调整其参与策略,这一过程最终导向的策略状态就被称为"演化稳定策略"(ESS)。在确认演化稳定策略之前,首要步骤是求解演化博弈的均衡状态。具体而言,通过设定 $F(x) = 0$、$F(y) = 0$,即当系统策略选择的变化率趋于零时,我们可以获得该动态系统的四个均衡点,它们分别是 $E_1(0,0)$、$E_2(1,0)$、$E_3(0,1)$ 和 $E_4(1,1)$。

根据弗里德曼(Friedman,1998)[①]的理论框架,演化稳定策略(ESS)在微分方程系统中的识别,可通过分析该系统的雅可比(Jacobian)矩阵在各均衡点处的稳定性来实现。具体地,通过系统复制动态方程的各项,分别对变量 X 和变量 Y 求偏导数,可以构建出该系统的雅可比矩阵。

---

① Friedman,D.,"On Economic Applications of Evolutionary Game Theory",*Journal of Evolutionary Economics*,Vol.8,No.1,1998,pp.15–43.

$$J = \begin{bmatrix} \dfrac{dF}{dX} & \dfrac{dF(X)}{dY} \\[2mm] \dfrac{dF(Y)}{dX} & \dfrac{dF(Y)}{dY} \end{bmatrix} \tag{6-9}$$

$$\frac{dF(x)}{dx} = (2 \times x - 1) \times (C_1 + R_1 \times y - R_2 \times y) \tag{6-10}$$

$$\frac{dF(x)}{dy} = x \times (R_1 - R_2) \times (x - 1) \tag{6-11}$$

$$\frac{dF(y)}{dx} = -y \times (y - 1) \times (R_4 - R_3 + S) \tag{6-12}$$

$$\frac{dF(y)}{dy} = -x \times (2 \times y - 1) \times (R_4 - R_3 + S) \tag{6-13}$$

将四个均衡点分别代入所构建的雅可比矩阵中,即可求得各均衡点对应的雅可比矩阵的特征值,具体如表 6-15 所示。

表 6-15　雅可比矩阵的特征值

均衡点	特征根 1	特征根 2	稳定性
$E_1(0,0)$	$-C_1$	0	非稳定点
$E_2(1,0)$	C_1	$R_4 - R_3 + S$	非稳定点
$E_3(0,1)$	$-C_1 - R_1 + R_2$	0	非稳定点
$E_4(1,1)$	$C_1 + R_1 - R_2$	$R_3 - R_4 - S$	稳定点

（二）策略稳定性分析

按照演化博弈理论,当且仅当雅可比矩阵的所有特征值均为负数时,对应的均衡点方被视为系统的演化稳定策略(ESS)。在所设参数的值均为正数这个默认前提下,由表 6-15 分析可得,中国跨国粮商进行协同合作的概率与协同合作收益、竞争成本以及协同与非协同合作收益差值密切相关;东道国粮食供应商是否进行协同合作的概率除了与不协同合作和协同合作之间的收益差值有关外,还受协同合作下与中国跨国粮商的粮食贸易中的成本减少量所影响。

因此,当 $R_1-R_2<0$,$|R_1-R_2|>C_1$ 且 $R_3-R_4<0$ 时,即在协同合作框架下,中国跨国粮商与东道国粮食供应商共同实现的收益超越了非协同合作状态下的收益;同时,即便在扣除了竞争成本之后,中国跨国粮商的协同合作收益仍然优于非协同合作的情况。根据上表中的数据分析,均衡点 E_4 所对应的雅可比矩阵的所有特征值均呈现非正性,这表明在该情境下,系统存在一个稳定点 $E_4(1,1)$,其对应的演化策略为双方均选择合作。借助 Mablab 软件对此动态复制系统进行模拟可以得到其相图(见图6-2),可以看出稳定点与相图相符。

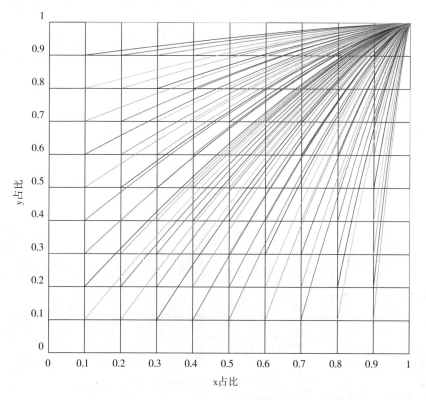

图6-2　中国跨国粮商和东道国粮食供应商两方博弈相图

资料来源:笔者根据博弈矩阵求解数据整理绘制。

（三）敏感性分析

竞争成本的高低会影响供应链参与主体之间的合作意愿。竞争成本通常指的是企业在市场竞争中为了获得优势而必须承担的成本。一般情况下,高竞争成本可能导致跨国粮食企业更倾向于独立运作,而较低的竞争成本会促进跨国粮商与其他东道国进行合作,共同优化粮食供应链管理,实现资源共享和风险共担。

在中国跨国粮商与东道国粮食供应商的两方演化博弈中,竞争成本产生非常重要的影响。为了深入且直观地探究竞争成本因素在演化博弈过程中的敏感性,本章在扎实的理论分析基础之上,严格依据既定的约束条件及复制动态方程,并借助 Matlab 软件进行了竞争成本的数据仿真分析。通过这一过程,我们系统地考察了竞争成本变动对演化博弈最终结果的具体影响,结果如图 6-3 所示(参数取值为 $C_1 = 1$、3、5)。

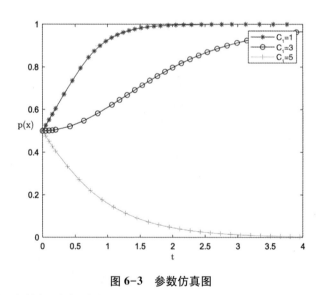

图 6-3　参数仿真图

资料来源:笔者根据博弈矩阵求解数据整理绘制。

由图 6-3 可以看出,在较低的竞争成本下,中国跨国粮商与东道国粮食供应商达成协同合作的概率逐渐增加。较低竞争成本在一定程度上是得益于中国政府对中国粮商的资金扶持和提供的各种政策优惠。即使竞争成本出现一定范围内的小幅增加，中国粮商仍愿意达成协同合作。这种情况符合实际，根据孙红霞（2023）①对跨国粮食供应链的研究，一般而言，竞争成本的增加会使跨国粮商缺乏与东道国粮食供应商合作的动力。然而，中国跨国粮商因其独特的双重角色——既追求企业利益，又肩负维护国家利益的使命，加之出于对粮源控制的战略考量，表现出不同的行为模式。它们倾向于以最低的成本投入，谋求与东道国粮食供应商合作的最大效益。

较高的竞争成本会降低中国粮商进行协同合作的意愿，这也体现了政府在粮食供应链治理中宏观调控作用。粮食进口是把"双刃剑"，为促进粮食进口的多元化，政府会通过优惠政策降低中国粮商的竞争成本，推动协同合作的达成；同时，也会通过相关措施限制粮食进口，避免国内粮食产业遭受冲击。

中国粮食生产长期面临成本高昂、价格缺乏竞争力的显著挑战，这使得中国粮食在国际市场竞争中处于相对劣势。为有效应对低价进口粮食的冲击，保障国内粮食产业的安全稳定，中国政府针对玉米、小麦及大米等主要粮食作物，采取了进口配额管理制度。当前市场形势下，尽管大米的进口价格略高于国内市场的销售价格，但玉米与小麦的进口价格仍低于国内水平，尤其未受配额保护的大豆进口，价格优势更为明显。然而，中国跨国粮商在粮食贸易中面临的竞争成本过低并非积极信号。在国内粮食产量持续增长而有效需求相对不足的背景下，跨国粮商若大量进口粮食，将可能挤压国内粮食的市场份额，进而对国内粮食产业产生不利影响。

综上，通过建立中国政府支持下中国跨国粮商与东道国粮食供应商之间的两方演化博弈模型，模拟了合作成本、合作收益等因素对跨国粮食供应链协同治理的影响。其中，对竞争成本的敏感性分析表明：过高的竞争成本会使中

---

　　①　孙红霞：《基于博弈论的中国跨国粮食供应链构建研究》，《河南工业大学学报（社会科学版）》2023 年第 1 期。

国跨国粮商缺乏参与协同治理的动力,而过低的竞争成本会使国内粮食产业遭受低价进口粮的冲击。中国跨国粮商和东道国粮食供应商之间的演化博弈分析并非简单的零和博弈,而是复杂且多变的,双方采取的策略受政策制定、资源配置和利益协调等多方面的影响。要实现粮食供应链的协同治理,各参与主体就需要在合作与竞争中不断寻求合适的策略。比如,政府既要通过政策支持推动粮商"走出去",促进进口多元化,又要通过宏观调控保护国内市场的平稳运行;中国跨国粮商则可以充分利用优惠政策,推动技术创新等,提高在粮食贸易中的竞争力。

第四节　跨国粮食供应链协同治理的路径

粮食作为战略资源,是大国之间博弈的重要工具。中国政府始终高度重视粮食安全。中国作为全球最大的农产品进口国,且未来粮食进口需求依然巨大,但在全球粮食贸易中的话语权较弱。同时,逆全球化思潮加剧、贸易保护主义抬头等多种因素,给中国的国际经贸活动带来挑战,使中国粮食进口面临更多的不确定性和不稳定性。因此,构建安全、稳定、高效的跨国粮食供应链刻不容缓。这不仅能保障中国的粮食安全,还能提升中国在国际粮食贸易中的地位和影响力。通过前文的博弈过程和演化仿真,笔者提出以下推动跨国粮食供应链协同治理的政策路径。

一、对中国政府的建议

在经济全球化背景下,中国应将粮食供应链安全的谋划置于全球一体化发展新格局中,通过跨国粮食供应链协同治理,充分利用国内国外两个市场、两种资源。

一方面,可以推动与东道国政府之间的政策协调,通过签订双边或多边协议,拓展粮食经济与贸易合作范畴。以"一带一路"倡议为契机,加强与共建国家在农业领域的资源、技术等多方面的交流与合作,实现生产要素在区域间的互补和良性流动,建立高水平、宽领域的创新型粮食贸易合作关系,提升中国在全球粮食贸易中的主动权和话语权,保障跨国粮食供应链的稳定与韧性。

另一方面,可以加强政策支持,制定并实施有利于粮食供应链协同治理的政策,如税收优惠、财政补贴、信贷支持等,降低中国粮商在粮食贸易中的成本和风险。鼓励科技创新,支持粮食企业和研究机构开展农业技术和供应链管理技术研发创新,提高粮食生产加工和供应链的效率和管理水平。积极参与国际农业领域规则的制定和改革,推动国际粮农治理体系变革。建立健全与国际接轨的法律法规体系,保护供应链各方的合法权益,同时,加强对不正当竞争行为的监管和惩处,与合作国家共同打造粮食供应链协同治理新模式。

二、对跨国粮商的建议

研发创新是跨国粮食企业提高自身竞争力,在全球竞争中收获良好效益的关键因素。对于中国跨国粮商而言,要想在国际竞争中脱颖而出,达成协同合作,需要加大技术创新和研发投入,提升粮食加工、储存和运输等环节的技术水平,优化供应链管理,降低成本,提高市场竞争力。通过利用大数据、物联网、人工智能等先进的科技手段,可以促进粮食供应链向数字化转型迈进。具体而言,应充分发掘数据要素的价值,以实现粮食供应链上下游物流、商流、信息流和资金流的高效协同与整合。此外,将数字技术深度融入全球粮食供应链的运输、储存以及决策管理等各个环节,能够有力推动全球粮食供应链体系的全面数字化转型。这一转型过程将显著增强全球粮食供应链的风险预测能力、环境适应能力以及整体运行效率,为粮食行业的可持续发展奠定坚实基础。

面对国际粮商的竞争压力,中国跨国粮商在追求规模经济和多元化发展的同时,可以通过合资、并购或控股等方式,构建更便利、高效的跨国粮食物流网络和购销体系,形成协同效应。在国内,通过并购与重组等方式,对陷入困境的中小型粮食企业进行整合,进而优化农业资源配置,构建规模化与全产业链经营模式,提升企业整体竞争力,实现粮食产业高效可持续发展。在国际上,积极与相关组织战略合作,或借助合资、并购等途径进入国际市场,实现资源共享,开拓新领域。同时,为东道国创造更多的就业机会,提升其本地技术水平和效率。此外,增加对东道国粮食出口和物流等基础设施的投资,提高在博弈中达成协同的概率,实现互利共赢。

第七章　粮食供应链协同治理的
问题与应对

第一节　粮食供应链协同治理存在的问题

一、粮食供应链的流通效率低

粮食供应链包括了粮食生产、经营、运输、销售等大节点以及许多诸如包装等二级节点组成的粮食流通渠道。粮食市场供求关系的变化在粮食供应链中体现得较为显著,但由于信息链在供应链各个环节流通时存在时间差,同时供应链涉及的领域多元,不同领域不同的主体对粮食供应链的看法态度不一,从而使得信息在供应链中的传递变得缺乏时效性和准确性。下游的需求信息传递到上游生产端时往往呈现出扩大和夸张的表现。需求被假性扩大后,体现在市场上的现象就是供过于求。与此同时,粮食供应链涉及多个产业,其中生产、加工、销售属于不同的产业,产业间客观存在的专业壁垒以及产业员工由于所受教育不同、所处产业环境不同,对粮食供应链的了解和认识程度也存在主观差异,致使粮食供应链运行的有效性极大降低,难以形成完整、紧密结合的粮食供应链。

二、管理者理论知识储备不足

相对于当前粮食供应链各环节能够稳定运行,人们更容易忽视物流和供应链的演变历史,从而忽视了供应链管理理论知识的学习。供应链管理虽然并没有被视作一个独立学科,但其所包含的理论适用范围广泛,涉及许多知识体系。由于部分供应链环节的管理层、决策层对粮食供应链的管理缺乏科学的认识,欠缺理论知识的学习,从而使部分节段的供应链与其他较先进的供应链节段无法顺利地合作,出现了发展的断层。在国家层面,一些发展中国家在与发达国家的供应链协同过程中也会出现无法很好接洽的现象。

三、供应链各环节发展不均衡

粮食供应链囊括了生产、经营、运输、销售等环节,各个环节牵涉的主体不同且多样,例如在生产环节中,农户是这个环节的主体,在运输环节中,物流企业是该环节的主体。然而,在这些环节中,跨国粮商涉及了整个供应链,并且依靠粮食供应链掌控了全球80%的粮食贸易。例如,在进入21世纪以来,世界粮食价格发生多次大幅度波动。人们普遍认为当粮食价格上涨时,农民收入会相应上涨,但实际上,农民并不是最终受益者。当粮食价格上涨时,进口国用于粮食方面的支出相应增加,但所获得的粮食数量却在减少,这是因为农作物的价格上涨,跨国运输成本提高。由于肥料出口的限制导致化肥价格的上涨,同时种子成本的上涨导致农作物价格的上涨。因此,即便粮食的收购价上涨了,但农民的实际收益并没有多大的变化。并且,通过粮食供应链环节的发展可知,最终这些成本都被转嫁到消费市场,即消费者身上。

由此可见,化肥、种子等能源或资源成本的上涨与跨国粮食企业密切相关。四大国际粮商中有三家来自美国,从美国粮食产业的发展历史来看,种植成本的上涨是美国与跨国粮商相互勾结、共同期望达成的结果。美国通过一些国家政策,联合跨国粮商消灭美国中小农业,发展大农业,降低粮食成本,提高粮食出口。并强制要求农业种植使用化肥和转基因种子,从而定向地控制农业生产,种植他们需要的农作物,以此调控全球农业市场。

1954年,美国颁布粮食援助计划,以较低的价格向其他粮食缺口大的国家援助粮食。智利由于本国粮食极度缺乏,与美国签署了该计划。签署粮食援助计划后,美国的低价粮食进入智利后,智利的农业彻底崩溃,此后粮食进口方面高度依赖美国。在这场粮食战争背后,美国既是政策的颁行者,同时又拥有跨国粮食企业这一帮助其实现市场掠夺的工具。跨国粮商通过类似的手段不断地扩大和吞并其他国家的粮食市场,从而逐渐建立起包括粮食贸易上、中、下游的全供应链,拥有几乎绝对的粮食贸易控制权。而与其相比,其他环节则处于弱势,如在粮食的生产端无法自主决定种植何种农作物,进而失去了对于粮食的定价权。

短时间内,跨国粮商等资本的扩大,由于其对全供应链环节的高度掌握,能够最大化地降低粮食生产成本,进而在一定程度上降低粮食的价格;但从长期来看,对于消费者来说并不是件好事。跨国粮商的持续扩张,在很大程度上形成了对粮食贸易的垄断,极大打击了中小型农业企业,并且使相当大一部分国家都需要依赖粮食进口,从而掌握了该国的生存命脉。

第二节　跨国粮食供应链协同治理的举措

从美国、欧盟等国家或地区的粮食供应链优化经验来看,各国根据自身的需求和特点对粮食供应链进行相应的调整,各国在对供应链的优化措施上以保障本国粮食安全为出发点,意味着在粮食供应链的协同治理上,国家之间对粮食的需求和供应存在着明显的竞争与合作关系,因此,跨国粮食供应链的协同治理也是国家之间在资源分配上的一场博弈(详见本书第六章),但协同治理的目的是走向多方共赢的未来。

一、政府推进多方协作,携手共建信任机制

协同意味着各国在粮食贸易上需要进行高度整合,从前述分析可知,将粮食供应链看作一个整体,不仅能够提高粮食供应链的效率,同时粮食供应链中牵涉到的各主体的利益也能够相对平衡,从而实现共同利益的最大化。因此,想要将跨国粮食供应链进行高度的融合需要一套多方共建的信任机制。这套机制应具备高度执行力,如世界贸易组织就是进行多边贸易的良好尝试,利用多边贸易组织推动跨国粮食供应链的协同治理。多边贸易组织的典型代表就是世界贸易组织,世界贸易组织作为全球贸易治理体系的核心,自成立以来在推动贸易增长、解决贸易争端、实现世界经济发展等方面发挥了巨大作用。世界贸易组织体制能够影响跨国粮食贸易的方方面面,包括粮食流通流量、粮食区域格局流向、粮食市场流通体制等。由于世界贸易组织覆盖范围较大,可以将其作为推动跨国粮食供应链协同的助手和工具。WTO 的重要条款包含了成员国之间互惠原则、透明度原则、市场准入原则、公平竞争原则、经济发展原则、非歧视原则等,在这些原则的引导下,粮食贸易格局也将发生改变。多边贸易将会引导粮食生产结构、粮食布局逐渐向完善的方向改变,使各国种植方向从资源成本较高的粮食作物转向资源成本较低的粮食作物,从而使各成员国用最低的成本收获效益最高的粮食作物。与此同时,加入多边贸易组织意味着组织中的成员国的粮食贸易流通体系要与国际接轨,以实现完善的世界粮食流通体制,这将进一步促进各成员国的粮食市场化改革,冲击部分国家存在的地方保护主义,达到粮食贸易的规范有序竞争,促进粮食市场流通体系的不断完善。

二、跨国粮商信息共享,提升国际的话语权

跨国粮商能够掌控粮食全产业链,对于粮食供应链各环节均有涉及,但其本质仍是追求企业效益增长,因而,国家政府应鼓励跨国粮商在跨国粮食供应

链中发挥中介、协调、协同和增益的作用。鼓励跨国粮商之间进行一定程度的信息共享,增加跨国粮商之间、跨国粮商与其他非直接相关的企业之间的合作,促进跨国粮食供应链的协同治理,增强粮食供应链的韧性和效率。当前ABCD四大国际粮商中,有三家是美国公司,一家是法国公司。因此,美国不仅是世界最大的粮食出口国,在全球粮食贸易中,也具有较大的话语权。这四大国际粮商掌握了粮食供应链从粮食生产到粮食销售至下游市场的整个链条,在粮食供给、粮食定价等方面具有举足轻重的地位,相对而言,其他粮食进出口国则或多或少地需要凭借或者依赖这四大国际粮商。因此,打破当前跨国粮食贸易被四大国际粮商垄断的局面,扶持本国的跨国粮食企业,使各国均能在全球粮食市场占有一席之地。当前,美、中、法都有实力较强的跨国粮食企业,这些企业对优化跨国粮食供应链具有重要作用。

三、引导相关企业协作,完善跨国基础设施

粮食物流仓储信息化逐渐兴起,而传统粮食流通仓储在流通过程中物流链条过长,容易形成信息的闭塞不流通,因此,物流仓储环节在进行粮食跨国贸易的过程中有着重要的影响,在粮食贸易过程中起到对接接洽的作用。粮食具有季节性的特点,而人们对粮食的消费是持续的,因此构建各国乃至国际间协同完善的粮食储备体系至关重要。粮食储备不仅需要满足非粮食收获期间的消费需求,还要应对他国控制粮食供给导致的粮价波动等问题。中国粮食进口量大,在粮食储备方面应更加重视。除了建立系统化的粮食储备体系和制度,还需完善粮食在运输和储存过程中的基础设施建设。

四、强化科技提升效率,推动供应链的协同

粮食物流是根据下游需求信息将物品从上游仓库运送到下游仓库的过程,随着大数据、互联网技术不断发展,其在社会生活的各个方面得到广泛运

用,可以利用数据技术赋能粮食全产业链、跨国粮食供应链的协同治理。如当前学术界热烈讨论的区块链技术在粮食供应链上的运用,它主要解决传统供应链存在的上下游信息不对称、信息供需方的信息交流关系不平等的问题,因此,区块链技术能够更好地降低跨国粮食贸易成本,提升整体的沟通效率。

第八章 保障粮食贸易安全的供应链协同治理路径

第一节 基于供应链主体的协同治理路径

一、中国政府

(一) 就进口需求量大的粮食产品协同精准施策

党的十八大以来,以习近平同志为核心的党中央高度重视国家粮食安全,始终把解决十几亿人口的吃饭问题作为治国理政的头等大事,明确提出了"谷物基本自给、口粮绝对安全"的新粮食安全观,并确立了"以我为主、立足国内、确保产能、适度进口、科技支撑"的国家粮食安全战略。在粮食进口方面,大豆、玉米等饲料粮仍旧是中国未来一段时期的主要进口品类,此外,特种小麦、优质大米也将作为消费者多样化需求的有益补充。因此,以市场为导向的跨国粮食贸易安全供应链协同治理,应针对大豆、玉米等饲料粮和特种小麦、优质大米等粮食品类精准施策,尤其是抓好大豆进口的供应链协同治理,确保老百姓既吃得饱,又吃得好。

(二) 监测粮食的全产业链,保障粮食贸易安全

国家已构建了涵盖粮食供需监测预警和价格监测预警的农产品全产业链

监测预警机制,在国际粮油市场信息监测上,充分利用国际组织的网络平台,定期收集重点国家农产品生产、消费、库存、贸易、价格等信息,及时把握国际粮食市场变化趋势,但大豆、玉米、特种小麦、优质大米的国内外产量、价格、进出口情况以及国内外粮食市场变动趋势等信息公开工作相对滞后,如何让民众也能及时地获取粮食市场波动信息,进而为跨国粮食供应链的协同治理提供信息支撑,是未来需要加强的重点之一。

(三)扶持粮商"走出去",把握供应链协同先机

国家对中国粮食企业的国际化支持力度较大,连续多年的中央一号文件均对企业的跨国经营进行了指导,例如 2016 年中央一号文件明确指出,统筹用好国际国内两个市场、两种资源,支持企业开展多种形式的跨国经营,加强农产品加工、储运、贸易等环节合作,培育具有国际竞争力的粮商和农业企业集团;2017 年中央一号文件着重指出,引导企业争取国际有机农产品认证,加快提升国内绿色、有机农产品认证的权威性和影响力,加强农业对外合作,推动农业"走出去",特别以"一带一路"共建国家和地区作为重点,支持农业企业开展跨国经营,建立境外生产基地和加工、仓储物流设施,培育具有国际竞争力的大企业大集团;2018 年中央一号文件进一步提出,构建农业对外开放新格局,积极支持农业"走出去",培育具有国际竞争力的大粮商和农业企业集团;2019 年中央一号文件再次强调,加强"一带一路"共建农业国际合作,主动扩大国内紧缺农产品进口,培育一批跨国农业企业集团提高农业对外合作水平;2021 年中央一号文件指出,优化农产品贸易布局,支持企业融入全球农产品供应链。

对粮商等农业企业的金融支持也不断强化,既有畅通企业融资渠道,如提供银行贷款、发行债券、企业 IPO、产业投资基金等方面的融资,也有拓宽农业保险服务领域,应对企业的多元化风险,还鼓励金融机构开发创新信贷产品等。

当前及今后一段时期,应当将这些政策性文件的实施作为工作的重心,扶持大、中小型粮商走出国门,参与跨国经营,把握市场主动权,为夯实国家粮食贸易安全、参与跨国粮食供应链协同治理作出应有的贡献。

(四) 加强政府间粮食合作,参与全球粮农治理

协同意味着各国在粮食贸易上的高度融合。粮食供应链是一个整体,粮食供应链的协同不仅能够提高粮食供应链的效率,同时粮食供应链相关主体的利益也能相对平衡,从而实现共同利益的最大化。因此,我们需要将跨国粮食供应链进行高度的融合,使各国政府之间建立起一套信任机制,进而强化政府之间的粮食供应链合作。

一方面,可以推动与东道国政府之间的政策协调,通过签订双边或多边协议,深化粮食经济与贸易合作的范畴。以"一带一路"倡议作为契机,加强与"一带一路"共建国家在农业领域的资源、技术等多方面的交流与合作,实现生产要素在区域间的互补和良性流动,建立高水平、宽领域的创新型粮食贸易合作关系,提升中国在全球粮食贸易中的主动权和话语权,确保跨国粮食供应链的稳定与韧性。

另一方面,可以加强政策支持,制定和实施有利于粮食供应链协同治理的政策,包括税收优惠、财政补贴、信贷支持等,以降低中国粮商在粮食贸易中的成本和风险。同时,也要鼓励科技创新,支持粮食企业和研究机构进行农业技术和供应链管理技术方面的研发和创新,提高粮食生产加工和供应链的效率和管理水平。积极参与国际农业领域规则的制定和改革,推动国际粮农治理体系变革。建立健全与国际接轨的法律法规体系,确保供应链各方的合法权益得到保护,同时,加强对不正当竞争行为的监管和惩处,与合作国家共同打造粮食供应链协同治理新模式。

同时,有必要提升中国在全球粮食市场中的影响力。本书的研究结果揭示了一个重要事实:中国并非粮食贸易伙伴环境污染的主要责任方。相反,中

国的粮食进口实际上为贸易伙伴带来了外汇收入的增加,并在贸易开放程度达到一定的阈值后,还有助于贸易伙伴生态环境的改善。鉴于此,强化与粮食贸易伙伴及国际组织的沟通与合作显得尤为重要。中国应积极响应国际组织在环境保护方面的倡议,深入参与粮食领域的国际合作与交流,并更加主动地参与到环保政策的讨论与制定过程中。通过与粮食贸易伙伴开展深层次的对话,中国可以树立起负责任大国的良好形象。此外,中国还需着力提升在全球范围内的话语权和利益保障能力,在国际舞台上积极倡导公平贸易原则,确保中国的声音能够被世界所听见。为此,中国应与各个国家或地区开展广泛的对话与交流,着重强调粮食进口对贸易伙伴经济收入的积极影响,推动减少不合理的粮食贸易限制措施。再者,通过分享自身的经验、技术和资源,中国可以促进与各国的共同发展,进一步展现大国的责任与担当。

构建一个公正合理的世界粮食贸易秩序迫在眉睫。中国应积极参与国际贸易谈判,加强与其他国家的国际合作,推动粮食贸易自由化,减少粮食贸易壁垒。秉持公平与平等的核心原则,推动国际贸易规则的制定与完善,并确保规则得到遵守。积极参与双边、多边和区域性的粮食安全合作机制,构建稳定可靠的贸易伙伴关系网络,营造公平竞争的国际贸易环境。在此过程中,强调粮食贸易与生态环境的协同发展。利用自身在国际舞台,尤其是在发展中国家间的优势地位,发挥引领作用,推动全球粮食贸易向更加可持续的方向发展。这不仅有助于维护世界粮食安全,促进农业的可持续发展,还能为全球经济的繁荣作出积极贡献。此外,中国应与其他国家保持紧密协作,共同构建更加公平、开放、可持续的全球粮食贸易体系,应对全球粮食贸易挑战,推动其健康稳定发展。

二、跨国粮商

(一) 夯实跨国粮企能力,强化粮食安全根基

第一,为降低对单一市场的依赖,跨国粮商应通过战略投资、并购与合作,

在全球范围内建立多元化的生产基地和供应链网络。特别是在粮食主产区和关键物流节点布局仓储和加工设施,增强对全球粮食资源的掌控能力。同时,积极参与国际农业合作,推动技术输出与资源开发,确保稳定的粮食供应来源。

第二,跨国粮商须构建全面的风险评估与预警体系,制定针对自然灾害、疫情、贸易壁垒等突发事件的应急预案。通过建立区域性粮食储备和应急物流网络,增强在危机中的调节能力和市场稳定性。同时,应加强与政府、国际组织的协作,参与全球粮食安全治理,共同应对粮食供应链风险。

第三,跨国粮商应积极引入大数据、区块链、人工智能等先进技术,构建数字化供应链管理平台,实现从生产、加工、仓储到物流、销售的全链条透明化和可追溯化。通过实时数据监控与分析,提升对市场波动、自然灾害、地缘政治冲突等风险的预警能力,确保供应链的稳定性和韧性。

第四,跨国粮商应加大对农业科技研发的投入,与科研机构、高校合作,推动高效、绿色、智能的农业生产技术的应用,如精准农业、节水灌溉、抗病虫害品种等。此外,应践行可持续发展理念,减少资源消耗和环境污染,推广低碳农业模式,提升粮食生产的长期可持续性。

第五,跨国粮商应主动承担社会责任,遵守国际贸易规则和环境保护标准,维护市场公平与透明。通过推动公平贸易、支持小农户发展、减少粮食浪费等举措,提升企业社会形象,增强消费者信任。同时,应加强内部合规管理,防范腐败、垄断等行为,确保企业在全球市场的长期竞争力。

（二）推动粮食信息共享,提升国际的话语权

一方面,跨国粮商应联合各国政府、国际组织和相关企业,共同搭建全球粮食信息共享平台。通过数字化技术,整合粮食生产、加工、运输、仓储和贸易等环节的数据,实现供应链信息的实时共享。这既可以提高供应链的透明度和效率,还能为各国制定粮食政策提供科学依据。

另一方面,跨国粮商应积极参与联合国粮食及农业组织、世界粮食计划署和国际谷物理事会等国际组织的活动,推动全球粮食安全治理改革。通过与这些组织的合作,跨国粮商可以更好地传播自身的经验和标准,提升在国际粮食市场中的话语权。

此外,跨国粮商还应注重国际传播能力的提升,通过多渠道、多形式的宣传,向国际社会展示自己在保障粮食安全方面的成就。这既可以提升企业的国际形象,还能增强在国际舆论中的话语权。

三、中介组织

(一) 联合粮食企业,形成产业链条

农业合作组织可以联合上下游粮食企业,通过供销联合社建设的全域功效流通服务体系,形成育苗、种植、储存、加工、销售(进口、出口)为一体的粮食全产业链条,通过中介组织形成合力,不仅延伸产业链条、提升产品的市场竞争力,还打通市场销售体系,为跨国粮食供应链的协同治理奠定基础。

(二) 规划行业发展,形成行业自律

行业协会一方面要根据国内粮食行业的发展,制定粮食进出口的整体、分品类战略规划,为夯实国家粮食贸易安全提供助力;另一方面,要在行业规划的基础上,做好行业自律,规范粮食进出口行为,增强粮食企业的诚信意识,建立粮食进出口诚信体系,引导粮食产业健康、有序地发展,为保障国家粮食贸易安全练好内功。

(三) 参与国际合作,提升整体实力

农业类中介组织如农业合作社、农业协会,可以与外国的农业中介组织、

行业协会或国际组织展开跨国粮食供应链合作,共享粮油供求、价格等信息,协同应对大变局下的"黑天鹅""灰犀牛"事件或地缘政治冲突等对国际粮食供应链的不确定性影响,提升国家应对粮食贸易风险的整体能力。

第二节　基于供应链环节的协同治理路径

一、生产端:保障国内粮食供给

在逆全球化思潮蔓延、地缘政治冲突加剧、国际局势仍旧不明朗的背景下,突发事件对紧张的国际粮食供应带来更大的不确定性,为避免进口粮食危机,从中国粮食贸易供应链的生产环节来看,应制定粮食可持续生产计划,组建专业的科研团队培育良种,优化有限耕种资源的生产潜力,提供对大豆、玉米等进口需求量大的粮食品种的生产补贴,及时调整粮食最低收购价以提高种粮农民的生产积极性,在节约资源保护环境的前提下提高国内粮食产量。

同时,应将提升大豆、玉米等关键粮食作物的自给率作为当前国家农业发展的重要目标之一。鉴于粮食作为国家战略资源的核心地位,增强自给能力对于减轻对进口粮食的依赖、确保国家粮食安全具有深远的意义。在中国四大主粮作物中,大豆对国际市场的依赖程度显著高于其他三类,为降低大豆高度依赖进口所带来的不确定性和不稳定性风险,必须在持续进口的同时,着重提升大豆的自给率:首先,应采取措施激励农户扩大大豆种植面积,同时提升农业保险覆盖面和财政支农力度,为农户种植大豆提供全面的风险保障。此外,应鼓励资本和技术向农业领域流动,以优化农业发展环境,促进大豆产业的可持续发展。其次,需加速农业种植技术的创新步伐。这包括加强针对重点粮食作物的育种研究,培育出适应不同生态区域的高产、抗逆性强的新品种;同时,积极推广先进的种植技术,如精准施肥、节水灌溉等,以有效提升大豆的产量和品质。最后,应重视土地利用的优化与保护。一方面,通过实施绿肥覆盖等农业措施,改善土壤肥力,为大豆的高产创造条件;另一方面,加强农业环境保护工作,减少农药和化肥的过量使用,以维护生态平衡,确保大豆产业的绿色、可持续发展。

二、交易端:实施进口多元化战略

本书的研究已经表明,中国粮食进口贸易的结构呈现较为单一的特点,且进口贸易网络的分布格局较为分散,导致粮食进口的点入度指标偏低,这对国家粮食贸易安全构成潜在的威胁。鉴于此,亟须强化粮食进口多元化战略的实施力度,积极拓展并占据新的贸易市场,以有效降低因进口来源国过于集中而引发的粮食贸易安全风险。

中国应从进口来源国家数量着手,使进口贸易网络分布趋于紧密,提高中国在粮食进口贸易网络中的核心地位,降低中国对美国、巴西、乌克兰、加拿大、阿根廷等粮食出口国的高依赖性。

三、运输端:完善运粮基础设施

为保障跨国粮食运输安全,既要加强港口、铁路、仓储等运输基础设施的建设,也要拓展新的运输线路和通道。海峡通道阻塞以及大部分中欧班列的停运都对中国粮食进口产生消极的影响,考虑到未来中国粮食运输的安全性,可以分散单一海洋运输通道的压力,与地理位置相近的国家构建水陆联运机制,降低对部分通道如太平洋海运路线的依赖,开发北极圈航线,掌握海洋运输的主动权。利用"一带一路"倡议推进共建国家基础运输设施的统一规范性,提高中欧班列的运输效率,进而形成贯通亚欧大陆的交通运输网络,为粮食运输提供更多的运输渠道。

大豆、玉米等粮食在未来依旧是中国主要的粮食进口品种,且进口来源在一段时间内依旧集中于美国、巴西、阿根廷等地,因此,可以鼓励国内大型企业通过投资新建、合作或并购等方式,以主要粮食出口国及地区的港口、码头为中心形成跨国粮食仓储物流基地,实现跨国粮食在进出口物流基地的干燥处理、加工、包装以及仓储转运等环节(丁博,2021)①,为粮食贸易提供运输安全保障。

---

① 丁博:《跨国粮食进出口物流通道的探讨》,《粮油与饲料科技》2021 年第 1 期。

第九章 研究结论与展望

第一节 研究结论

在粮食贸易安全水平层面,本书运用社会网络分析中的三项关键指标:网络规模与网络密度、点入度、接近中心度对中国总体及大豆、玉米、小麦、稻谷(大米)四大主粮的贸易安全水平进行量化评估。结果表明,中国与主要粮食进口来源国之间的贸易联系尚显松散。中国的粮食进口来源国数量与实际的进口规模并不匹配,且中国对美国、巴西、阿根廷等关键粮食供给国的依赖程度偏高。在地理分布上,中国与主要粮食进口来源国的布局较为分散,加之运输距离遥远,这为中国的粮食贸易安全增添不确定性和风险。

在粮食贸易的生产安全层面,本书依托15个贸易伙伴的平衡面板数据,采用可行的广义最小二乘法模型,从总体、国家及产品三个不同层面检验中国粮食进口与贸易伙伴生态环境之间的相互关系。研究发现:首先,从总体上看,中国粮食进口对贸易伙伴生态环境造成的影响是复杂而不确定的。这验证了环境库兹涅茨曲线假说,且曲线形态呈现倒"U"型。当贸易伙伴粮食市场的开放程度提高时,短期内中国增加从贸易伙伴的粮食进口会导致其人均碳排放量的上升;然而,从长期来看,得益于中国粮食进口带来的丰厚外汇收入,中国的粮食进口有助于贸易伙伴人均碳排放量的减少。其次,中国粮食进口对贸易伙伴生态环境的影响因产品而异,展现出显著的产品异质性。具体而言,中国大豆进口的EKC曲线形态呈现倒"U"型,且巴西已跨越该曲线的拐点,意味着中国扩大自巴西的大豆进口将有助于其生态环境的改善;相比之下,中国玉米进口的EKC曲线形态呈现"U"型,中国增加自巴西、俄罗斯、美国及缅甸四国的玉米进口,将有助于这些国家人均碳排放量的下降。

在粮食贸易的交易安全层面,本书运用误差修正模型及向量自回归模型、方差分解、脉冲响应函数等方法定量测度大豆、玉米等粮食贸易的价格传导机理。针对期货路径的大豆价格传导,本书的研究揭示出中美两国大豆期货与现货价格之间存在稳定的均衡状态。在经过多年之后,中国大豆期货市场与美国同类市场之间的联系日益加强,并逐渐建立起一套内在的价格自我调节机制。在这一传导过程中,中国大豆期货价格单向地影响大豆现货价格,展现出期货价格在大豆价格形成中的先导作用。芝加哥期货交易所大豆期货价格的波动,在短期内对大连商品交易所大豆期货价格造成较大的影响。大连商品交易所大豆期货价格主要受自身和芝加哥期货交易所大豆期货价格的影响,而几乎不受国内外大豆现货价格的影响。国际上大豆期现货价格呈现国际大豆期货价格向国际大豆现货价格的单向传导。新冠疫情前,国际大豆现货价格主要受自身的影响;新冠疫情后,国际大豆现货价格则主要受芝加哥期货交易所大豆期货价格的影响。但是,由于疫情的冲击导致国际金融市场动荡,增强了国际资本流动的不确定性,所以新冠疫情使得芝加哥期货交易所大豆期货价格的短期变化对国际大豆现货价格的冲击变得更加剧烈。在新冠疫情的背景下,大连商品交易所大豆期货价格对于芝加哥期货交易所大豆期货价格变动的反应相较于疫情前更为剧烈。无论新冠疫情前还是疫情后,大连商品交易所大豆期货价格均展现出对国内大豆现货价格影响的相对独立性,几乎未受明显波及;然而,国内大豆现货价格则始终受到大连商品交易所大豆期货价格的微弱但持续的影响。新冠疫情发生前,国内大豆现货价格对大连商品交易所大豆期货价格的响应为负值,而在疫情发生后,呈现国内大豆现货价格的波动造成大连商品交易所期货价格较为迅速的反应。同时,新冠疫情发生后,国内大豆现货价格对大连商品交易所大豆期货价格的变化呈现非常迅速且剧烈的响应。

针对汇率路径的玉米价格传导,在"国际现货价格通过汇率传导至进口价格"方面,研究发现汇率的变化对玉米进口价格产生正向影响,并呈现"先升后降"的趋势。从传导效应来看,汇率影响国际玉米现货价格对进口价格的传导呈现出非对称性。当汇率每变动1%时,玉米进口价格会同方向变动1.96%,表明汇率对玉米进口价格的传导存在正向推动效果。针对"进口价格通过汇率传导至国内现货价格",研究发现汇率对国内玉米现货价格整体呈现出显著的正向影响。从传导效应来看,汇率对国内玉米现货价格的传导呈现出非对称性。当汇率每变动1%时,国内玉米现货价格有1.53%的变动,意味着汇率对国内玉米现货价格的传导也存在正向推动效应。

在粮食贸易的供应链安全层面,研究发现:中国粮食贸易网络存在大豆进口对外依赖性过强、四大主粮进口集中度过高、供应链关键海峡点风险大、供应链对海运依赖度过高、缺少强大跨国粮食企业等问题。乌克兰危机导致粮食生产种植受阻、粮食出口受限扩大了中国粮食供给风险;因海陆运输通道堵塞、能源价格波动剧烈增大了中国进口粮食的物流风险;因中国粮食进口依赖程度高、产业需求量扩大增大了中国进口粮食的需求风险;因粮食金融化程度加深、国际粮食市场竞争激烈扩大中国进口粮食的外部风险。基于演化博弈论理论,从参与跨国粮食供应链的主体视角出发,通过建立中国政府支持下,中国跨国粮商和东道国粮食供应商之间的两方演化博弈模型,模拟了合作成本、合作收益等因素对跨国粮食供应链协同治理策略采取的影响,其中,通过对竞争成本的敏感性分析发现:过高的竞争成本会导致中国跨国粮商缺乏参与协同治理的动力,而过低的竞争成本会使国内粮食产业遭受低价进口粮的冲击。中国跨国粮商和东道国粮食供应商之间的演化博弈分析并非简单的零和博弈,而是复杂且多变的,双方采取的策略受政策制定、资源配置和利益协调等多方面的影响。想要实现粮食供应链的协同治理，各参与主体就需要在合作与竞争中不断寻求合适的策略，比如政府既要通过政策支持推动粮商"走出去"，促进进口多元化，又要通过宏观调控保护国内市场的平稳运行；而中国跨国粮商则可以通过充分利用优惠政策，推动技术创新等方式，提高在粮食贸易的竞争力。

在保障粮食贸易安全的供应链协同治理路径层面，研究发现，生产端需要保障国内粮食供给、交易端需要实施进口多元化战略、运输端需要完善运粮基础设施。因此，中国政府需要就进口需求量大的粮食产品协同精准施策；监测粮食的全产业链，保障粮食贸易安全；扶持粮商"走出去"，把握供应链协同先机；加强政府间粮食合作，参与全球粮农治理。跨国粮商需要夯实跨国粮企能力，强化粮食安全根基；推动粮食信息共享，提升国际的话语权。中介组织可以联合粮食企业，形成产业链条；规划行业发展，形成行业自律；参与国际合作，提升整体实力。

第二节　研究展望

其一，研究领域的拓展。尽管在粮食贸易安全水平的测度中，笔者已经借助社会网络分析方法展开研究；在粮食贸易的供应链安全研究中，我们运用可视化与分析软件绘制粮食贸易网络结构图，做到了经济学与社会科学的有机结合，但这仍旧是远远不够的。经济学与社会学、心理学，尤其是经济学与人工智能的结合，对于包括粮食贸易安全在内的经济问题分析具有极大的推动作用。未来，笔者将结合人工智能、大数据，进一步探究粮食贸易的供应链协同治理，为国家的粮食安全提供政策指导。

其二，案例研究的深入。尽管在粮食贸易安全水平测度中，笔者已经针对中国的大豆、玉米、小麦、稻谷（大米）四大主粮产品的贸易安全水平进行了测算；在粮食贸易的生产安全研究中，已经运用异质性检验方法，对大豆、玉米，对中高收入国家、中低收入国家进行了模拟;在粮食贸易的交易安全研究中,已经针对玉米、大豆进行了模拟,但中国粮食贸易主要涉及大豆、玉米、小麦、稻谷(大米)四大主粮,每一种产品具有各自独特的属性,拥有单独的贸易伙伴,有必要针对中国进口需求量特别大的大豆、玉米展开针对性的案例研究。同时,中国粮食贸易伙伴也有多个,如美国、巴西、乌克兰,每个国家(或地区)的农业生产、环境治理体系都存在较大的差异,有必要针对主要贸易伙伴,尤其是在满足中国未来粮食进口多样化需求方面潜力较大的俄罗斯、玻利维亚等国展开针对性的案例研究。

其三,研究视野的延伸。尽管本书对逆全球化背景下保障粮食贸易安全的供应链协同治理机制展开了研究,既测度了粮食贸易安全水平,还分别从生产安全、交易安全、供应链安全,以及协同治理的机制和路径等方面展开了较为系统的研究,但研究的主体内容仍旧是针对历史和当前阶段,着眼未来发展阶段中国粮食贸易安全将走向何处;哪些粮食产品可能存在什么样的贸易风险;哪些国家可成为中国保障粮食贸易安全的合作对象;中国该如何提升国际粮食话语权,进而为应对全球农业贸易挑战、保障国家粮食贸易安全提供助力;等等,这些问题亟待提供科学的解答,也是下一阶段笔者的研究重点方向。

参考文献

1. 卜林、赵轶薇：《进口贸易对粮食安全的影响研究——基于财政支农与农业保险的调节效应分析》，《保险研究》2023 年第 3 期。

2. 查婷俊：《中国取得大豆期货定价权的可能性——基于对影响国内大豆价格因素的主成分分析》，《金融理论与实践》2016 年第 1 期。

3. 陈慧琳：《农产品贸易与农业环境——基于 SVAR 模型的分析》，《当代经济》2018 年第 6 期。

4. 陈六君、高远、刘艳、卢思予、樊晓辉、陈家伟：《粮食国际贸易网络的演化博弈模型》，《北京师范大学学报（自然科学版）》2023 年第 5 期。

5. 陈秧分、王介勇、张凤荣、刘彦随、成升魁、朱晶、司伟、樊胜根、顾善松、胡冰川：《全球化与粮食安全新格局》，《自然资源学报》2021 年第 6 期。

6. 陈秧分、王介勇：《对外开放背景下中国粮食安全形势研判与战略选择》，《自然资源学报》2021 年第 6 期。

7. 程国强：《建设安全可控、持续稳定的国际农业食品供应链》，《农村工作通讯》2023 年第 13 期。

8. 仇焕广、李新海、余嘉玲：《中国玉米产业：发展趋势与政策建议》，《农业经济问题》2021 年第 7 期。

9. 崔戈、焦玉平：《国家粮食安全视角下的中国大豆贸易》，《社会科学》2019 年第 2 期。

10. 丁存振、徐宣国：《国际粮食供应链安全风险与应对研究》，《经济学家》2022 年第 6 期。

11. 丁冬、杨印生：《中国粮食供应链关键风险点的识别及防范》，《社会科学战线》

2019 年第 5 期。

12. 杜志雄、高鸣、韩磊:《供给侧进口端变化对中国粮食安全的影响研究》,《中国农村经济》2021 年第 1 期。

13. 杜志雄:《立足粮食安全和资源约束,探究农业用水效率提升路径——评〈河北省农业用水效率测度及提升路径研究〉》,《农业经济问题》2024 年第 3 期。

14. 樊胜根、张玉梅、陈志钢:《逆全球化和全球粮食安全思考》,《农业经济问题》2019 年第 3 期。

15. 樊胜根:《加强粮食安全风险防范,强化食物供应链韧性》,《农村工作通讯》2023 年第 7 期。

16. 冯华、聂蕾、施雨玲:《供应链治理机制与供应链绩效之间的相互作用关系——基于信息共享的中介效应和信息技术水平的调节效应》,《中国管理科学》2020 年第 2 期。

17. 甘林针、钟钰:《财政分权、粮食安全省长责任制与粮食生产》,《当代经济科学》2024 年第 7 期。

18. 高际香:《俄罗斯农业发展战略调整与未来政策方向》,《东北亚学刊》2020 年第 1 期。

19. 高雪、李谷成、魏诗洁:《农产品贸易开放、农业增长与农业环境》,《华中农业大学学报(社会科学版)》2018 年第 4 期。

20. 耿献辉、张文文、彭世广:《基于生存分析法的中国粮食进口稳定性研究》,《世界农业》2022 年第 10 期。

21. 管靖、宋周莺、刘卫东:《全球粮食贸易网络演变及其驱动因素解析》,《地理科学进展》2022 年第 5 期。

22. 韩冬、李光泗:《中国与"一带一路"沿线国家粮食贸易格局演变与影响机制——基于社会网络学视角》,《农业经济问题》2020 年第 8 期。

23. 韩冬、钟钰:《地缘因素对我国粮食进口韧性的冲击与政策响应》,《国际贸易》2023 年第 9 期。

24. 和聪贤、李秀香:《世界粮食贸易网络结构特征与中国地位变迁研究》,《世界农业》2021 年第 5 期。

25. 华仁海、刘庆富:《国内外期货市场之间的波动溢出效应研究》,《世界经济》2007 年第 6 期。

26. 黄季焜、解伟、盛誉、王晓兵、王金霞、刘承芳、侯玲玲:《全球农业发展趋势及2050 年中国农业发展展望》,《中国工程科学》2022 年第 1 期。

27. 黄守坤：《国际大宗商品对我国农产品价格的波动溢出》，《宏观经济研究》2015年第 7 期。

28. 黄玉玺、彭超：《国际米价飙升对中国大米进口的影响与应对措施》，《中国农民合作社》2023 年第 10 期。

29. 江立君、胡冰川：《中国农产品国际贸易中虚拟土含量测算及其结构调整分析——基于粮食安全视角》，《生态经济》2021 年第 2 期。

30. 蒋家敏、魏梦升：《地缘冲突下全球粮食危机的传导效应与中国因应之策》，《华中农业大学学报（社会科学版）》2024 年第 4 期。

31. 孔祥智、顾善松、赵将：《以对外直接投资化解农产品进口贸易风险》，《经济纵横》2024 年第 1 期。

32. 奎国秀、祁春节、方国柱：《中国主要粮食产品进口贸易的资源效应和环境效应研究》，《世界农业》2021 年第 5 期。

33. 奎国秀、祁春节：《基于社会网络分析的世界柑橘贸易格局演化研究》，《世界农业》2022 年第 6 期。

34. 乐姣、曲春红、李辉尚：《国内外玉米价格传导关系影响研究——基于收购政策市场化改革背景》，《中国农业资源与区划》2021 年第 3 期。

35. 冷志杰、谢如鹤：《基于粮食处理中心讨价还价博弈模型的原粮供应链治理模式》，《中国流通经济》2016 年第 5 期。

36. 李光龙、张明星：《扩大对外贸易加剧了中国环境污染？》，《安徽大学学报（哲学社会科学版）》2018 年第 3 期。

37. 李光泗、曹宝明、马学琳：《中国粮食市场开放与国际粮食价格波动——基于粮食价格波动溢出效应的分析》，《中国农村经济》2015 年第 6 期。

38. 李光泗：《粮食收储制度市场化改革与粮食安全保障体系构建——基于临时收储政策改革的观察》，《江西社会科学》2023 年第 9 期。

39. 李喜贵：《警惕国际玉米市场价格波动对国内的传导》，《粮食问题研究》2021年第 4 期。

40. 李先德、孙致陆、赵玉菡：《全球粮食安全及其治理：发展进程、现实挑战和转型策略》，《中国农村经济》2022 年第 6 期。

41. 刘建和、田嘉慧、王玉斌、吴航宗：《基于变结构的 Copula 函数中美大豆期货波动溢出效应变动研究》，《大豆科学》2019 年第 3 期。

42. 刘璐、张帮正：《金融化作用下国际农产品价格异动对中国农产品价格的影响——基于非线性视角的分析》，《农业经济问题》2022 年第 8 期。

43. 刘婷婷、张蕙杰、康永兴、钱静斐:《社会网络视角下的全球棉花贸易格局分析》,《世界农业》2022 年第 4 期。

44. 刘长全、韩磊、李婷婷、王术坤、罗千峰:《大食物观下中国饲料粮供给安全问题研究》,《中国农村经济》2023 年第 1 期。

45. 罗晨月、李春顶:《地缘政治冲突对中国粮食安全的挑战及应对路径》,《长沙理工大学学报(社会科学版)》2024 年第 2 期。

46. 马翠萍、杨水清:《加入 WTO 以来中美经贸关系演变下的大豆贸易研究》,《世界农业》2024 年第 5 期。

47. 潘俊宇、朱红根、段继红:《国内外大豆价格传递效应与机制研究:基于不同进口依赖时期的视角》,《农业技术经济》2024 年第 3 期。

48. 青平、邓秀新、闵师、李剑、李晓云、王玉泽、陈通、王正聪、吴伟荣、赵龙强:《"双循环"背景下我国粮食安全韧性及风险管控战略研究》,《中国工程科学》2023 年第 4 期。

49. 全世文、毛学峰、曾寅初:《中国农产品中价格稳定的"锚"是什么?》,《中国农村经济》2019 年第 5 期。

50. 宋海英、姜长云:《乌克兰危机对全球化肥供求格局的影响及中国的应对》,《农业经济问题》2023 年第 7 期。

51. 宋海英、姜长云:《中国拓展大豆进口来源的可能性分析》,《农业经济问题》2021 年第 6 期。

52. 宋海英、王靖:《地缘关系视角下的中国食物对外依赖风险》,《华南农业大学学报(社会科学版)》2023 年第 3 期。

53. 孙红杰、邢宛飞、李亚钦:《全球稻米贸易网络特征及政策启示》,《世界地理研究》2024 年第 7 期。

54. 孙红霞、赵予新:《基于危机应对的我国跨国粮食供应链优化研究》,《经济学家》2020 年第 12 期。

55. 谭砚文、杨世龙:《风险叠加背景下我国粮食安全面临的挑战及对策》,《华南农业大学学报(社会科学版)》2024 年第 2 期。

56. 谭用、周洺竹、綦建红:《不确定性与中国粮食分散进口:结构估计与反事实研究》,《经济学(季刊)》2024 年第 2 期。

57. 陶亚萍、顾雨辰、蒋海棠:《国际粮价对我国粮食贸易安全的影响路径及对策研究》,《农业经济问题》2023 年第 9 期。

58. 田志宏:《疫情冲击全球粮食安全中国粮食安全的底气从何而来》,《人民论坛》2020 年第 17 期。

59. 王佳硕、刘茜、陈俊春、程建宁、毛雪飞：《中国粮食供应链安全研究》，《供应链管理》2024 年第 7 期。

60. 王靖：《中国粮食进口的生态效应分析》，浙江科技大学硕士学位论文，2024 年。

61. 王念、程昌秀、林耿：《中国农产品贸易结构演化及对粮食安全的影响》，《地理学报》2022 年第 10 期。

62. 王溶花：《基于复杂网络分析法的小麦国际贸易格局及演变》，《农业经济》2024 年第 6 期。

63. 王锐、卢根平、陈倬、王新华：《经贸环境不确定背景下中国粮食进口风险分析》，《世界农业》2020 年第 5 期。

64. 王晓卓：《"一带一路"沿线国家纺织品贸易的社会网络分析》，《世界地理研究》2023 年第 12 期。

65. 王逸飞、田志宏：《中国粮食统计口径问题研究》，《世界农业》2020 年第 1 期。

66. 吴家治、郑宇：《我国玉米价格波动及价格传导机制研究》，《中国林业经济》2022 年第 2 期。

67. 谢康、赖金天、肖静华：《食品安全社会共治下供应链质量协同特征与制度需求》，《管理评论》2015 年第 2 期。

68. 熊启泉：《中国粮食的真实进口规模与自给率》，《华南农业大学学报（社会科学版）》2022 年第 3 期。

69. 许经勇、黄焕文：《中国粮食安全问题的理性思考》，《厦门大学学报（哲学社会科学版）》2004 年第 1 期。

70. 杨桔、祁春节：《"一带一路"国家与中国农产品贸易与碳排放的关系实证分析》，《中国农业资源与区划》2021 年第 1 期。

71. 杨崑、李光泗、祁华清：《"立足自给"还是"倚重贸易"——农业强国进程中的饲用粮食安全困境》，《农业经济问题》2023 年第 12 期。

72. 羊显羽、宋海英：《社会网络分析视角下中国粮食贸易安全测度》，《时代经贸》2024 年第 11 期。

73. 杨鑫、穆月英：《粮食安全视角下的农业水资源风险及其治理重点》，《华南农业大学学报（社会科学版）》2023 年第 3 期。

74. 杨雪莱、张宏志：《金融危机、宏观经济因素与中美股市联动》，《世界经济研究》2012 年第 8 期。

75.叶兴庆、程郁、张诩、张玉梅、程广燕：《我国重要农产品供需变化趋势与供给保障能力提升策略》，《改革》2024 年第 4 期。

76.游家兴、郑挺国：《中国与世界金融市场从分割走向整合——基于 DCC-MGARCH 模型的检验》，《数量经济技术经济研究》2009 年第 12 期。

77.占华：《收入差距对环境污染的影响研究——兼对"EKC"假说的再检验》，《经济评论》2018 年第 6 期。

78.张琳琛、王悦、董银果：《国际农产品贸易网络的脆弱性研究》，《农业经济问题》2023 年第 12 期。

79.张相文、黄娟：《中国农业贸易自由化的环境效应分析》，《农业经济问题》2012 年第 6 期。

80.张欣、廖岚琪、唐赛：《我国环境库兹涅茨曲线检验与影响因素分析》，《统计与决策》2020 年第 13 期。

81.赵鹏军、尹昭有、张梦竹、牛樱楠、何张源：《新冠疫情与俄乌冲突背景下世界玉米海运格局变化研究》，《北京大学学报（自然科学版）》2024 年第 7 期。

82.郑旭芸、隋博文、庄丽娟：《进口贸易视域下国际粮价对国内粮价的传导路径——来自玉米和大豆的证据》，《中国流通经济》2020 年第 5 期。

83.周金城、黄志天：《国际石油、生物燃料价格波动对我国粮食价格的影响》，《农业经济》2020 年第 2 期。

84.周应恒、邹林刚：《中国大豆期货市场与国际大豆期货市场价格关系研究——基于 VAR 模型的实证分析》，《农业技术经济》2007 年第 1 期。

85.周颖刚、贝泽赟：《中国国债期货与现货市场间的动态价格发现与不对称波动性溢出》，《计量经济学报》2021 年第 4 期。

86.朱晶、王容博、徐亮、刘星宇：《大食物观下的农产品贸易与中国粮食安全》，《农业经济问题》2023 年第 5 期。

87.朱晶、臧星月、李天祥：《新发展格局下中国粮食安全风险及其防范》，《中国农村经济》2021 年第 9 期。

88.朱晶：《树立大食物观，构建多元食物供给体系》，《农业经济与管理》2022 年第 6 期。

89.［美］威廉·H.格林：《计量经济分析（第八版）》，中国人民大学出版社 2020 年版。

90. Alam, M. J., Jha, R., "Vertical Price Transmission in Wheat and Flour Markets in Bangladesh: An Application of Asymmetric Threshold Model", *Journal of the Asia Pacific*

Economy, Vol.26, No.3, 2021, pp.574-596.

91. Ali, I., et al., "Risk and Resilience in Agri-food Supply Chain SMEs in the Pandemic Era: A Cross-country Study", *International Journal of Logistics Research and Applications*, Vol.26, No.11, 2023, pp.1602-1620.

92. Anderson, K., Strutt, A., "Will Trade Liberalization Harm the Environment? The Case of Indonesia to 2020", *Environmental and Resource Economics*, Vol.17, No.3, 2000, pp. 203-232.

93. Appiah, K., Du, J., Poku, J., "Causal Relationship between Agricultural Production and Carbon Dioxide Emissions in Selected Emerging Economies", *Environmental Science and Pollution Research*, Vol.25, No.25, 2018.

94. Bailey, R., Wellesley, L., *Chokepoints and Vulnerabilities in Global Food Trade*, London: Chatham House, 2017.

95. Balogh, J.M., "The Impacts of Agricultural Development and Trade on CO_2 Emissions? Evidence from the Non-European Union Countries", *Environmental Science & Policy*, Vol.137, November 2022, pp.99-108.

96. Bonnier, J.B., "Speculation and Informational Efficiency in Commodity Futures Markets", *Journal of International Money and Finance*, Vol.117, No.3, 2021.

97. Couleau, A., Serra, T., Garcia, P., et al., "Are Corn Futures Prices Getting 'Jumpy'?", *American Journal of Agricultural Economics*, Vol.102, No.2, 2020, pp.569-588.

98. Dalin, C., Rodríguez-Iturbe, I., "Environmental Impacts of Food Trade via Resource Use and Greenhouse Gas Emissions", *Environmental Research Letters*, Vol.11, No.3, 2016.

99. Devadoss, S., Ridley, W., "Impacts of the Russian invasion of Ukraine on the global wheat market", *World Development*, Vol.173, 2024.

100. Drabo, A., "Climate Change Mitigation and Agricultural Development Models: Primary Commodity Exports or Local Consumption Production?", *Ecological Economics*, 2017.

101. Escobar, N., et al., "Spatially-explicit Footprints of Agricultural Commodities: Mapping Carbon Emissions Embodied in Brazil's Soy Exports", *Global Environmental Change-Human and Policy Dimentions*, Vol.62, 2020.

102. Fair, K.R., Bauch, C.T., Anand, M., "Dynamics of the Global Wheat Trade Network and Resilience to Shocks", *Scientific reports*, Vol.7, No.1, 2017.

103. Farooque, M., Zhang, A., Liu, Y., "Barriers to Circular Food Supply Chains in China", *Supply Chain Management*, Vol.24, No.5, 2019, pp.677-696.

104. Found, P.A., et al., "Food Supply Chain Resilience in Major Disruptions", *Journal of Manufacturing Technology Management*, 2024.

105. Fousekis, P., Katrakilidis, C., Trachanas, E., "Vertical Price Transmission in the US Beef Sector: Evidence from The Nonlinear ARDL Model", *Economic Modelling*, Vol.52, 2016, pp.499-506.

106. Friedman, D., "On Economic Applications of Evolutionary Game Theory", *Journal of Evolutionary Economics*, Vol.8, No.1, 1998, pp.15-43.

107. Friedman, N., Ormiston, J., "Blockchain as A Sustainability-oriented Innovation? Opportunities for and Resistance to Blockchain Technology as A Driver of Sustainability in Global Food Supply Chains", *Technological Forecasting and Social Change*, Vol.175, 2022.

108. Gao, X., Insuwan, A., Li, Z., Tian, S., "The Dynamics of Price Discovery Between the U.S.and Chinese Soybean Market: A Wavelet Approach to Understanding the Effects of Sino-US Trade Conflict and COVID-19 Pandemic", *Data Science and Management*, Vol.7, No.1, 2024, pp.35-46.

109. Glauben, T., "The War in Ukraine, Agricultural Trade and Risks to Global Food Security", *Intereconomics*, Vol.57, No.3, 2022, pp.157-163.

110. Gnedeka, K.T., Wonyra, K.O., "New Evidence in the Relationship between Trade Openness and Food Security in Sub-Saharan Africa", *Agriculture & Food Security*, Vol.12, No.1, 2023, pp.1-17.

111. Grossman, G., Krueger, A., "Environmental Impacts of a North American Free Trade Agreement", *National Bureau of Economic Research Working Paper Series*, No.14194, 1991.

112. Hernandez, Manuel, A., et al., "How Far Do Shocks Move Across Borders? Examining Volatility Transmission in Major Agricultural Futures Markets", *European Review of Agricultural Economics*, Vol.2, 2014, pp.301-325.

113. Kathiresan, A., Nagai, T., et al., "Policy Options for Galvanizing Africa's Rice Sector Against Impacts of COVID-19", *World development*, Vol.136, 2020.

114. Katrakilidis, C., Kourti, K., Athanasenas, A., "The Dynamic Linkages Between Energy, Biofuels and Agricultural Commodities' Prices", *Applied Economics Quarterly*, 2018.

115. Kinnucan, H.W., "A Note on the Correspondence between Horizontal and Vertical Price Transmission", *Journal of Agricultural Economics*, Vol.73, No.3, 202.

116. Kuznets, S., "The Economics Growth and Income Inequality", *American Economic*

Review, Vol.45, No.1, 1955.

117. Leguizamón, A., "The Gendered Dimensions of Resource Extractivism in Argentina's Soy Boom", *Latin American Perspectives*, Vol.46, No.2, 2018, pp.199−216.

118. Lopez, J.J.U., Qassim, R.Y., "An Optimal Redesign Approach for Optimal Global Supply Chain Redesign: Brazilian Soybean Grain Study", *Business and Management Horizons*, Vol.5, No.2, 2017.

119. Luo, P., Tanaka, T., "Food Import Dependency and National Food Security: A Price Transmission Analysis for the Wheat Sector", *Foods*, Vol.10, No.8, 2021.

120. Merino, R., "The Geopolitics of Food Security and Food Sovereignty in Latin America: Harmonizing Competing Visions or Reinforcing Extractive Agriculture?", *Geopolitics*, Vol.27, No.3, 2022, pp.898−920.

121. Mohamed, Y., Houssam, B., "Geopolitical Risk, Economic Policy Uncertainty, and Dynamic Connectedness Between Clean Energy, Conventional Energy, and Food Markets", *Environmental Science and Pollution Research International*, 2023.

122. Montanía, Claudia, V., et al., "The role of the leading exporters in the global soybean trade", *Agricultural Economics*, Vol.67, No.7, 2021, pp.277−285.

123. Naim, K., Demiroz, E., "The Military's Role in Disaster Management and Response During the 2015 Myanmar Floods: A Social Network Approach", *International Journal of Disaster Risk Reduction*, Vol.25, 2017, pp.1−21.

124. Naranpanawa, A., "Does Trade Openness Promote Carbon Emissions? Empirical Evidence from Sri Lanka", *Empirical Economics Letters*, 2011.

125. O'Bannon, C., Carr, J., et al., "Globalization of Agricultural Pollution Due to International Trade", *Hydrology and Earth System Sciences*, Vol.18, No.2, 2014, pp.503−510.

126. Özokcu, S., Özdemir, Ö., "Economic Growth, Energy, and Environmental Kuznets curve", *Renewable and Sustainable Energy Reviews*, Vol.72, 2017, pp.639−647.

127. Pasara, M.T., Diko, N., "The Effects of AfCFTA on Food Security Sustainability: An Analysis of the Cereals Trade in the SADC Region", *Sustainability*, Vol.12, No.4, 2020.

128. Pata, U.K., Dam, M.M., Kaya, F., "How Effective Are Renewable Energy, Tourism, Trade Openness, and Foreign Direct Investment on CO_2 Emissions? An EKC analysis for ASEAN countries", *Environmental Science and Pollution Research*, Vol.30, No.6, 2023.

129. Penone, C., Giampietri, E., Trestini, S., "Futures−spot Price Transmission in EU Corn Markets", *Agribusiness*, Vol.38, No.3, 2022, pp.679−709.

130. Peri, Massimo, "Climate Variability and The Volatility of Global Maize and Soybean Prices", *Food Security*, Vol.9, Issue.4, No.3, 2017, pp.673-683.

131. Rafiq, S., Salim, R., Apergis, N., "Agriculture, Trade Openness and Emissions: An Empirical Analysis and Policy Options", *Australian Journal of Agricultural and Resource Economics*, Vol.60, No.3, 2016, pp.348-65.

132. Rehman, A., et al., "The Asymmetric Effects of Crops Productivity, Agricultural Land Utilization, and Fertilizer Consumption on Carbon Emissions: Revisiting the Carbonization-agricultural Activity Nexus in Nepal", *Environmental Science and Pollution Research*, Vol.29, No.26, 2022.

133. Rosal, I.D., "Maritime Connectivity and Agricultural Trade", *Journal of Agricultural Economics*, Vol.75, No.1, 2024, pp.153-168.

134. Sarkodie, S.A., Owusu P.A., "The Relationship Between Carbon Dioxide, Crop and Food Production Index in Ghana: By Estimating the Long-run Elasticities and Variance Decomposition", *Environmental Engineering Research*, Vol.22, No.2, 2017, pp.193-202.

135. Sayed, A., Auret, C., "Volatility Transmission in the South African White Maize Futures Market", *Eurasian Economic Review*, Vol.10, No.1, 2020, pp.71-88.

136. Smith, H.V., Glauber, W.J., "Trade, Policy and Food Security", *Agricultural Economics*, Vol.51, No.1, 2020, pp.159-171.

137. Song, H., et al., "The Ecological and Environmental Effects of China's Food Imports: Retesting the Environmental Kuznets Curve", *Journal of the Faculty of Agriculture, Kyushu University*, Vol.70, No.1, 2025.

138. Subramaniam, Y., Masron, T.A., et al., "Imports and Food Security", *Global Journal of Emerging Market Economies*, Vol.16, No.1, 2024, pp.7-24.

139. Sun, H., Attuquaye, C.S., Geng, Y., et al., "Trade Openness and Carbon Emissions: Evidence from Belt and Road Countries", *Sustainability*, Vol.11, No.9, 2019.

140. Sun, L., Fang, Q., "Not the Priciest, but the Best Quality: A New Interpretation of High Import Food Price in China", *Agribusiness*, 2023.

141. Svanidze, M., Götz, L., "Spatial Market Efficiency of Grain Markets in Russia: Implications of High Trade Costs for Export Potential", *Global Food Security*, Vol.21, 2019, pp.60-68.

142. Thuy, N.L., Rob, Z., "Sustainable supply chain governance: A literature review", *Business Ethics, the Environment & Responsibility*, 2024.

143. Venkatarman, A., et al., "Cross-Sectioning Sustainable Supply Chain Governance: A Bibliometric Analysis", *International Review of Management and Marketing*, Vol.14, No.3, 2024, pp.34-46.

144. Wilson, J., "Supply Chain Risk in Grain Trading: Inventories as Real Options for Shipping Grain", *Agribusiness*, 2024.

145. Wooldridge, J. M., *Econometric Analysis of Cross Section and Panel Data*, Cambridge, MA: MIT Press, 2002.

146. Yin, Jing-hua, Song, Hai-Ying, "Can Digitalization Improve China's Food Security", *Natural Resources Forum*, 2025.

147. Yugay, S., Götz, L., Svanidze, M., "Impact of the Ruble Exchange Rate Regime and Russia's War in Ukraine on Wheat Prices in Russia", *Agricultural Economics*, Vol.55, No.2, 2024, pp.384-411.

后　　记

本书系国家社会科学基金项目"逆全球化背景下保障粮食贸易安全的供应链协同治理机制研究"(项目号:22BJY086)的最终成果,在此,诚挚感谢国家社会科学基金的资助!

从事科研工作的初期,我主要在国际农产品贸易领域展开研究;进入新发展阶段以来,结合国家对粮食安全的战略需求,我将自己的研究领域进一步聚焦到粮食贸易安全问题上,我和我的团队围绕粮食贸易安全测度、地缘政治与粮食安全、区域经济一体化与粮食安全、数字治理与粮食安全,以及粮食安全的国际合作展开深入的研究,并取得了一系列成果:多篇论文发表于《农业经济问题》《中国农村经济》《农业技术经济》《拉丁美洲研究》等学术期刊,共被引用852次,2篇论文被中国人民大学书报资料中心复印报刊资料《农业经济研究》全文转载。2024年10月,该项目以"良好"等级结项。本书是在这些研究成果的基础上,经过反复打磨、深入扩展而完成的。

在写作过程中,我首先依据国家社会科学基金项目的设计,确定了研究的主体框架,并带领课题组主要成员尹靖华、朱慧、王靖等进一步细化研究大纲,组织研究团队进行文献的梳理与整合、资料的收集与分析,并指导学生完成各章初稿的撰写与修改,相关章节的主要写作分工如下:

导论:宋海英;第一章:宋海英、羊显羽;第二章:宋海英、王靖;第三章:宋海英、卢汐汝、尹靖华;第四章:宋海英、林潇潇;第五章:宋海英、黄可微、吕雪;第六章:宋海英、朱淑慧、陈嘉鸿;第七章:宋海英、潘锦茜;第八章:宋海英;第九章:宋海英。初稿完成之后,我对书稿的内容进行了整体加工和修改、补充和完善,同时对文字进行了调整和润色。本书由课题组成员集体合作完成,在此衷心感谢课题组成员的辛勤劳动!

感谢我的导师中国农村发展学会副会长、中国宏观经济研究院二级研究员、产业所原副所长姜长云对项目的设计、实施、完善提供的悉心指导和无私帮助,特别感谢姜老师在百忙之中抽出时间为本书作序;感谢浙江大学中国农村发展研究院首席专家黄祖辉教授长期以来的点拨;恩师是我前进道路上的灯塔,如果说自己能在做学问上取得一点点的成绩,都与老师们的辛勤汗水密不可分。感谢人民出版社经济与管理编辑部张燕老师,专业、敬业的修缮为本书增色生辉。

感谢我的父母、先生及孩子,是他们默默的奉献和支持使本书得以顺利出版。本书在写作过程中,参考了众多专家、学者的珍贵文献与资料,在此一并致谢! 鉴于学识所限,书中难免存在疏漏之处,恳请学术界的师长及同仁不吝赐教,提供宝贵的意见和建议,感激不尽!

保障粮食贸易安全的供应链协同治理是一个重要的理论和实践问题,我将沿着这个方向继续进行探索。

2025 年 1 月 26 日